우리 시대를 위한 십계명

우리 시대를 위한 **십계명**

초판 1쇄 발행 2020년 3월 20일

지은이 장동민
펴낸이 장대윤

펴낸곳 도서출판 대서
등록 제22-2411호
주소 서울시 서초구 방배동 981-56
전화 02-583-0612 / 팩스 02-583-0543
메일 daiseo1216@hanmail.net

디자인 참디자인

ISBN 979-11-86595-59-6 (03230)

* 책 값은 뒤표지에 있습니다.
* 잘못된 책은 교환하여 드립니다.

우리시대를 위한

십계명

장동민 지음

도서출판 대서

목차

서문

십계명은 사도신경, 주기도문과 더불어 2,000년 기독교 역사를 통하여 가장 사랑받는 하나님의 선물 가운데 하나입니다. 종교개혁 이후 만들어진 신앙고백서와 어린아이들을 가르치는 교리문답서들은 이 세 문서를 주석한 것입니다. 지금도 많은 교회에서 예배 시간마다 사도신경을 외우고, 십계명을 통하여 자신을 돌아보고, 주기도문으로 기도를 대신하곤 합니다.

십계명은 하나님께서 이스라엘 백성들과 시내산에서 언약을 맺을 때 주신 계명입니다. 하나님의 택함을 받은 이스라엘 백성들이 지켜야 할 율법이면서, 동시에 앞으로 오는 모든 하나님의 백성들이 지켜야 할 규칙입니다. 지금으로부터 3,500년 전에 주어진 계명이라고는 믿을 수 없을 정도로 현대에도 그대로 적용될 수 있는 영원한 하나님의 뜻입니다.

십계명이 맨 처음 주어진 것은 주전 15세기경 시내산 언약을 맺을 때였고, 그 기록은 출애굽기 20:1-17에 나와 있습니다. 성경에 십계명이 한 번 더 나오는데 바로 신명기 5장입니다. 가나안 입성을 앞두고 모세는 이스라엘 백성들에게 하나님의 사랑이 얼마나 극진한지를 지난

40년의 역사를 통하여 말한 후, 가나안 땅에 들어가서도 그들이 지켜야 할 하나님의 법으로서 십계명을 다시 강조합니다(신 5:7-21). 이후 이스라엘의 경건한 사람들이 이 법을 지킴으로써 하나님에 대한 사랑과 충성을 확인하였습니다. 그러나 이스라엘 백성이 끝까지 십계명에 충실한 것은 아니었습니다. 하나님께서 법을 지키지 않는 이스라엘을 경고하기 위하여 선지자들을 보내셨는데, 그들은 바로 십계명에 근거하여 이스라엘을 책망하였습니다.

십계명이 주어진 지 약 1,500년이 지나 예수님이 세상에 오셨습니다. 예수님은 어떻게 하여야 영생을 얻을 수 있겠느냐고 질문하는 한 청년에게 십계명을 말씀하셨습니다.

> 네가 계명을 아나니 살인하지 말라, 간음하지 말라, 도둑질하지 말라, 거짓 증언 하지 말라, 속여 빼앗지 말라, 네 부모를 공경하라 하였느니라. (막 10:19)

또한 산상수훈에서 구약의 가르침을 재해석해 주실 때도 십계명의 계명들을 들어 설명해 주셨습니다.

> 옛 사람에게 말한 바 살인하지 말라……하였다는 것을 너희가 들었으나. (마 5:21)

> 또 간음하지 말라 하였다는 것을 너희가 들었으나. (마 5:27)

예수님을 믿으면 십계명을 안 지켜도 구원받는 사람이 되는 것이 아니라, 그 계명을 지키는 사람이 됩니다. 외적인 행동뿐 아니라 마음으로 지키는 사람이 될 것입니다. 십계명은 우리 주님이 다시 오시는 날까지 우리 삶의 규범입니다.

십계명에 대한 많은 주석서와 연구서들이 있지만, 제가 십계명을 해석할 때 중요하게 생각하는 몇 가지 틀이 있어서 이를 먼저 나누고 싶습니다. 첫째로 우리가 주의해야 할 점은 십계명이 구약성경의 다른 말씀들과 깊은 관계가 있다는 것입니다. 한마디로 말하여 십계명은 모든 구약 율법의 핵심이며, 이를 뒤집어 말하면 모든 율법이 십계명의 주석입니다. '율법' 혹은 '법'이라는 단어는 '토라(תורה)'라는 히브리어 단어의 번역입니다. '토라'는 개별적인 율법들을 가리키기도 하지만, 그 율법들이 기록되어 있는 모세오경(창세기, 출애굽기, 레위기, 민수기, 신명기) 전체를 가리키기도 합니다. 가끔은 율법 · 예언서 · 성문서(聖文書)로 3구분되어 있는 구약성경 전체를 가리킬 때도 있습니다. 십계명은 613개 율법조항들을 요약한 것이요, 모세오경을 비롯한 구약성경의 사건과 말씀들은 그 설명이라고 할 수 있습니다.

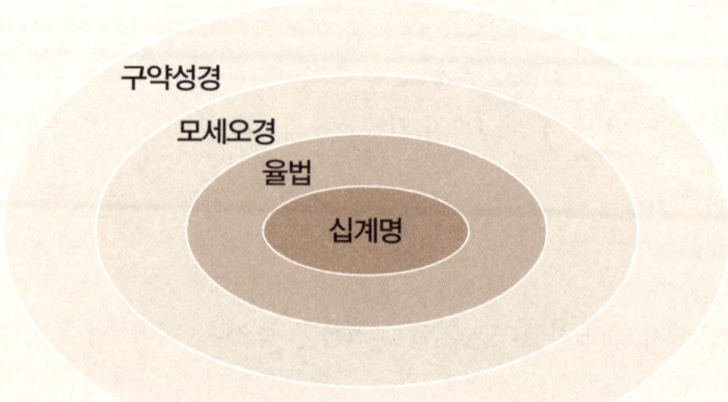

따라서 십계명을 이해하려면 모세오경 곳곳에 흩어져 있는 율법의 각 조항을 잘 알아야 하고, 더 나아가서 구약성경 전체에 나타난 말씀과 사건들을 알아야 합니다. 십계명이 헌법의 조항이라면 성경에 나타난 모든 말씀과 사건들은 판례(判例)에 해당한다고 할 수 있습니다. 헌법 조항에 근거해서 법률이 만들어지고 수많은 판례가 생성되기 때문에 헌법의 정신을 공부해야 합니다. 또한 반대로 역사적으로 겪어온 모든 사건들을 통하여 헌법이 만들어진 것이기 때문에 그 구체적 사건들을 알아야 헌법의 정신을 이해할 수 있는 것도 사실입니다.

예를 들어, "살인하지 말라"는 제6계명을 이해하기 위해서는 구약성경에 나타난 살인과 관계된 계명들과 사건들을 전부 알아야 합니다. 구약성경 곳곳에는 살인과 관계된 이야기들이 여기저기 흩어져 있습니다. 생명의 기원과 의미에 관한 창조의 기사를 비롯하여, 인류 최초의 살인인 아벨의 살해를 비롯한 수많은 동기들을 가진 살인들, 아내와 노예에 대한 살인, 임신 중절, 질병, 안락사, 자살, 동물 학대, 사형제를 비롯한 각종 형벌 규정들, 살인과 과실치사에 관한 법, 전쟁과 평화에 관한 법과 사건들, 환경문제 등등 수많은 규정들이 제6계명을 설명하는 것입니다. 이런 구절들을 상세히 살필 때 비로소 '살인'의 온전한 의미가 드러납니다.

살인하지 말라는 구절 하나에 의존하여 사형제를 반대할 수는 없습니다. 분명 살인하지 말라는 제6계명이 있음에도 불구하고, 피를 흘린 자는 사형을 당해야 한다고 말씀하고 있습니다. 그렇다고 해서 제가 사형제도에 반드시 찬성한다는 의미가 아니라 더 깊은 논의가 있어야 한다는 뜻입니다. 제6계명에 근거하여 모든 전쟁을 부당하다고 할 수도 없습니다. 성경에는 수많은 '거룩한 전쟁'(holy war) 이야기가 있고, 이것에 근거하여 '정당한 전쟁'(just war) 이론이 정립되어 왔습니다. 십계명을 온전히 이해하고 적용하기 위해서는 구약과 신약 전체에 걸친 성경 구절들의 정확한 주석이 필요합니다.

둘째로 십계명은 인간을 억압하기 위해서가 아니라 인간의 행복을 위하여 하나님께서 주신 계명들입니다. '계명'(誡命)이라는 말을 들으면, 계율, 의무, 형벌 등의 단어가 연상될 정도로, 억지로라도 지켜야 할 무거운 짐으로 느껴집니다. 그러나 원래 하나님의 법은 그런 의도로 디자인된 것이 아닙니다.

십계명을 들여다보며 묵상하노라면, 이 계명들이 모두 인간의 본성과 관계된 것이라는 느낌을 받습니다. 인간이 무엇을 원하고, 무엇에서 행복을 찾을 수 있고, 무엇에 자주 걸려 넘어지는지를 알 수 있습니다. 인간을 지으신 하나님께서 인간의 삶에 꼭 필요한 지침서를 주신 것입니다. 이 계명들이 의도하는 것을 알고 그대로 살면 행복한 삶을 살고 그 사회는 번영하게 됩니다. 율법을 주신 하나님의 마음이 어떤지, 율법이 인간을 얼마나 행복하게 해 주는지를 말씀하는 두 구절을 찾아보았습니다.

> 너희는 지켜 행하라. 이것이 여러 민족 앞에서 너희의 지혜요 너희의 지식이라. 그들이 이 모든 규례를 듣고 이르기를 이 큰 나라 사람은 과연 지혜와 지식이 있는 백성이로다 하리라……오늘 내가 너희에게 선

포하는 이 율법과 같이 그 규례와 법도가 공의로운 큰 나라가 어디 있느냐? (신 4:6,8)

이로 보건대 율법은 거룩하고 계명도 거룩하고 의로우며 선하도다. (롬 7:12)

그러므로 우리가 십계명을 보면서 각 계명이 명령하는 것과 금하는 것이 무엇인가 만을 따지는 것은 바람직한 태도가 아닙니다. 하나님이 책망하지 않으실 정도로 최소한만을 지키는 것이 아닙니다. 그 계명을 주신 하나님의 깊은 의도를 깨달아 적극적으로 순종해야 합니다. 예수님이 산상수훈에서 그런 해석의 예를 보여 주셨습니다. 예를 들어, 경건한 유대인들은 "여호와의 이름을 망령되게 부르지 말라"는 제3계명을 지키기 위하여 여호와의 이름으로 맹세하는 대신 하늘에 맹세하는 관습이 있었습니다. 여호와의 이름으로 맹세하였다가 지키지 않으면 하나님의 이름을 남용한 것이기 때문에, 혹시 못 지킬 약속을 할 때는 '여호와'라는 이름보다 한 단계 낮은 '하늘'에 대고 맹세합니다. '하늘'도 지키기 어렵다 싶으면 '땅'에, 땅도 어려우면 '예루살렘 성'에 맹세하고 그것도 어렵다 싶으면 '내 머리'를 걸고 맹세합니다. 형벌을 면하려고 최소한의 행위를 하였던 것입니다.

그러나 예수님은 그 계명을 주신 하나님의 의도를 파악하라고 하십니다. 맹세의 계명을 주신 하나님의 의도는 우리들의 말이 진실하기를 원하신 것입니다. 그래서 맹세할 필요도 없이 '예스(yes)'라고 하면 '예스'인 것이요, '노(no)'라고 하면 '노'가 되도록 말해야 할 것입니다. 미련한 아들은 아버지의 말씀을 문자적으로만 순종하고, 지혜로운 아들은 속뜻을 알려고 합니다. 좋은 주인이 내리는 명령을 최소한만 지키고 놀려고 하지만, 아들은 자기의 힘이 닿는 대로 일하고 그것에서 또한 기쁨을 찾는 법입니다.

하나님께서 인류를 향하여 가지신 마음을 한마디로 표현하면 '사랑'입니다. 십계명을 비롯한 율법에는 바로 그 하나님의 사랑이 표현되어 있습니다. '법'과 '사랑'은 레미제라블(Les Miserables)의 두 주인공 장발장과 자베르 경감만큼이나 어울리지 않는 것처럼 보입니다. 그러나 성경에는 법과 사랑의 관계가 이렇게 반대의 개념으로 나타나지 않습니다. 예수님은 사랑과 법에 대하여 이렇게 말씀하신 적이 있습니다.

> 예수께서 이르시되, 네 마음을 다하고 목숨을 다하고 뜻을 다하여 주 너의 하나님을 사랑하라 하셨으니 이것이 크고 첫째 되는 계명이요, 둘째도 그와 같으니 네 이웃을 네 자신같이 사랑하라 하셨으니, 이 두 계명이 온 율법과 선지자의 강령이니라. (마 22:37-40)

사랑이 모든 율법의 강령(綱領)이라고 합니다. '강령'에 해당하는 헬라어 단어는 '걸다, 매달다'라는 어원에서 나왔습니다. 구약의 모든 율법과 선지자의 가르침이 '사랑'에 매달려 있다는 뜻입니다. 구약성경에는 '하라'는 248개의 적극적인 명령과 '하지 말라'는 365개의 소극적인 명령이 있습니다. 이 613개의 법이 사랑이라는 못에 대롱대롱 매달려 있다는 것입니다. 만약에 그 못이 빠지게 되면 모든 계명들이 주르르 흘러 떨어집니다.

법은 사랑의 구체적 표현이고, 사랑은 법의 정신입니다. 성경에 나타난 계명들은 하나님의 사랑을 구체적으로 표현한 것이며, 또한 사랑은 법의 정신이고 요약이며, 핵심이고 기초이며 완성입니다. 법과 사랑은 떨어져서는 안 됩니다. 그 둘은 언제나 함께 있어야 합니다. 사랑이 없이 지키는 법은 위선입니다. 예수님이 사랑과 긍휼을 잃어버린 위선적인 바리새인들을 어떻게 책망하셨는지 우리는 잘 알고 있습니다. 반대로 사랑은 있는데 법이 없으면 무시무시한 일이 일어납니다.

법의 정신인 '정의'와 '사랑'의 관계를 가장 분명하게 보여 준 현대의 저서는, 미국의 라인홀드 니이버(Reinhold Niebhur)가 쓴 유명한 『도덕적 인간과 비도덕적 사회』(*Moral Man and Immoral Society*, 1932)가 아닐까 싶습니다.[1] 니이버는 각 개인은 사랑과 희생을 감당할 만한 능력이 있지만, 사회 구조 속에서의 인간은 사랑보다는 정의가 우선되어야 한다고 하였습니다. "회사를 내 몸같이, 직원을 가족같이"라는 구호가 자칫 노사 간의 법적 정의가 없는 일방적인 희생을 강요하는 데서 나온 것일 가능성이 많습니다. 오늘날 '애국심'(愛國心), 즉 나라를 사랑하는 마음이라는 것이 여러 가지로 오용되고 있는 것을 봅니다. 니이버는 사랑에 앞서 정의가 세워져야 함을 역설하였습니다. 그러나 그렇다고 해서 법적인 정의만 내세우는 것이 능사는 아닙니다. 정의를 가능하게 해 주는 원천이 사랑이기 때문입니다.

1 라인홀드 니이버, 이병섭 역, 『도덕적 인간과 비도덕적 사회』(서울: 현대사상사, 1972)

제가 강조하고 싶은 십계명 연구의 세 번째 특징은 성경 텍스트와 더불어 오늘날의 상황도 함께 연구해야 한다는 것입니다. 성경을 '해석'한다는 말이 무엇입니까? 십계명의 한 구절을 '이해'하였다는 말이 무슨 뜻입니까? 성경 텍스트를 통하여 지금 나에게 무엇을 말씀하는지를 알게 되었다는 뜻이라고 저는 생각합니다. 그렇게 하기 위하여 반드시 필요한 것은 성경과 더불어 오늘날 우리 사회를 알아야 합니다.

예를 들어, "도둑질하지 말라"는 제8계명을 생각해 봅시다. 앞서 첫 번째 원리에서 말한 바와 같이 성경 전체를 통하여 도둑질하지 말라는 말씀이 어떻게 사용되었는지를 알아야 할 것입니다. 성경이 쓰여질 당시는 유목민 사회나 농경사회였기 때문에 훔치는 물건이 기껏해야 양과 소 정도일 것입니다. 아니면 당시 돈으로 사용되던 은(銀)이나 좋은 의복이겠지요. 혹은 아합 왕처럼 농토를 강탈할 수도 있겠습니다. 만일 우리가 성경 시대의 도둑질만 생각한다면, 오늘날 이루어지는 대부분의 도둑질을 규제할 율법을 성경에서 찾기 어려울 것입니다. 오늘날 양과 소를 훔치는 사람은 드뭅니다. 대신 뇌물, 배임, 횡령, 주가 조작, 탈세, 소프트웨어 불법복제, 논문표절 등의 화이트칼라 범죄가 도둑질의 대표적인 케이스에 속할 것입니다. '도둑질'이 무엇인지를 알려면 현대 사회를 알아야 합니다.

좀 더 어려운 것은 고대의 세계관과 현대의 세계관이 다르기 때문에 생기는 차이입니다. 예를 들어, "네 부모를 공경하라"는 제5계명을 살펴봅시다. 이 명령이 주어진 고대세계는 계층구조적(hierarchical) 세계관이 지배하던 세계였지만, 오늘날은 평등주의가 지배하는 세계입니다. 과거에는 부모나 왕이나 재판장은 하나님으로부터 권위를 부여받은 사람들이라고 생각하였기 때문에 이들을 '공경'(obey)해야 했습니다. 그러나 오늘날은 대통령이나 국회의원을 국민들이 선출합니다. 그들에게 국민의 권리 일부를 주어 권위를 행사하게 하는 것이지, 하늘로부터 권위를 부여받은 것이라고 생각하지 않습니다. 우리 사회에서 과연 '공경'한다는 의미가 무엇인지 잘 생각해 보아야 합니다. 자칫 성경이 '정치적 올바름'(political correctness)이라는 현대세계의 중요한 가치를 무시하는 구닥다리로 비쳐질까 두렵습니다.[2] 그렇다고 해서 권위자들을 '공경'하지 말라는 뜻은 아닙니다. 단지 영원하신 성경의 명령을 세계관이 달라진 우리 사회에 적용하기 위하여 많은 과정이 필요함을 말하는 것입니다.

마지막 넷째로 모든 계명은 단지 개인에게만 말씀하시는 것이 아니고, 교회 공동체와 더 넓게는 우리가 사는 사회에 대해서도 말씀한다는 것입니다.[3] 원래 십계명은 이스라엘 공동체에게 주어진 것입니다. 시내산에서 온 백성이 하나님의 백성이 되겠다고 맹세하였을 때 주신 법입니다. 가나안 땅에 들어가면 그 법에 기초하여 나라를 건설하라고 주신 것입니다.

---

2 '정치적 올바름'(political correctness)이란 모든 사람들이 법적 · 정치적으로 평등하기 때문에, 문화적 · 언어적으로 어떤 신분적 차별도 있어서는 안 된다는 현대적 규정입니다. 박금자, 『정의롭게 말하기: 폴리티컬 코렉트니스』 (서울: 커뮤니케이션북스, 2012)를 참고하세요.

3 구약 윤리의 사회적 측면을 연구한 가장 좋은 지침서로서, 크리스토퍼 라이트, 김재영 역, 『현대를 위한 구약윤리』(서울: IVP, 2006)를 들 수 있습니다. 그는 구약 윤리의 주제들을 환경, 부와 가난, 토지, 정의와 공의, 문화와 가족 등으로 나누어 살핀 후 맨 끝에 개인들의 결단에 관하여 말합니다.

안식일을 지킬 때는 나 홀로 지키는 것이 아니라, 아들딸은 물론 남종과 여종과 나그네까지도 함께 지키라고 합니다. 안식일의 사회적 의미이지요. 부모를 공경하라는 제5계명은 우리의 직계 부모를 말하는 것이기도 하지만, 동시에 왕이나 재판장과 같은 그 사회의 어른을 공경하라는 의미입니다. 살인하지 말라는 말씀은 개인적으로 사람을 죽이면 안 되지만, 동시에 전쟁이나 군사혁명에 의한 대량학살도 금지하신 것입니다. 탐욕에 관하여 말할 때 물론 일차적으로는 개인의 탐욕을 말하는 것이지만 동시에 탐욕적인 사회 시스템을 정죄하는 것이기도 합니다.

사실 따지고 보면 개인의 잘못과 사회 제도는 서로 떨어뜨려 생각하기 어렵습니다. 개인이 사회를 만들고 사회가 개인을 만듭니다. 개인의 의견이 모여서 여론을 만들고 여론이 모이면 법이 되고, 이것이 곧 정의(正義)가 됩니다. 사회제도가 악하면 자라나는 자녀들이 악에 물들기 쉽고, 그 자녀들이 자라서 그 악한 제도를 공고하게 합니다.

예를 들어 봅시다. 예수님께 나와서 영생에 관하여 물은 한 부자 청년이 있었습니다(막 10:17–20). 그는 살인, 간음, 도둑질, 이웃의 것을 속여서 취하는 등의 십계명의 죄를 개인적으로 범한 일은 없었다고 하였습니다. 그러나 압박과 불의와 음란으로 신음하고 있는 식민지 사회에서 부자로 살고 있다는 자체가 사실은 죄에 동참하고 있는 것이라는 사실을 그는 미처 알지 못했습니다. 가난하게 태어난 그와 비슷한 또래의 청년들이 체제에 반역하는 화적떼가 되고, 비슷한 나이의 처녀들이 몸을 파는데, 자기가 도둑질과 간음을 범하지 않았다고 해서 그것이 그의 자랑이 되겠습니까?

성경의 모든 율법들은 단지 신앙인이나 신앙 공동체에 주신 것만이 아닙니다. 온 인류가 하나님의 계명을 지키면 행복하게 살 것입니다. 신앙이 없다 해도 십계명에서 아주 멀어진 삶을 사는 사회는 안정되지 못하고 국민들은 행복하지 못할 것입니다. 그러나 신앙이 없다 해도 십계명을 어느 정도 따르면 그 사회는 사람이 살만한 사회입니다. 예를 들어, 율법에 희년(禧年)이라는 것이 있습니다. 모든 땅이 백성들에게 골고루 분배되었고 50년 동안은 매매가 가능하지만, 50년이 되는 희년에는 원래의 주인에게로 돌아간다는 법입니다. 이 사회에서는 열심히 일하면 땅을 살 수도 있고 부자가 될 수도 있습니다. 그러나 농경사회에서 가장 기본적인 자산인 땅이 50년 후에 원소유주에게 돌아감으로써 부가 두 대 이상 세습되지 않도록 하였습니다. 양극화가 원천적으로 불가능합니다. 세계 여러 나라 가운데서 글자 그대로 희년법을 다 지키지는 못한다 해도 이와 유사한 '토지공개념'(土地公槪念)을 도입한 나라는 한결같이 안정된 사회입니다.

사회가 많이 발전하고 변화하였기 때문에 성경에 나와 있는 법을 글자 그대로 우리에게 적용시킬 수는 없을 것입니다. 그러나 율법의 정신을 연구하여 우리 사회의 법에 적용시킨다면 지금보다 훨씬 더 행복하게 살 수 있을 것입니다. 인간과 사회를 만드신 하나님보다 인간에 대하여 더 잘 아시는 분이 없기 때문입니다.

위와 같은 강조점들을 가지고 십계명에 대하여 썼습니다. 성경 전체의 맥락 속에서 각 계명의 의미를 찾고, 그 가운데 나타난 하나님의 의도가 무엇인가를 발견하려 노력하였습니다. 각 계명을 주신 의도가 하나님을 사랑하고 이웃을 사랑하는 것임을 마음에 두고, 우리 시대에 맞는 해석을 하려고 하였습니다. 21세기를 살아가는 개인뿐 아니라 우리 대한민국과 조국 교회 공동체에 주시는 하나님의 말씀으로 생각하였습니다. 본서를 읽는 성도들이 하나님의 마음을 발견하고 그 뜻을 이 땅에서 펼치는 데 도움이 되기를 기도합니다.

본서는 2017년 여름부터 10주에 걸쳐 백석대학교회에서 설교한 내용을 에세이 형식으로 바꾼 것입니다. 정미진 강도사가 녹취해 주었고, 박애란 목사께서 윤문을 보아 주셨습니다. 한 성도의 재정적 도움으로 이 책이 탄생하게 되었습니다. 굳이 이름을 밝히지 말아달라는 부탁 때문에 이름을 밝힐 수는 없지만, 교회와 성도들을 사랑하는 극진함을 가지신 분입니다. 또한 짧은 시간에 멋진 책을 만들어 주신 도서출판 대서의 장대윤 장로님께도 감사를 드립니다.

지난 12년간의 목회를 돌이키면서 감회가 새롭습니다. 먼저 매주일 성도들에게 전할 수 있는 메시지를 주신 하나님께 감사드리며, 최선을 다하지 못한 것 같아 죄송스런 마음이 많습니다. 매너리즘에 자주 빠지는 게으른 저에게 개혁주의생명신학의 정신으로 늘 일깨워 주시는 백석학원 설립자 장종현 목사님께 존경과 감사를 드립니다. 제가 설교를 준비하면서 더 알고 싶은 것이 있을 때 기꺼이 응답해 주신 동료 교수님들에게도 감사의 마음을 전합니다. 고락(苦樂)을 같이 한 사역자들, 중요한 결정에 함께 해 주신 장로님들, 묵묵히 봉사하고 기도해 주신 권사님, 집사님들께 마음으로부터 경의를 표합니다. 부족한 저의 설교를 하나님의 말씀을 듣는 심정으로 마음을 열어 경청하고 말씀대로 살려고 노력하신 사랑하는 모든 성도님들께 사랑을 보냅니다. 부디 주 안에서 영혼과 육신이 강건하고, 그리스도의 제자로 향기로운 삶을 사시기를 기도합니다.

2017년 12월 17일

방배동 연구실에서

하나님이 이 모든 말씀으로 말씀하여 이르시되

나는 너를 애굽 땅, 종 되었던 집에서 인도하여 낸

네 하나님 여호와니라

너는 나 외에는 다른 신(神)들을 네게 두지 말라

(출 20:1-3)

1
오직 하나님만

과거 좋았던 시절

할리우드 재난영화에 종종 등장하는 장면이 있습니다. LA 시내 한가운데 커다란 운석이 떨어지거나 지진이 일어나는 등의 대재난이 닥쳐 고층빌딩이 파괴되고 자동차가 날아다니고 수많은 사람들이 죽고 온 시내가 아수라장이 되었습니다. 어떤 게으른 사람 하나가 늦잠을 자다가 밖에서 들리는 소란스러운 소리에 잠이 깼습니다. 기지개를 켜면서 무슨 일이 있나 궁금해 하며 문을 여는데, 문을 여니 곧 아찔한 벼랑입니다. 건물의 반쪽이 날아가 버린 것입니다. 저는 가끔 우리 시대 신앙의 환경을 생각하면서 이 장면을 떠올리곤 합니다.

교회의 문을 열고 나가면 곧 하나님이 없는 것 같은 세상입니다. 공공(公共)의 영역에서는 신앙에 대하여 이야기하지 않는 것이 철칙이 되었습니다. 신문이나 TV에서 종교에 대한 이야기를 할 때는 타락한 모습을 고발하는 정도입니다. 얼마 전 한 장관 후보자가 '창조과학'을 신봉한다고 하여 사람들의 웃음거리가 되더니 결국 청문회를 통과하지 못하고 낙마한 사건이 있었습니다. 그때 평론가들의 논조(論調)는, 종교를 믿는 것은 괜찮지만 종교적 신념을 과학세계로 가지고 들어오는 것이 문제라는 것이었습니다. 종교는 개인적인 문제일 뿐, 공론의 장으로 끌고 들어올 정도로 진지한 문제는 아니라는 것입니다. 논문발표장이나 학회지에서 신(神)의 영역에 대하여 거론하는 것은 소위 '데우스 엑스 마키나'(Deus ex machina)라 하여 웃음거리가 됩니다.[4] 축구선수가 골을 넣고 기도 세리머니를 하면 비난을 받습니다. 학교에서 전도하는 것은 법에 저촉되고, 군부대 위문공연 때도 예배를 드리면 안 됩니다. 회사의 업무나 비즈니스의 영역에서 종교가 하는 일은 더더욱 없습니다. 업무를 마치면 삼삼오오 회식과 술자리와 노래방과 룸살롱으로 흩어집니다. 유일하게 신앙에 대하여 생각하는 것은 주일 예배 때인데, 이때도 설교의 2/3는 세속적인 이야기를 합니다. 예배를 드리는 성도들의 마음에도 하나님의 자리는 그리 크지 않습니다. 교회 문밖이 벼랑이 아니라, 교회의 팔 할이 벼랑입니다!

역사가들은 중세를 사람이 살기 어려웠던 암흑시대라고 폄하합니다. '청교도' 하면 숨이 막히도록 억압적인 마녀사냥의 시대를 떠올릴 것입니다. 그러나 저는 과거 기독교가 세계를 지배했을 때가 예수님을 믿기 참 좋았었을 것 같다는 생각이 듭니다. 예컨대 중세시대 유럽이나 1700년대 중엽 미국 뉴잉글랜드 청교도 지역에 살고 있는 사람들의 삶을 생각해 봅시다. 식구들 가운데 다른 신앙을 가진다는 것은 상상도 못합니다. 공적 · 사적 교육 모두가 성경에 기초해 있고, 교사들과 지

4 '데우스 엑스 마키나'는 고대 그리스 연극에서 기계장치를 이용하여 등장하는 신(神)을 가리키는 말로 드라마나 영화에서 뜬금없이 신이 등장하여 재미없게 만드는 것을 풍자하는 말이다.

성인들이 모두 기독교인입니다. 삶은 단순하고, 동네에는 술집도 도박장도 없습니다. 주일이 되면 멋진 옷을 입고 온 식구가 교회에 가서 예배드리고, 교리 공부하고, 경건한 책을 읽습니다. 일 년의 리듬은 모두 신앙적 절기에 의하여 움직여지고, 나라를 위한 기도의 날(The Day of Prayer)이 정해져 있어 온 국민이 하나가 되어 기도합니다. 삶은 단순하였고, 세속적 죄에 빠질 염려도 없고, 죄로 가득한 문화 때문에 부대낄 필요도 없습니다.

얼마 전 전라남도의 작은 마을 '증도'(曾島, 과거에는 섬이었는데 지금은 연육교로 연결되었음)에 간 일이 있었습니다. 일제 강점기 문준경전도사의 전도활동으로 그 일대가 복음화되었고, 복음화 비율이 가장 높은 곳입니다. 작은 마을마다 꽤 큰 예배당이 있고 주민의 거의 90%가 신자라고 합니다. 마을 어디에도 유흥시설이 없습니다. 죄를 지으려 해도 지을 수 없는 곳입니다. 저도 모르게 거룩한 기운을 느꼈습니다. 이런 곳에서 한 일 년 살면 거룩해지겠다는 생각을 한 적이 있습니다.

제가 살고 있는 서울은 글자 그대로 세속도시입니다. 사람들의 삶과 대화와 생각에서 하나님을 찾아보기 어렵습니다. 동네마다 붉은 빛을 내는 십자가가 서 있지만, 교회 내부의 사정을 아는 저로서는 교회가 세속의 일부가 아닌가 생각됩니다. 21세기는 미국의 사회학자 피터 버거(Peter Berger)의 말대로 사회질서를 유지하고 보존하는 기독교의 '신성의 덮개'(sacred canopy)가 벗겨져 나가 버렸습니다.[5] 우리 사회에서

---

5 Peter Berger, *The Sacred Canopy: Elements of Sociological Theory of Religion*, Grandham, U.K.:

는 물론이고 서구 사회에서도 기독교는 종교 소비자[6]의 기호에 따라 선택하는 사적인 종교가 되었습니다. 뜨거운 햇빛과 비를 가려주던 거룩한 덮개가 벗겨지고, 인류는 고통과 모순과 죄악의 현실을 벌거벗고 맞이하게 되었습니다.

이런 시대에 하나님을 믿는다는 것이 무엇을 의미할까요? "나 외에는 다른 신들을 네게 두지 말라"는 계명이 현대를 사는 우리들에게 주는 의미가 무엇일까요?

1. 제1계명의 개요

하나님 외에 다른 신이 있는가?

십계명의 첫 번째 계명은 "나 외에는 다른 신(神)들을 네게 두지 말라"입니다. 이 계명을 읽으면서 언뜻 이런 생각이 듭니다. '하나님 외에 다른 신들을 섬기지 말라니, 그럼 다른 신들이 있다는 말인가? 하나님, 부처님, 알라신 등 많은 신들이 있는데, 그중에 우리 하나님이 제일 높으니 그분만 섬기라는 뜻인가?' 정말 하나님 외에 다른 신들이 이 땅에 존재할까요? 고린도전서 8장에 그 답이 있습니다.

우리가 우상은 세상에 아무것도 아니며 또한 하나님은 한 분밖에 없는

Anchor Books, 1967

6 Vincent J. Miller, *Consuming Religion: Christian Faith and Practice in a Consumer Culture*. N.Y.: Continuum, 2004. 빈센트 밀러는 현대 미국의 기독교는 사람들의 문화소비 가운데 하나가 되었다고 평가하였습니다. 사람들은 광고를 보고 자기 취향에 맞는 교회나 교단을 택하고 이를 통하여 심리적인 만족과 행복을 누립니다. 이러한 소비자의 기호에 순응하는 교회는 발전하지만 전통을 고집하는 교회는 곧 문을 닫고 말았으며, 신조나 의식이나 공동체와 같은 전통은 무의미해졌다고 합니다.

줄 아노라. 비록 하늘에나 땅에나 신이라 불리는 자가 있어 많은 신과 많은 주가 있으나, 그러나 우리에게는 한 하나님 곧 아버지가 계시니. (고전 8:4-6)

바울이 활동하던 당시 로마 제국에는 수많은 신들이 있었습니다. 올림퍼스 산(山)의 열두 신이라고 하지요. 제우스, 헤라, 아폴로, 아테나 등 많은 신들이 있었고 곳곳마다 그들을 위한 신상과 신전이 있었습니다. 역사적으로도 어느 사회든지 신이 없는 사회는 없었고, 오늘날도 마찬가지입니다. 이 세상은 종교의 각축장입니다. 그런 의미에서 다른 신들이 존재한다고 말할 수도 있을 것입니다.

그러나 성경은 분명하게 이야기합니다. "그런 모든 세상의 신(神)은 아무것도 아니며 참 신은 오직 하나님 한 분밖에 없다." 이 세상에 있는 많은 신들은 진정한 신이 아니라는 말입니다. 사람들이 각자 자신의 욕망을 따라 만들어 낸 우상에 불과합니다. 그 배후에는 마귀가 있어서 기적을 행하기도 하고 큰 세력으로 사람들을 미혹하기도 하지만, 그것들은 마귀의 장난일 뿐 거기에 속아서는 안 됩니다. "네 앞에 다른 신을 두지 말라"는 명령은 많은 신들 가운데 하나님을 선택하라는 것이 아니라 거짓된 신들을 버리고 진정한 신이신 하나님을 섬기라는 뜻입니다.

배타적 기독교

오직 하나님 한 분만이 신이라는 기독교의 주장에 대해 이렇게 말하는 사람들이 많습니다. "기독교인들은 다른 종교나 사상을 포용하지 못하는 배타적인 종교인 것 같아요. 불교나 천주교는 다 타 종교에 대해 호의적인데, 기독교는 타 종교 자체를 인정하려고 하지 않아요." 그리고 그들은 또 이렇게 말합니다. "산(山) 정상은 하나지만 오르는 길은 여러 갈래인 것처럼, 세상의 모든 종교들은 우리를 구원이라는 산 정상으로 이끄는 여러 길들이지요." 이런 생각을 종교다원주의(religious pluralism)라고 말합니다. 그들의 시각으로 볼 때 기독교는 편협하고 배타적인 종교로 여겨질 것입니다. 종교다원주의자들은 기존의 기독교를 독선적이라 하고, 기독교 때문에 환경 파괴, 여성 억압적 가부장제 등의 문제들이 생겨났다고 비판합니다. 다원성의 세기를 살아가는 21세기에 절대성을 주장하는 기독교는 독선과 아집이 설 자리가 없는 것 같습니다.

그렇다면 우리가 믿는 하나님은 정말 배타적이고 포용력이 없는 분일까요? 그렇지 않습니다. 하나님은 천지 만물과 모든 인류를 만들었기 때문에 온 우주와 만물을 품을 만큼 넓은 분입니다. 그러나 그렇게 넓으신 하나님도 두 가지에만은 배타적입니다. 하나는 거짓에 대하여, 다른 하나는 사랑하는 사람에 대하여 그렇습니다.

하나님은 천지 만물을 포용하는 관대한 분이지만 '거짓'에 대해서는 관용하지 않습니다. 하나님은 거짓말을 하는 사람을 여전히 사랑하시지만, 거짓 그 자체는 하나님과 함께 있을 수 없습니다. 아무리 관용적인 사람이라도 "1+1은 3이다"라고 말하면 틀렸다고 합니다. '물'의 분자식은 'H_2O'인데 'CO_2'라고 답안지에 쓰면 아무리 마음 좋은 선생님이라도 틀렸다고 합니다. 사람이 그러할진대 하나님은 거짓에 대해서 철저하게 배타적이십니다.

하나님은 또 사랑하는 사람을 독점하고 싶어 한다는 점에서 배타적입니다. 사랑하는 사람들을 헛된 것에 빼앗길 때 매우 싫어합니다. 남편이 다른 여자와 재미있게 웃고 떠들며 노는 것을 보고 마음속에 질투가 일어나지 않는다면, 그 여인은 마음이 넓은 것이 아니라 남편에 대한 사랑이 부족한 것입니다. 하나님의 사랑도 마찬가지로 설명할 수 있습니다. 성경은 하나님에 대해서 이렇게 표현합니다.

> 너는 다른 신에게 절하지 말라. 여호와는 질투라 이름하는 질투의 하나님임이니라. (출 34:14)

'질투'는 하나님에 대한 표현 중에 가장 충격적인 표현입니다. 게다가 아주 강조가 되어 있습니다. '여호와는 질투하시는 분이다'라고 말해도 될 텐데, 성경은 굳이 "질투라 이름하는 질투의 하나님"(the Lord, whose name is Jealous, is a jealous God)이라고 소개하고 있습니다. 하나님은 스스로를 '질투'라고 이름 지으셨습니다. "나는 질투의 화신이야, 나는 질투 덩어리야, 나는 질투 그 자체야. 앞으로 나를 부를 때는 '질투'라고 불러다오!"라고 하신 것과 같습니다.

사실 '질투'라는 말의 어감은 그다지 좋지 않습니다. 질투심이 많은 사람은 자기를 파괴할 뿐 아니라 다른 사람까지도 불편하게 만들기 때문입니다. 제가 여성을 폄하하는 것은 아닙니다만, '질투'(嫉妬)라는 한자에 '계집 녀'(女) 변이 사용된 것을 보면 여성들에게 질투가 많은가 봅니다. 그러나 잘 생각해 보면 질투는 사랑의 다른 표현입니다. 질투가 없으면 사랑이 아닙니다. 하나님을 질투라고 할 때는 파괴적인 질투를 말함이 아니라, 사람에 대한 적극적인 사랑을 드러내는 표현입니다.

거룩한 질투입니다.

하나님은 우리가 하나님을 사랑하지 않고 헛된 것을 좇을 때 심하게 질투하십니다. 어떤 부모가 자식을 위해 아무것도 아끼지 않고 모든 것을 다 해 주었습니다. 없는 살림이지만 유기농 식단으로 밥을 해 주었고, 깨끗한 옷을 날마다 입히고, 원하는 학원들을 다 보내고, 과외 공부에 해외 연수까지 시켰습니다. 아이가 공부도 잘하고 잘생긴 청년으로 멋지게 자랐습니다. 그런데 언젠가부터 나쁜 친구와 어울리더니 술은 물론이고 도박판을 왔다 갔다 하고 심지어 부모에게 대들기까지 합니다. 이때 부모의 심정이 어떻겠습니까? 심한 낭패감이 들 것입니다. 너무나 안타까워서 '어떻게 이렇게 되었을까?' 가슴을 치며 마음 아파합니다. 이것이 바로 '하나님의 질투'입니다. 헛것에 마음을 빼긴 자녀를 슬퍼하며 안타까워하고 아파하는 것, 그것이 하나님의 사랑이고 사랑의 또 다른 이름인 질투입니다.

우리가 하나님을 섬겨야 마땅한데 거짓을 사랑하고 헛것을 섬기느라 하나님과 멀어지게 되면 그때 하나님은 질투하십니다. 이런 하나님을 배타적이라거나 포용심이 없다고 말할 수는 없습니다. 하나님은 오히려 지나친 포용력으로 인해 자신의 아들을 십자가에 못 박기까지 하신 분입니다.

그럼 이제 그런 질투의 하나님께서 제1계명을 통해 우리의 무엇을 금하고 무엇을 명령하고 있는지 살펴보겠습니다.

2. 제1계명이 금하는 것

무신론과 세속주의

제1계명은 우선 무신론(無神論)을 반대합니다. "하나님이 없다"고 주장하는 것이 무신론인데 다양한 형태의 무신론이 있습니다.

- 이론적 무신론과 실천적 무신론
- 방법론적 무신론
- 공산주의의 변증법적 유물론과 자본주의의 맘몬이즘
- 인본주의

'이론적 무신론'(theoretical atheism)은 이론적으로 따져보아 하나님이 없다고 주장하는 것입니다. 도킨스(Richard Dawkins)와 같은 진화생물학자나, 유발 하라리(Yuval Noah Harari) 같은 역사학 교수는 그들의 이론과 책으로 청년들을 유혹합니다.[7] 그들의 이론은 매우 과학적이고 정교하기 때문에 책을 읽다 보면 무신론으로 빠져 들어가게 됩니다. '실천적 무신론'(practical atheism)은 하나님이 계신 것을 이론적으로는 믿지만, 실제 삶의 행동 속에서 하나님을 전혀 생각하지 않고 사는 사람들을 가리킵니다.

'방법론적 무신론'(methodological atheism)은 신이 없다는 가정 하에

---

7 리처드 도킨스, 홍영남 등 역, 『이기적 유전자』(서울: 을유문화사, 2010); 이한음 역, 『만들어진 신: 신은 과연 인간을 창조했는가?』(서울: 김영사, 2007), 유발 하라리, 조현욱 역, 『사피엔스』(서울: 김영사, 2015); 김명주 역, 『호모 데우스』(서울: 김영사, 2017) 등입니다. '호모 데우스'는 '신이 된 인간'이라는 의미로 인간이 질병과 고통을 이기고 모든 것을 마음대로 할 수 있는 시대가 온다고 합니다.

세상을 설명하려는 노력을 가리킵니다. 학교에서 선생님은 하나님이 없다고 직접적으로 가르치지는 않습니다. 만일 그렇게 한다면 열정이 있는 한국의 학부모들이 가만히 있지 않겠지요. 그러나 초등학교 1학년부터 12년 동안 교과 과정을 차근차근 따라가다 보면 학생들은 자연스럽게 하나님이 없는 세상을 배우게 됩니다. 수학, 과학, 사회, 역사 등 어디에도 하나님을 설명하는 교육은 없습니다. 태풍이 부는 것은 하나님의 입김이 아니라 기압의 차이 때문이며, 장마가 지는 것은 하나님이 비를 내리는 것이 아니라 수분을 머금은 구름이 한반도를 오르락내리락하며 장마전선을 형성하기 때문이라고 배웁니다. 하나님께 순종하고 기도하여 응답 받고 사업을 시작할 것이 아니라, 수요-공급의 법칙이라는 '보이지 않는 손'을 주의 깊게 보아야 성공할 수 있습니다. 결국 12년 동안 공교육을 마친 학생들은 하나님 없이도 세상이 잘 돌아간다는 신념을 가지고 졸업하게 됩니다.

저는 모태신앙인으로 태어나 어릴 적부터 교회 생활을 열심히 하였습니다. 학교는 결석을 해도 교회는 결석하지 않았습니다. 성경 공부도 열심히 하고 요절도 잘 외우고 노래도 따라 하고 가끔 전도도 해서, 교회에서 주는 상이란 상은 독차지하다시피 하였습니다. 중학생 때 수련회에서 은혜를 받고 목사가 되기로 결심한 뒤로는 더욱 열심히 하였습니다. 어떤 분이 신학을 공부하려면 신학대학으로 곧바로 가지 말고 철학과에 가서 공부하라고 조언을 하였습니다. 그래서 대학에서 철학을 전공으로 택하였습니다.

수업 첫날부터 문제였습니다. '철학개론' 수업에 들어오신 선생님께서 말씀하시기를, 이제부터는 지금까지 믿어왔던 모든 것을 다 의심하라고 하셨습니다. 부모님의 말씀, 학교에서 배운 지식들, 사회적인 통념 등 모든 것을 의심해 보아야 한다고 하였습니다. 특히 교회에서 가르치는 것들은 믿을 만한 것들이 못되니 무턱대고 믿지 말라고 하셨습니다. 믿을 것이라고는 우리의 '이성'(理性) 밖에 없다고 강조하셨습니다.

저는 벌떡 일어나서 질문을 하였습니다. "기독교의 교리에 따르면 하나님께서 인간의 이성을 만드셨다고 하는데, 만들어진 이성이 어떻게 창조자를 의심하고 비판한단 말입니까?" 교수님께서 껄껄 웃으시면서, "우리 과(科)에 기독교 환자가 들어왔네 그랴! 이거 앞으로 힘들겠는걸"이라고 하셨습니다. 그 이후 제 별명은 '할렐루야'가 되었습니다. 동기들이 저 멀리서 제가 오는 것을 보면 손을 번쩍 들고 '할렐루야'라고 불렀습니다.

제가 철학과에서 수강했던 거의 모든 과목의 교수님들은 무신론자였고, 인간의 이성만이 모든 진리의 척도라고 말하였습니다. 그 교수님들은 모두 훌륭한 분들이었습니다. 대부분 외국에서 공부를 하였고, 하버드대, 동경대에서 학위를 받은 분도 있었습니다. 어떤 분은 어렸을 적 교회에 나가고 예수를 잘 믿었는데, 자신이 어떻게 교회에 안 가게 되었는지를 간증(?)하는 분도 있었습니다. 지금이야 철학을 하면서도 예수님을 믿는 사람들이 많이 있지만, 그 당시의 교수님들은 60년대 반(反) 기독교 정서가 팽배하던 시절에 공부한 분들이라서 그런지 모두 무신론자 혹은 불가지론자였습니다.

한 일 년 이상 비슷한 말을 여러 교수님들로부터 듣다 보니 저도 혼란에 빠지기 시작했습니다. 따뜻한 햇살이 비치는 5월의 어느 날, 중앙

도서관으로 가는 벤치에 홀로 앉아 있었습니다. 수없이 많은 학생들이 두꺼운 책을 들고 오가고, 무엇이 즐거운지 웃고 떠드는 소리도 간간이 들리고, 잠시 후면 도서관 앞 광장에서 또 시국선언을 한다고 하는데, 저는 깊은 생각에 잠겼습니다. '정말 하나님이 계신 것일까? 계시다면 어떤 분일까? 내가 지금까지 들어오고 믿어왔던 것들이 정말 진리일까? 예수님이 하나님의 아들이 아니고 위대한 인간인데 초대 교회 사람들이 신격화한 것은 아닐까? 목사님들이 힘주어 설교하지만 정말 믿는 것을 설교하는 것일까, 아니면 그저 하나의 직업에 불과한 것은 아닐까?' 그렇게 생각하다가도, '아니야, 그럴 리가 없어. 만약 창조주 하나님이 안 계시다면 내가 살아야 하는 의미는 무엇이고 목적은 무엇인가? 상과 벌을 주는 하나님이 안 계시다면 착하게 살려고 노력하는 것이 무슨 의미가 있는가?' 하는 고민을 떨칠 수 없었던 약 1년간의 너무 고통스런 시간들이었습니다.

후일 하나님께서 보여 주신 기적들을 통하여 살아 계신 하나님을 경험한 후 다시 믿음을 회복하였습니다. 그리고 나서 왜 내가 거의 20년 동안 그렇게 열심히 믿어 왔던 신앙을 겨우 1년 만에 부인하는 지경에 이르렀는지 생각해 보았습니다. 문제는 바로 '방법론적 무신론' 교육 때문이었습니다. 초등학교와 중고등학교 12년 동안 열심히 공부하면서, 나도 모르는 사이에 하나님 없이도 세상을 설명할 수 있다는 생각이 깊이 각인된 것입니다. 비유를 들자면 빵을 만들고 그 위에 크림을 발라 케이크를 만드는 것처럼, 무신론이라는 빵 위에 신앙이라는 크림을 얹어 놓은 것이 저의 신앙이었습니다.

공산주의와 자본주의

공산주의자들이 주장하는 소위 '변증법적 유물론'(Dialectical Materialism)도 무신론의 일종입니다. 이들은 만물의 근원은 정신이나 관념이 아니라 물질이라고 봅니다. 물질, 즉 생산 수단의 유무에 따라 인류의 역사가 발전되어 왔다고 믿습니다. 특히 북한의 김일성 주체사상은 프롤레타리아(Proletariat)의 뜻을 공산당이라는 당(黨)이 수렴하고, 당의 뜻을 '당 중앙'인 김일성이 대표한다는 것입니다. '주체'라는 말은 외부의 세력들, 특히 신과 같은 종교를 배제한 인간이 주체가 되어야 한다는 뜻입니다. 이들은 종교를 '인민의 아편'으로 생각합니다. 내세(來世)에 대한 헛된 희망을 말함으로써 현실을 변혁시키려는 동력을 떨어뜨린다고 비판합니다.

공산주의 유물론뿐 아니라 자본주의도 물질이 신(神)이 되었습니다. 우리가 흔히 맘몬이즘(Mammonism)이라고 부르는 배금주의(拜金主義)는 자본주의 안에서 성장했습니다. 돈을 최고의 가치로 여겨 숭배하고, 삶의 목적을 돈 모으는 것에 두는 것도, 역시 유물론입니다. '인간주의'(Humanism)는 신이 아닌 인간이 세상의 중심이라고 믿기 때문에 신 중심적인 세계관과 대조를 이룹니다. 인본주의의 주된 가치는 '인간'이며 오직 인간성(humanity)만이 존귀하다고 믿습니다.

자본주의의 꽃은 텔레비전 광고입니다. 우리은 하루에도 수백 수천 개의 광고에 노출되어 있습니다. 광고를 계속 보다 보면 하나님 없는 세상에 세뇌당하게 됩니다. 창이 큰 자이아파트에 밝은 아침 햇살이 들어올 때 아리따운 한 여인이 커튼을 우아하게 열어젖힙니다. 멋스런 향이 날리는 다나한 한방샴푸로 머리를 감고, 화장대에서 SK-II 화장품으로 피부 관리를 하고, 소음과 바람이 나지 않는 휘센에어컨을 켜고, 버튼만 누르면 얼음이 나오는 지펠냉장고에서 생수를 꺼내 마시고, 넓은 거실에서는 최고급 사운드에서 나오는 음악에 맞춰 춤을 춥니다. 오후에는 쫙 빠진 아우디 승용차를 타고 골프를 치기 위해 강변도로를 달리거나 승마를 즐기며 하루를 보냅니다. 텔레비전 광고에서는 그런 삶이 인간이 누릴 수 있는 최고의 삶이라고 세뇌를 시키며 광고에 등장한 물건을 통해 가능하다고 믿게 만듭니다.

물건의 소비를 통해 행복을 찾으려는 사람들, 그들이 살아가는 세상이 바로 세속주의(secularism)의 세상입니다. 세속주의에 종교가 들어갈 틈이 없습니다. 가끔 종교가 필요하기도 한데, 바로 삶에서 힘든 일을 겪을 때입니다. 인생의 갭(gap)을 메꾸어주는 정도에 불과할 것입니다. 갭이 메꾸어지면 곧바로 종교를 떠나 다시 세속적인 삶을 삽니다.

우리는 이렇게 무신론과 세속주의가 난무하는 세상에서 살고 있습니다. 그 안에서 우리의 직장과 사업은 어떠합니까? 다른 사람이나 기업을 짓밟고서라도 이윤을 남겨야 하고 경쟁에서 이겨야만 합니다. 때로는 비정상적인 방법이라도 동원되어야 이길 수 있기 때문에 뇌물과 눈속임이 자연스럽게 이루어집니다. 그 속에서 정신적 압박을 받은 직장인들은 하루의 업무가 끝나면 술집과 노래방에서 상사 욕을 하며 마음을 달랩니다. 어느 누구도 신에 대한 갈망이나 신의 개입을 입에 올리거나 기대하지 않습니다.

다른 종교를 믿는 것

제1계명은 다른 종교를 믿는 것을 금합니다. 이단적인 종교는 말할 것도 없고, 죽은 사람을 신으로 여겨 제사를 드리는 것과 신령과 교통한다고 하는 샤머니즘(shamanism)적인 모든 것을 금합니다. 굿을 하고 점을 치고 사주(四柱)와 토정비결을 보는 것은 헛된 일입니다. 압구정동에 가면 타로 점을 보는 데가 많은데 물론 재미로 보는 것이라고 말하지만 이 또한 돈 낭비일 뿐입니다. 사람들은 흥미삼아 스포츠 신문이나 인터넷에서 '금주의 운세'를 봅니다. 그러나 그것은 단순한 흥미를 넘어서 사람의 기분을 좌지우지하며 강한 중독성을 띠게 되므로 피해야 할 행동입니다.

극단적인 국가주의

제1계명이 금하는 것 가운데는 극단적인 국가주의가 있습니다. 국가를 반신(半神)으로 생각하기 때문에 국익이 하나님의 계명과 어긋날 때 국익을 먼저 취합니다. 또 극단적인 국가주의는 다른 국가나 민족을 차별하고, 국가의 지도자를 신격화합니다. 우리나라는 비교적 극단적인 국가주의가 세력을 발휘하지 않았지만 세계 대전의 중심에 있었던 일본이나 독일, 또 옛날 로마 황제 숭배 등은 극단적 국가주의의 전형이라고 볼 수 있습니다.

우리 아이가 어릴 때 TV를 많이 보았습니다. 주로 만화영화입니다. 악당 로봇이 등장하여 지구를 위협하면 다 망가진 것 같았던 로봇이 다시 살아나서 지구를 지키는 내용입니다. "맨날 똑같은 것을 뭘 그렇게 보느냐?"고 아이에게 핀잔을 주자, "아냐 똑같은 거 아냐!" 하면서 정색을 하고 말합니다. 조금 후에 제가 9시 뉴스를 보는데, 아이가 한마디 합니다. "아빠, 뉴스도 맨날 똑같아!" 가만히 생각해 보니 그 말이 맞는 것 같습니다. 정권이 바뀔 때마다 야당은 발목 잡고 청문회하여 낙마시키고, 정부조직 안 해 주고 적폐(積弊)를 청산해야 한다고 합니다. 그러나 과연 세상이 바뀔까요? 취임 초 그렇게도 높던 대통령의 지지율은 1년이 지나면서 반토막이 나고, 임기 말이 되면 레임덕(lame duck)이 오고……. 정말 아이들의 로봇 이야기와 별반 다를 것이 없다는 생각이 들었습니다. 정부가 바뀌고 헌법이 바뀐다고 근본적인 것이 달라질까요? 우리 시대가 한 세대 전보다 발전하였다고 평가할 수 있겠습니까? 국가(國家)라는 것이 신(神)으로 섬길 정도로 그렇게 위대한 것일까요?

자신을 믿는 것

이런 것 저런 것 다 필요 없고 자신만 믿는 사람도 있습니다. 자신의 능력, 재능, 학식, 지위, 권세, 명예, 건강, 외모, 재물, 자녀, 경험, 의지력 등으로 자신에 대해서 만족하며, 자신의 삶에 하나님이 필요 없다고 생각하는 것을 말합니다. 이들은 사람들 앞에서 교만하고 자신을 자랑하며, 다른 이들을 무시하고 스스로 그들의 지도자가 되려는 자세를 갖습니다. 외적인 것만이 아니라 자기 내면의 것도 자랑합니다. 윤리적으로 완전하다고 믿으며, 강한 의지력으로 세상을 살아갑니다. 과거의 업적이나 몇 대째 내려오는 신앙의 유산을 자랑하며, 영적인 체험이나 받은 은사를 자기만족의 수단으로 삼습니다. 이들은 사람들 앞에서 교만하여 다른 이를 무시하는 태도를 갖습니다. 특히 자수성가(自手成

家)한 사람들이 이럴 경우가 많습니다. "내가 다 해봐서 아는데……"라고 하면서 자신의 경험을 최고의 판단기준으로 삼습니다.

낙심과 절망

자신을 너무 믿는 것도 문제지만, 낙심과 절망도 하나님을 믿지 않는 죄입니다. 낙심과 절망은 주로 자신을 믿다가 실패한 사람들이 빠지게 되는 함정입니다. 경제적으로 어려운 상황, 무능력, 사람들로부터 거절, 사업 실패, 가족 관계의 파괴, 끊을 수 없는 죄, 약한 신앙 등으로 인해 열패감(劣敗感)을 느꼈을 때 낙심과 절망이 찾아옵니다. 그러나 낙심 가운데 빠져서 자신을 학대하거나 폐쇄하고, 우울증이나 술과 마약에 중독되고 결국 자살할 지경에까지 이르는 것은 이 모든 곤경으로부터 우리를 능히 건져내실 수 있는 하나님의 사랑과 능력을 신뢰하지 못하는 것입니다.

세속적인 것에 가치를 두고 살다 보면 하나님은 보이지 않고 자기 자신을 중심에 둘 수 있습니다. 그럴 때 실패를 하게 되면 모든 것이 끝난 것처럼 느껴집니다. 그때 낙심과 슬픔에 젖는 것은 어찌 보면 자연스러운 것입니다. 그러나 낙심과 절망이 오래 지속된다면 그것은 하나님에 대한 모독입니다. 하나님은 우리를 어떤 환경에서도 능히 건지시며 우리를 새롭게 하실 수 있습니다. 낙심과 절망이 찾아올 때 우리는 잠시 슬퍼할 수 있겠지만, 자신을 돌아보고 돌이켜 다시 하나님의 은혜 아래로 들어가야 합니다. 낙심과 절망 속에서 내가 아닌 하나님을 신뢰하며 용기를 얻기 바랍니다.

3. 제1계명의 뜻

이미 서론에서 말한 것처럼 하나님께서 십계명을 주신 것은, 이러저러한 것은 하나님이 싫어하니까 하지 말라는 금령(禁令)이기도 하지만 동시에 하나님이 원하시는 세상의 질서를 나타내는 것이기도 합니다. 세상과 주님의 백성을 향한 하나님의 마음이 담겨 있는 것입니다. 그래서 십계명을 연구할 때는 하지 말아야 할 것을 살핀 후, 이 계명을 통하여 하나님이 원하시는 세상과 우리들의 모습이 어떠한지를 생각해 보아야 합니다.

궁극적 관심

제1계명을 주신 하나님의 본심은 첫째, 하나님을 사랑하고 신뢰하라는 것입니다. 인생의 근원적이고 영적인 갈망을 채울 수 있는 길은 우리 영혼의 창조주를 만나 그와 교제하는 것밖에 없기 때문입니다. 제가 좋아하는 시편의 말씀입니다.

> 하늘에서는 주 외에 누가 내게 있으리요, 땅에서는 주 밖에 내가 사모할 이 없나이다. 내 육체와 마음은 쇠약하나 하나님은 내 마음의 반석이시요 영원한 분깃이시라. (시 73:25-26)

하나님은 헛된 욕망으로 우리의 삶을 채우지 말고 하나님께 나아오라고 초청하십니다. 세상의 즐거움을 추구하다가 공허와 무의미를 느끼는 사람이 하나님을 만나면 비로소 삶의 목표와 기쁨을 찾게 됩니다.

모든 사람에게는 '갈망'이라는 것이 있습니다. 아이가 태어나 1년이 되면 돌잔치를 하는데 돌잔치에서 빠뜨리지 않고 하는 행사 가운데 '돌잡이'라는 것이 있습니다. 미신적이기는 하지만 많은 사람들이 아기가 무엇을 잡을지 흥미를 가지고 지켜봅니다. 돌잡이에 오른 물건들 가운데 연필은 공부를, 실은 장수를, 돈은 부를 상징합니다. 요즘은 더욱 재미있게 진행하려고 연예인 되라고 마이크도 놓고, 자동차 열쇠도 놓고, 어떤 통 큰 부모는 수표를 올려놓기도 합니다. 저는 돌잡이하는 것을 볼 때마다 조마조마합니다. '만약 아기가 아무것도 잡지 않으면 어떡할까?' 하는 조바심이 나기 때문입니다. 그런데 놀라운 것은 모든 아기들이 무언가를 집는다는 사실입니다! 사람은 첫돌이 지나면서부터 늘 무언가를 욕망하고 있습니다.

아기가 조금씩 자라 열 살만 넘어가면 이성 친구에 대한 관심이 생기기 시작합니다. 귀를 뚫고 싶다, 머리 염색하게 돈 달라, 옷이 너무 짧은 게 아니냐는 등의 문제로 자녀와 부모 사이에 마찰이 일어납니다. 좋아하는 이성에게 돋보이고 싶은 욕망이 있기 때문입니다. 더 나이가 들면 직장을 구하고 자기 성취를 하기 위하여 노력합니다. 가족에 대한 갈망이 있기 때문에 결혼을 합니다. 우리의 삶에서 기쁨과 즐거움과 의미를 주는 것은 관계를 잘 맺고 싶어 하는 갈망입니다.

갈망은 인간에게 활력을 주는 좋은 것입니다. 빨리 어른이 되고 싶어 하는 어린이들, 지식욕에 목말라 있는 젊은이들, 이성을 찾아 헤매는 십 대, 모두 아름답고 건강합니다. 성인이 되어 가족들을 챙기고, 직장에서 더 인정받기 위해 열심히 노력하고 최선을 다하는 모습은 너무나 아름답습니다. 사실 갈망이 없고 성취동기가 없는 사람이 문제입니다. 무엇을 해야 할지도 모르고, 아무것에도 관심을 갖지 않는 사람은 건강한 사람이 아닙니다.

갈망은 누구나 가지고 있습니다. 그러나 갈망하던 것이 채워진다 해도 진정한 만족이 찾아오는 것은 아닙니다. 아무리 높고 큰 것을 성취하고, 아무리 아름답고 행복한 가정을 만들었다고 해도 마찬가지입니다. 아무것도 가지지 못한 사람이나 실패한 사람만이 만족감을 느끼지 못하는 것이 아닙니다. 모든 것을 다 가진 사람도 그 마음에 채우지 못한 근원적인 공허감이 존재합니다.

어떤 평화로운 가정이 있었습니다. 남편이 가정에 충실하고 아내를 극진히 사랑합니다. 부부는 아이들을 잘 키워서 모두 일류 대학에 보냈습니다. 재산도 제법 모았고, 넉넉한 여유 자금으로 긴 연휴 동안 가족들이 동남아로 갈 비행기 티켓도 사 놓았습니다. 아내가 아침 일찍 남편과 아이들을 직장과 학교에 보내 놓고 서둘러 설거지와 빨래, 집안 청소를 합니다. 집안일을 마친 후 음악을 틀어 놓고 커피 한 잔을 앞에 놓고 식탁에 앉았습니다. 중년의 아내는 어떤 마음으로 앉아 있습니까? 큰 행복감이 밀려올 것 같습니까? 아닙니다. 무엇 하나 모자란 것이 없어 보이는 이 아내의 마음에는 행복감이 아니라 커다란 허무감이 몰려옵니다. 이때 제비 한 마리가 '누님!' 하고 달려들면 지금까지의 삶이 다 무너지고 맙니다. 남들은 복에 겨워 투정을 한다고 생각하겠지요. 왜 아무것도 부족할 것 없는 이 중년 아내의 마음에 허무함이 엄습할까요? 인간에게는 육적인 것으로 도저히 채울 수 없는 영적 갈망이 있기 때문입니다.

사람이 채워 줄 수 있는 갈망이 있고, 사람이 채우지 못하는 갈망이 있습니다. 하나님께서는 사람을 만드실 때 하나님과 교제하는 영적인 존재로 만드셨습니다. 그래서 그 영적인 갈망이 해결되지 않으면 그 빈 곳은 어느 것으로도 채울 수 없습니다. 그 빈 곳을 채우려는 갈망을 '궁극적 관심'이라고 표현한 신학자가 있습니다.[8] 인간이 하나님과 사랑의 교제를 나누게 되면 비로소 인생의 퍼즐 조각이 모두 맞춰지게 됩니다. 하나님은 제1계명을 주시면서 인간이 가지고 있는 근원적인 갈망을 하나님을 통해 채우라고 말씀하고 있습니다. 영적 갈망이 채워지지 못하면 아무리 다른 욕망을 다 채운다고 해도 마음 한가운데가 비어 있습니다. 그러나 영적 갈망을 채우게 되면 다른 것들이 좀 부족하더라도 삶에 의미를 가지고 살아가게 됩니다.

하나님을 예배하라

우리의 궁극적 관심을 찾는 구체적인 방법은 예배입니다. 예배는 두 가지 의미가 있습니다. 좁은 의미의 예배는 우리가 한자리에 모여 드리는 예배를 가리킵니다. 넓은 의미의 예배는 우리가 각자의 삶을 살면서 하나님과 교제하는 것인데, 항상 하나님을 의식하고 기도하며 '코람 데오'(Coram Deo, '하나님 앞에서'라는 뜻의 라틴어 표현)의 삶을 사는 것입니다.

저는 예배 시간이 너무 좋습니다. 제가 목사니까 예배 시간에 하고 싶은 말을 마음껏 설교할 수 있어서가 아닙니다. 저는 목사이기 때문에 예배를 좋아하는 것이 아니고, 예배를 좋아해서 목사가 되었습니다.

8 원래 '궁극적 관심'이라는 표현은 미국의 신학자 폴 틸리히의 용어입니다. 그의 신학을 다 받아들일 수는 없으나, 그의 저서들은 현대인들에게 기독교를 설명하기에 적합한 설명들을 담고 있습니다. Paul Tillich, B. D. Mackenzie, ed. *Ultimate Concern: Tillich in Dialogue*(*New York: Harper&Row*, 1965)

그리고 저는 예배의 주관자가 아니라 예배의 일부이며 하나님의 은총을 구하는 연약한 인생에 불과합니다.

우리는 예배 때에 무엇을 얻을 수 있습니까? 우리의 삶은 무겁습니다. 우리는 먹고 사는 일에 지쳐 있습니다. 어떤 사람은 아무리 일을 해도 가난에서 벗어날 수 없습니다. 부자이든 가난한 사람이든 슬픔과 고통이 있습니다. 어떤 이는 차마 말할 수 없는 절망 가운데 있는 사람도 있습니다. 가뭄에 쩍쩍 갈라진 논바닥이나 밑이 드러난 저수지 바닥을 보면 꼭 내 마음을 묘사하고 있는 것 같기도 합니다. 마음이 너무 메말라서 다른 사람을 비난하고 싶을 때도 있습니다. 누군가가 톡하고 살짝만 건드려도 분노가 치밀 것처럼 견디기 힘든 때도 있습니다. 그런데 우리가 예배 시간에 나와 이곳에서 하나님을 만나게 되면 무슨 일이 벌어지게 됩니까? 그 삶의 무게로부터 해방되는 것입니다.

하나님 앞에서는 부자와 가난한 자의 차이가 없습니다. 모두 하나님의 영광스러운 자녀입니다. 갈라진 논처럼 메마른 우리의 삶 속에 생수의 단비가 내리는 것을 느끼게 됩니다. 이것은 하나님을 만난 사람들에게서 일어나는 현상입니다. 이 모든 일은 하나님을 예배하는 가운데 가능한 일입니다.

우리는 세상을 살면서 위선과 가식의 가면을 쓸 수밖에 없습니다. 조직 사회에 살면서 내가 하고 싶은 것만 하면서 살 수 없기에, 때로 마음에 없는 말을 하고 하기 싫은 행동을 할 때도 있습니다. 지도자로 산다고 해서 그 삶이 쉬운 것이 아닙니다. 다른 사람의 인생을 책임져야 하고 그들을 위해 무엇인가를 해야 한다는 짐의 무게는 결코 가볍지 않습니다. 수십 마리의 원숭이들이 큰 나무 위에 삼삼오오 모여 앉아 있습니다. 어떤 원숭이는 밑동 근처의 가지 위에 있고, 지도자 원숭이는 나무 꼭대기에 앉아 있습니다. 밑의 원숭이는 위에 있는 원숭이를 부러워하면서, 언제 저 위에 올라갈까 손꼽아 기다립니다. 그러나 바람이 불면 맨 아래 가지에 앉아 있는 원숭이는 아무 느낌을 갖지 못하지만, 꼭대기에 있는 원숭이는 심하게 흔들립니다. 아주 작은 바람도 큰 진동으로 다가옵니다.

하나님 앞에 오면 그 가면을 벗을 수 있습니다. 하나님 앞에 오면 무거운 짐을 벗을 수가 있습니다. 하나님의 품은 젖먹이를 안은 엄마의 품과 같습니다. 따뜻한 가슴에 안겨 눈을 마주보며 힘 있게 젖을 빨아대는 아기와 같습니다. 하나님의 품에서는 지위의 고하가 상관없고 재물의 많고 적음이 상관없고, 세상에서 불행하든지 행복하든지 상관없습니다. 그래서 예수님을 믿는 사람의 입에서는 이런 고백이 흘러나오게 됩니다.

> 주의 궁정에서의 한 날이 다른 곳에서의 천 날보다 나은즉, 악인의 장막에 사는 것보다 내 하나님의 성전 문지기로 있는 것이 좋사오니. (시 84:10)

인생을 살다 보면 억울한 일을 당하거나 오해를 받을 때가 있고, 부당한 대우나 차별을 받을 때가 있습니다. 그런 일을 당하게 되면 마음에 두려움이 가득하게 됩니다. 나는 작고 내 능력은 미천한데 다른 사람의 삶은 커 보이기만 합니다. 악인들이 득세하는 것 같고, 의로운 사람은 늘 가난하고 핍박받는 것처럼 느껴집니다. 하나님이 정말 살아 계신지 의심하는 마음이 들고 삶을 포기하고 싶을 때가 있습니다. 그러나 예배를 통해 하나님을 만나게 되면 우리의 하나님이 정의로운 재판장이시며, 고아의 아버지와 과부의 남편이 되는 분이라는 것을 깨닫게 됩니다. 예배를 통해 인생의 진리를 깨닫게 되면 우리 마음에 감사가 흘러넘치고 삶에 대한 새로운 용기가 생깁니다. 그것이 바로 예배를 통해 주시는 하나님의 복입니다.

어떤 사람은 "그저 주일날 한 시간 헐레벌떡 왔다가 축도가 끝나면 집에 돌아가기 바쁜 내게 예배는 그런 경험을 주지 못한다"고 이야기합니다. "내겐 아무런 일도 일어나지 않는데요?"라고 묻습니다. 그 이유는 단 하나입니다. 하나님은 사모하는 자에게 은혜를 주십니다. 좀 더 정확하게 말하면 하나님은 예배하는 모든 자에게 은혜를 주려 하시지만 사모하지 않는 자는 그 은혜를 받아 누리지 못합니다. 예배할 때는 가난하고 애통한 마음으로 하나님을 사모하십시오. 가난하고 애통한 마음으로 기도의 골방에 들어가 보십시오. 하나님께서 반드시 응답하십니다. 간절히 사모하는 자가 기도의 골방을 나설 때, 그 눈은 젖어있으나 마음은 기쁨으로 가득찰 것입니다.

우리가 사는 세상은 하나님이 보이지 않는 세상입니다. 모두가 하나님 없이 잘 살아가는 것처럼 보이고, 성도들도 잠깐 정신 줄을 놓아버리면 곧바로 실제적인 무신론에 빠져들어 갑니다. 저는 하나님 없는 현대를 경험하였고 지금도 매일 경험하고 있습니다. 때로 이 시대에 태어난 것이 살짝 원망스러울 때도 있습니다. 하나님을 만나기 어려운 시대를 살아가고 있습니다. 나의 팔 할이 세속입니다. 하나님께서 위로의 말씀을 주셨습니다. 하나님을 놓지 않으려고, 잊지 않으려고 발버둥치는 저를 불쌍히 여기시며 기특하다 하셨습니다. "나 외에 다른 신을 두지 말라"는 말씀이 때로는 천둥처럼 들려 세속을 향해 달려가던 나를 화들짝 놀라게 합니다. 때로 그 말씀이 저에게 호소합니다. 못 박힌 손으로 문을 두드리시며, 교제하자고 하십니다.

【 기도 】 prayer

우리를 만나 주시고, 우리의 모든 갈망과 빈 삶을 채워 주시는 하나님 아버지 고맙습니다. 오늘까지 우리를 도우시고 택하신 것 감사합니다. 이제부터 겸손하게 모든 것 내려놓고 하나님만 바라보며 주의 명령과 인도를 따라 살아가는 주의 백성이 되도록 우리를 도와주옵소서. 우리는 연약하여 자주 세상 살기에 지치고 자주 슬픔에 빠집니다. 우리를 불쌍히 여기사 긍휼을 베푸시며 하늘의 위로와 놀라운 능력으로 회복시켜 주옵소서. 예배당 문을 나설 때에 주의 진리를 깨닫고 기쁨으로 돌아가게 하시고, 세상을 향해 당당하게 다시 도전할 수 있는 귀한 주의 백성 되게 하옵소서. 날마다 기도의 골방을 찾게 하시고, 주의 음성 앞에 겸손히 순종하는 믿음을 우리에게 허락하여 주옵소서. 오직 하나님만 바라보기를 원하며 예수님의 이름으로 기도하옵나이다. 아멘.

너를 위하여 새긴 우상을 만들지 말고
또 위로 하늘에 있는 것이나 아래로 땅에 있는 것이나
땅 아래 물속에 있는 것의 어떤 형상도 만들지 말며
그것들에게 절하지 말며 그것들을 섬기지 말라
나 네 하나님 여호와는 질투하는 하나님인즉
나를 미워하는 자의 죄를 갚되 아버지로부터 아들에게로
삼사 대까지 이르게 하거니와 나를 사랑하고 내 계명을
지키는 자에게는 천 대까지 은혜를 베푸느니라

(출 20:4-6)

2
우상을 만들지 말라

1. 우상숭배란 무엇인가?

신사참배와 우상숭배

일제가 우리나라를 강점하고 있던 1930년대 말, 일제는 신사참배를 강요하였습니다. 각급 관공서와 학교, 그리고 교회의 지도자들에게 일본 국조(國祖)의 사당인 신사(神社)에 참배하도록 하였습니다. 대다수 교단의 노회와 총회에서 일제의 폭력에 굴복하여 신사참배를 가결하였습니다. 그러나 주기철 목사님을 비롯한 소수의 신앙인들은 신사참배를 우상숭배로 규정하고 반대하는 설교를 하였습니다. 많은 성도들이 투옥되고, 망명하고, 고난 끝에 순교하였습니다.

과연 신사의 본질이 무엇일까요? 일제는 애써 신사참배가 종교의식이 아니라 국가의 행사라고 강변하면서 한국 교회를 설득하였습니다. 실제 한국 교회의 지도자들 가운데도 그렇게 생각한 사람들이 많습니다. 1938년 장로교 제27차 총회에서도 이 논리를 가지고 신사참배를 정당화하였습니다. 선교사 가운데도 신사참배를 국가의식이라고 생각했던 사람이 있습니다. 최초의 장로교선교사 언더우드(원두우)의 아들 언더우드(원한경) 선교사를 들 수 있습니다. 그는 아버지 언더우드가 세운 연희전문에서 교장으로 봉직하고 있었는데, 신사참배를 국가의식에 불과하다고 하면서 "링컨 메모리얼에 꽃을 바치는 것"과 같은 행동이라고 하였습니다. 미국의 수도 워싱턴에 가면 포토맥 강변에 대리석으로 전각(殿閣)을 지어 놓고, 그 안에 링컨 대통령이 앉은 모습을 새긴 거대한 조각상을 모셔 놓았습니다. 학생들이 단체로 와서 꽃을 놓고 잠시 묵념을 하고 돌아가곤 합니다. 신사참배라는 것이 바로 이와 같은 애국적인 행동에 불과할 뿐 여기에 종교적 의미를 부여하는 것은 오버라는 것이지요.

그러면 신사참배는 과연 우상숭배였을까요, 아니면 국가의식이었을까요? 신사참배의 본질이 무엇입니까? 한마디로 신사참배는 국가에 대하여 종교적인 충성을 강요하는 의식입니다. 국가에 대하여 충성하는 것은 성경적으로 온당한 일입니다. 합법적으로 세워진 정부에 순응하고, 공권력에 복종하고, 세금을 내고, 권위자들에게 마땅한 경의를 표하는 것입니다(롬 13:1-7). 그러나 국가에 대한 충성이 도를 넘어서는 안 됩니다. 그런데 신사참배는 충성을 지나치게 강요하여 종교적인 충성까지 요구하는 의식입니다. 때로 국가는 전쟁을 정당화하고 양심의 가책 없이 살육을 하게 할 의도로 국가에 대한 맹목적 충성을 요구합니다.

일제는 국가에 대한 충성을 강요하기 위하여 '교육'이라는 방법을 택하였습니다. 학생들은 한 주가 시작되는 월요일 아침부터 애국조회에 참가해야 합니다. 애국조회는 일장기와 천황근영에 대한 배례와 황국신민서사(皇國臣民誓詞)의 제창, 그리고 조국(일본)을 사랑하라는 애국 훈화로 이루어져 있습니다. 황국신민서사는, "① 나는 대일본제국의 신민이다. ② 나는 마음을 합해 천황폐하께 충의를 다한다. ③ 나는 인고단련(忍苦鍛鍊)하여 훌륭하고 강한 국민이 된다"는 세 조로 구성되어 있으며 이를 거의 매일 외워야 하였습니다. 또한 매달 10일에는 조회 때 교사들이 교육칙어(教育勅語)를 낭독합니다. 교육칙어는 천황과 군국주의 일본에 충성한다는 내용으로 되어 있습니다. 그리고 마침내 일제는 신사에 대한 참배를 각 급 학교와 교회 등 온 국민에게 강요하였습니다. 국가와 그 국가가 수행하는 전쟁에 대하여 거의 종교적이고 맹목적인 충성을 강요한 것입니다.

일제의 신사참배는 우상숭배의 일종이라는 것에 대다수의 학자와 신앙인들이 동의합니다. 그런데 국가에 대한 종교적 충성의 강요는 해방 후에도 계속됩니다. 일제 강점기 후기의 학교의 모습과 제가 학교에 다니던 70년대 한국의 중고등학교의 모습이 비슷합니다. '일장기 배례' 대신 '국기에 대한 경례', '황국신민서사' 대신 '국기에 대한 맹세', '교육칙어' 대신 '국민교육헌장'이 자리 잡았습니다. 혹시 '국기에 대한 맹세'를 기억하십니까? "나는 자랑스런 태극기 앞에 조국과 민족의 무궁한 영광을 위하여 몸과 마음을 바쳐 충성을 다할 것을 굳게 다짐합니다." "조국과 민족의 무궁한 영광"은 "대개 나라와 권세와 영광이 아버지께 영원히"라는 주기도문의 끝부분과 유사합니다. "몸과 마음을 바쳐"는 "마음을 다하고 성품을 다하고 힘을 다하여 네 하나님 여호와를 사랑하라"는 신명기의 명령과 비슷한 수준의 충성을 요구하는 구절입니다.

민주화 이후 '국기에 대한 맹세'에 대한 논란이 일어 충성의 수준을 낮추었지만 말입니다.

해방 직후에는 태극기에 대하여 '배례'(拜禮)를 하였습니다. 허리를 90°로 숙여 태극기에 절을 하도록 한 것입니다. 애국심 과잉의 시대였습니다. 일제의 잔재인 일장기배례 대신 국기에 배례하고, 천황이 사는 동쪽에 절하는 대신 단군이 태어난 백두산을 향해 절하도록 하는 천산요배(天山遙拜)를 강제하였습니다. 기독교인 가운데서 국기배례를 거부하다가 퇴학을 당하거나 공직에서 쫓겨나는 예가 빈발하였습니다. 장로교 총회에서 국기배례 거부를 결정하고 정부에 시정을 건의하였습니다. 그 대표자 가운데 한 사람이 바로 손양원 목사님입니다. 일장기 배례를 우상숭배로 여겼는데, 해방된 조국에서 똑같은 일을 강요당하니 얼마나 괴로웠겠습니까? 결국 이승만 대통령과의 면담을 통하여 현재와 같이 오른손을 왼쪽 가슴에 대는 방법으로 변경되었습니다.[9]

우상숭배란 무엇인가?

제가 제2계명을 설명하면서 서두에 신사참배와 국기배례 이야기를 꺼낸 이유가 있습니다. 첫째는, 우상숭배가 우리의 삶과 그리 멀리 있지 않다는 것을 말하기 위함입니다. '우상'(偶像)이라 하면 많은 사람들이 불상이나 가톨릭교회의 성모 마리아 상, 혹은 조상신을 섬기는 제사를 떠올릴 것입니다. 좀 더 미신적인 우상도 있습니다. 돼지머리에 만 원짜리 한 장 꽂아 놓고 고사를 지내거나, 묘를 쓸 때 명당자리를 찾아서 쓰거나, 가게를 개업할 때 말린 명태를 걸어 놓는 것, 혹은 부적을

9 유호준, 『역사와 교회: 유호준 목사 회고록』(서울: 대한기독교서회, 1993), pp.205-214.

팬티에 붙이고 다니는 것을 생각하는 사람도 있겠습니다. 아마 이 책을 읽는 사람들 가운데 우상을 대놓고 섬기는 사람은 없으리라 생각됩니다. 나는 우상 근처에 가 본 적도 없고 미신적인 것을 믿지도 않으니 우상을 만들지 말라는 계명은 비교적 잘 지키고 있다고 생각할 수 있습니다. 그러나 우상숭배는 생각보다 광범위하고 생각보다 가까운 곳에 있습니다.

둘째는, 시대에 따라 우상이 그 모습을 달리한다는 것입니다. 구약 시대의 우상은 주로 이방신들입니다. 바알과 아세라가 대표적인 신들의 이름입니다. 또 이스라엘 백성들이 광야에서 만들었다는 금송아지, 북이스라엘의 여로보암이 만든 금송아지도 있습니다. 신약 시대의 우상으로는 그리스-로마 신화의 신들이 있을 것입니다. 그러나 이것이 전부가 아닙니다. 우리가 앞에서 살폈던 군국주의 국가에 대한 충성과 우상이 결합된 예도 있습니다. 앞으로 더 이야기하겠지만 우상숭배의 종류는 역사의 발전에 따라 대단히 여러 가지로 등장합니다.

셋째는, 우상숭배의 본질을 정의하고자 함입니다. '우상'은 한마디로 인간 안에 있는 욕망을 보이는 물질로 표현한 것입니다. 제1계명인 "나 외에는 다른 신들을 네게 두지 말라"는 것과 제2계명인 "우상을 만들지 말라"는 것의 차이를 물어보는 사람들이 있습니다. 다른 신을 섬기는 것이나 우상을 섬기는 것이 별로 다른 것 같지 않기 때문입니다. 많은 경우 제2계명이 제1계명을 포함하기도 합니다. 그러나 엄밀히 말하면 이 두 계명은 상당히 다른 계명입니다. 제1계명은 예배의 대상에 관한 명령으로서 예배의 대상은 오직 하나님 한 분밖에 없다는 것을 가르칩니다. 그에 비해 제2계명은 바른 예배의 방법에 관한 명령입니다.

보이지 않는 하나님을 보이게 만들지 말라는 것입니다.

사람들이 하나님을 보이게 만드는 이유가 무엇일까요? 우리를 초월하여 계시면서 우리의 삶을 다스리시는 하나님을 믿고 싶지 않은 것입니다. 우리의 눈에 보이게 만듦으로 우리의 뜻에 따르고 우리가 좌지우지할 수 있는 하나님을 원하는 것입니다. 우리를 심판하는 하나님이 싫고, 나에게 복 주시는 하나님만 좋습니다. 물질과 권력을 원하는 사람은 바알 신이나 금송아지를 만듭니다. 지혜를 최고로 생각하면 아테나를 섬기고, 성적 쾌락을 원하면 아프로디테를, 방종(放縱)의 욕구를 충족시키기 위하여 디오니소스 우상을 섬깁니다. 보이는 국가를 신으로 삼고, 국가의 영광을 최고의 가치로 여기는 데서 신사참배가 생겼습니다. 이 모든 것들은 하나님이 인간을 위하여 주신 것들인데 사람들이 그것을 신으로 삼았습니다. 물질과 권력과 지혜와 쾌락과 자유와 미(美)와 국가를 주셨는데, 이런 보이는 것들을 하나님으로 생각합니다. 이 모든 것들을 주신 하나님 대신에, 하나님이 주신 작은 선물들을 더 좋아하고 숭배하는 것이 우상입니다.

예술작품의 경우

어떤 사람은 이렇게 질문합니다. "성경에서 '위로 하늘에 있는 것이나 아래로 땅에 있는 것이나 땅 아래 물속에 있는 것의 어떤 형상도 만들지 말라!'(출 20:4)고 했으니 어떠한 형상이나 조각도 만들면 안 됩니까?" 그렇지 않습니다. 제2계명이 형상 만드는 모든 것을 금지한다는 생각은 오해입니다. 제2계명은 오직 신으로 숭배하기 위해 만드는 형상을 금지할 뿐입니다. 미술, 조각, 건축 등의 창작 행위는 하나님이 만드신 피조물의 아름다움을 표현한 것이므로 오히려 장려되어야 할 일입니다. 하나님이 주신 지혜를 가지고 피조물의 아름다움을 묘사하는 즐거움은 우리에게 주신 하나님의 큰 선물입니다.

15세기 이탈리아 피렌체(Firenze)에 사보나롤라(Girolamo Savonarola)라는 수도사가 살고 있었습니다. 사보나롤라는 환상을 통하여 하나님의 계시를 받았다고 하며, 교회의 개혁을 외쳤습니다. 이탈리아의 중부지역에 위치한 피렌체는 상업과 예술이 가장 발달한 도시로서 르네상스를 상징하는 도시입니다. 메디치 가(家)의 후원으로 조각과 미술과 건축에서 세계 최고의 거장들을 배출하였습니다. 우리가 잘 아는 레오나르도 다 빈치(Leonardo da Vinci), 미켈란젤로(Michelangelo), 보티첼리(Botticelli) 등의 화가가 모두 피렌체에서 활동하였습니다.

사보나롤라는 바로 이 르네상스의 중심지에서 설교하였습니다. 회개하지 않으면 오래지 않아 이 도시가 하나님의 저주를 받아 모두 불탈 것이라고 했습니다(1492년). 이탈리아와 피렌체의 부패를 씻기 위하여 '신의 칼'이 곧 내려올 것이라고 경고하였습니다. 1497년 10대의 소년들로 구성된 '사보나롤라의 소년단'은 세상을 정화하기 위해 '허영의 소각'(Pyre of Vanities)이라는 행사를 개최했습니다. 피렌체에 있던 경건치 못한 물건들을 불태웠는데, 이때 사치품들과 더불어 고대로부터 내려오는 조각품, 그림, 양탄자, 책, 악기 등 많은 예술품들이 불에 태워졌습니다. 단테(Dante)나 보카치오(Boccaccio)의 책들도 외설이라고 태워 버렸고, 보티첼리와 같은 위대한 화가의 작품도 많이 소실(燒失)되었습니다. 그 작품들을 인간의 허영을 만족시키기 위해 만들어진 것이라고 여겼기 때문입니다.

예술작품은 허영이 아니라 하나님이 주신 선물입니다. 사람들은 예술작품을 통해 하나님에 대한 신앙을 표현하기도 하고, 때로는 이를 통해 하나님을 찾기도 합니다. 예술품은 우리의 풍요로운 삶을 위해 주신 하나님의 귀한 선물입니다.

종교적 상징

신앙이 좋은 분들 가운데 어떤 사람은 종교적 상징물도 만들면 안 된다고 주장합니다. 예를 들어, 기독교의 상징인 십자가를 건물이나 차에 붙이거나 혹은 목에 걸고 다니는 것을 금지하는 것입니다. 아이에스(IS)라는 단체가 있습니다. 아랍 세계에서 활동하고 있는 무장 세력으로서 극단적인 테러리스트입니다. 그들은 우상을 철폐해야 한다는 명목으로 시리아와 이라크에 있는 오래된 유물들을 파괴했습니다. 수많은 예배당과 모스크와 조각품과 예술품을 파괴했는데 그 가운데는 모술(Mosul)에 있던 '요나의 무덤'도 포함되었습니다. 그들이 폭약을 장치해서 요나의 무덤을 하루아침에 폭파시킨 것은 그것이 종교적인 상징으로서 '우상숭배'에 해당한다고 생각했기 때문입니다.

어떤 기독교 교단에서는 예배당에 십자가를 걸어 놓지 못하게 하기도 합니다. 그것이 우상이 될까 봐 그렇습니다. 그러나 십자가라든지 성화(聖畵)나 조각과 같은 것들은 우리가 경배의 대상으로 삼지 않는 한 우리의 신앙을 돕는 유익한 것들입니다. 십자가를 보면서 예수님을 다시 한 번 생각하고, 렘브란트(Rembrandt)의 '탕자의 귀향'을 보면서 아버지의 사랑을 생각하고, 지옷토(Giotto)의 '제자들의 발을 씻겨 주는 예수님'을 보면서 겸손히 살아야겠다고 결심한다면 참으로 유익한 일이라고 생각됩니다.

2. 제2계명이 금하는 것

성경에는 다양한 종류의 우상들이 등장합니다. 또한 우리의 역사를 통하여서도 새로운 우상들이 계속 생겨납니다. 보이지 않는 하나님을 대신하여 보이는 신을 계속 만들어 섬깁니다. 몇 가지를 생각해 봅시다.

인간 욕망의 형상화

이스라엘 백성들이 이집트에서 탈출한 후 만든 최초의 우상은 송아지였습니다. 그런데 그들은 왜 하나님을 소의 형상으로 만들었을까요? 예로부터 '소'는 힘의 상징이었기 때문입니다. 출애굽한 이스라엘 백성들이 광야에 도착했을 때 그들은 자신들에게 힘이 없다는 것을 실감했습니다. 그래서 그들은 '우리가 섬기는 하나님은 좀 힘 있는 분이었으면 좋겠다'고 생각했습니다. 그래서 힘을 상징하는 소의 형상으로 하나님을 만든 것입니다. 그리고 그들은 송아지를 만들 때 금으로 만들었습니다. 왜 금으로 만들었을까요? 금이 부(富)의 상징이었기 때문입니다. 출애굽한 그들은 먹을 것이 없는 가난한 백성이었습니다. 그래서 '우리를 인도할 하나님은 우리가 부자가 될 수 있게 해 주시는 분'이어야 한다고 생각한 것입니다. 금송아지는 '부'와 '힘'이라는 이스라엘 사람들의 욕망을 형상화한 우상입니다.

후일 가나안 땅에 들어간 그들은 비를 주는 생산의 신(神)인 바알을 섬겼습니다. 왜냐하면 가나안 땅에서 농사를 위해 필요한 것이 '비'였기 때문입니다. 그들은 또 생식을 돕는 신인 아세라를 섬겼습니다. 아세라 신상은 특히 유방과 국부(局部)가 강조되었습니다. 농경 사회에서 곡식이 많이 나는 것과 가축들이 새끼를 잘 배는 것, 그리고 자녀를 많이 생산하는 일은 아주 중요한 것입니다. 그래서 성기(性器) 숭배 사상이 발달했고, 아세라 신상이 그런 형상으로 만들어지게 된 것입니다. 바알과 아세라 역시 풍요와 다산에 대한 인간의 욕망을 형상화한 우상입니다.

유명한 성경구절이 있습니다.

> 그러므로 땅에 있는 지체를 죽이라. 곧 음란과 부정과 사욕과 악한 정욕과 탐심이니, 탐심은 우상숭배니라. (골 3:5)

"탐심은 우상숭배"라는 말씀은 두 가지 뜻을 가집니다. 먼저 인간의 탐심으로부터 생겨난 것이 우상숭배라는 뜻입니다. 두 번째는 외관상으로 우상을 섬기지 않는다고 해도 내 안에 탐심을 가지고 있다면 그것은 우상숭배하는 것과 같다는 뜻입니다. 우리는 금송아지나 바알을 섬기지 않습니다. 다른 종교에서처럼 기왓장에 이름을 쓰거나 연등에 소원을 넣어 빌지도 않습니다. 그러나 하나님에 대해 생각하기를 내 탐욕을 만족시키는 분이라고 생각한다면 그 생각만으로도 우상숭배하는 천박한 마음으로 하나님을 섬기는 것과 진배 없습니다.

국가주의 우상

제2계명이 금하는 것과 관련하여 성경과 역사에 나타난 우상의 종류에는 국가나 이데올로기도 있습니다. 자신의 마음속으로부터 하나님을 폐위시킨 사람들이 있습니다. 그들은 자신의 공허함을 채우기 위해 국가라는 거대한 조직을 만들고 그것을 숭배합니다. 나라를 사랑하고 국가와 민족을 위하여 충성심으로 봉사하는 일은 참으로 보람된 일입니다. 그러나 국가가 신의 지위에까지 올라간다면 그것은 우상숭배가 됩니다.

바벨론에 느부갓네살 왕이 있었습니다. 이 왕은 넓은 평원에 자신의 형상을 본떠서 만든 우상을 세워 놓고 거기에 절하도록 했습니다. 바벨론이라는 대제국을 건설하고 이를 이끌어가기 위하여 백성의 양심을 통제하고 제국의 이상을 내면화하는 과정이 필요했던 것입니다. 고관들은 바벨론 왕과 권력을 나누고 있었기 때문에 우상숭배를 마다할 이유가 없었습니다. 아니 간신배들이 왕을 위한답시고 그런 제안을 했을 것입니다. 백성들도 보이는 왕의 형상을 섬기는 것이 좋아 보였습니다. 그 형상은 느부갓네살 왕의 영광이었고, 동시에 그 왕이 상징하는 바벨론의 역사와 문화의 영광의 상징이었기 때문입니다. 이들은 바벨론 국민이 된 것에 대한 자긍심을 느끼면서 기쁘게 숭배하였을 것입니다.

로마 제국의 황제들도 자기의 형상을 따라 조각품을 만들고 황제 숭배를 강요했습니다. 성경을 잘 아는 사람들은 요한계시록 13장에 나오는 두 짐승에 대하여 읽어 보았을 것입니다. 바다에서 나온 짐승과 땅에서 올라온 짐승입니다. 바다에서 올라온 큰 짐승은 로마 황제를 상징하고, 뒤를 이은 새끼 양과 같은 짐승은 거짓 선지자입니다. 첫 짐승의 우상을 만들게 하고 그 우상이 말하게 하는 마술을 보임으로써 백성들을 현혹하여 황제를 숭배하게 합니다. 역시 국가를 종교의 수준으로 올려 신에게나 바칠 충성을 바치라 하는 것입니다.

역사적으로도 군국주의 제국은 애국심을 드높이기 위하여 종교적 상징을 사용하는 방식을 택하였습니다. 독일의 히틀러(Hitler)가 기독교를 이런 식으로 이용하였고, 일본의 신사(神社)도 같은 맥락에서 이해할 수 있습니다. 이슬람 국가들도 전쟁을 정당화하기 위하여 종교를 이용합니다. 이슬람 국가들보다 다소 느슨하기는 하지만 오늘날 미국의 기독교 근본주의와 군국주의 간에도 상당한 연관이 있으리라 생각됩니다.[10]

이데올로기 숭배

이데올로기가 우상이 된 예는 스탈린(Stalin) 정권입니다. 소련이 공산화된 후에 스탈린이 정권을 잡았습니다. 그 당시에 일반 백성들은 러시아 정교회에 속하여 예수님을 믿고 있었습니다. 스탈린 정권은 그런 백성들에게서 공산주의와 스탈린에 대한 숭배 사상을 키우고자 했습니다. 그래서 그들은 어린아이일 때부터 세뇌 교육 정책을 펼쳤습니다. 유치원에서 선생님들이 이렇게 이야기를 합니다. "자, 우리 다 같이 눈을 감고 하나님께 기도합시다. '하나님 아버지 우리에게 사탕을 주십시오.' 자 이제 눈을 뜹시다." 아이들이 눈을 떴을 때 아무런 일도 일어나지 않았습니다. 그러면 선생님이 다시 기도를 시킵니다. "자, 우리 다 같이 스탈린 동지께 기도합시다." 어린이들이 눈을 감고 기도하는 동안 선생님들이 사탕 봉지를 아이들에게 나누어 줍니다. "자, 보세요. 보이지 않는 하나님에게 기도해도 아무것도 이루어지는 것이 없습니

10 빌브리트 뢰리히, 이혁배 역, 『종교 근본주의와 종교분쟁』 (서울: 바이북스, 2007)을 참고하시오. 이 책에서는 근본주의를 종교가 정치적 힘을 가지려는 태도로 정의하고, 그러한 예들을 여러 종교 가운데서 찾고 있습니다.

다. 하지만 스탈린 동지는 다릅니다. 우리의 필요를 채워 주실 분은 오직 우리의 지도자 스탈린 동지뿐입니다." 그렇게 어린아이들은 어렸을 때부터 세뇌를 당하며 성장했습니다.

하나님 대신 공산주의 이데올로기를 섬긴 결과는 끔찍했습니다. 스탈린 치하에서 학살당한 사람이 남자만 6천만 명인데, 이것은 20세기에 죽은 모든 러시아 남자들의 절반에 해당됩니다. 나라의 경제가 완전히 무너져서 개발도상국 수준으로 내려갔습니다. 과거 영광스러웠던 러시아는 범죄자, 알코올 중독자, 마피아의 소굴이 되어 버리고 말았습니다. 이데올로기를 하나님으로 섬기는 것은 바람을 잡으려는 것처럼 헛된 노력일 뿐입니다.

미녀 응원단

2003년 하계 유니버시아드 대회 때 북한의 선수와 응원단이 우리나라에 왔습니다. 미녀 응원단이라고 해서 매스컴의 관심을 많이 받았습니다. 미모가 수려하고 응원이 절도가 있어 역시 남남북녀라고 입을 모아 칭찬하였습니다. 응원을 마치고 버스를 타고 숙소로 이동하는 중이었습니다. 갑자기 웅성웅성 소리가 나더니, 버스를 세우라고 소리를 쳤습니다. 여대생들 수십 명이 버스에서 내려서 오던 방향으로 달려갑니다. 한 300m를 전력 질주해서 달려가는데, 자세히 보니 주먹만한 눈물을 뚝뚝 흘리며 울고 있습니다.

어디로 뛰어갔을까요? 저만치 현수막이 하나 걸려있는데, 북한에서 온 사람들을 환영하고 내년에 또 오시라는 글이 쓰여 있습니다. 그 현수막 한쪽에 김대중 전 대통령과 김정일이 평양 공항에서 악수하는 사진이 인쇄되어 있습니다. 그런데 그 현수막을 걸어놓은 곳이 한쪽은 장승이고, 다른 쪽은 전봇대였습니다. 이 응원단들이 울면서 말했습니다. "어떻게 김정일 동지의 사진을 썩은 나무에 매달아 놓을 수 있습니까? 비가 오면 사진이 비를 맞을 텐데, 민족의 태양을 어떻게 그렇게 대우할 수 있습니까?" 부르짖으며 통곡하는 학생들도 있었습니다. 이들의 모습은 윗사람에게 잘 보이기 위하여, 자아비판하지 않으려고 쇼하는 게 아닌 것 같았습니다.

종교적 상징

보이는 종교적 상징이 보이지 않는 하나님을 대신하는 것도 우상숭배의 일종입니다. 기독교의 상징은 십자가입니다. 사람들은 십자가가 있는 건물을 보면서 거기가 예배당인 것을 압니다. 십자가 목걸이를 하고 있는 사람을 보면 그가 예수 믿는 사람일 거라고 생각하게 됩니다. 십자가는 예수님께서 우릴 위해 죽으신 그 사실을 기억하게 하는 상징물입니다. 그런데 십자가를 가지고 다니면서 그것이 마치 구원의 보증물인 것처럼 여긴다면 그것은 우상숭배가 됩니다.

교회에서는 세례식과 성찬식을 합니다. 세례는 우리 주님께서 우리의 죄를 물로 깨끗이 씻었음을 상징합니다. 성찬은 예수님께서 그의 몸을 드려 우리를 사셨음을 기념하는 행사입니다. 그러므로 기독교에서 이 두 가지의 종교적 행사는 매우 소중한 행사이며, 우리의 신앙에 큰 유익을 주는 것임에 틀림이 없습니다. 그러나 이 행사들도 우상이 될 수 있습니다. 하나님과의 진정한 교제나 하나님을 진심으로 섬기는 마음이 없는데도 그 행사가 마치 구원의 보증인 것처럼 참여하는 데에만

의의를 둔다면 그것은 우상숭배가 됩니다.

종교적 상징물은 모두 과거 하나님이 베푸신 은혜를 기억하기 위한 것들입니다. 과거 하나님의 은혜를 기억하며 그와의 언약을 새롭게 하는 것은 매우 소중한 일입니다. 그러나 살아 계신 하나님을 두려워할 줄 모르고, 그의 은혜를 구하지도 않으면서 과거에 집착한 나머지 형식적으로 상징물을 섬긴다면 그것은 우상을 섬기는 것과 같습니다.

성전신학(Temple Theology)

과거 이스라엘 백성들이 광야에서 하나님께 죄를 범해 뱀에게 물려 죽게 되었습니다. 하나님은 모세에게 놋으로 뱀을 만들어 장대에 높이 매달게 했습니다. 그리고 그것을 쳐다보는 자는 살게 될 것이라고 하셨습니다. 사람들은 그 놋뱀을 쳐다보았고 고침을 받았습니다. 사람들이 이를 기념하여 그 놋뱀을 보관하였습니다. 그 다음에 무슨 일이 일어났을까요? 놋으로 만든 뱀의 운명이 어떻게 됐을 것 같습니까? 놋으로 만든 뱀은 향후 천 년 동안 우상이 되었습니다. 놋뱀을 쳐다보는 것만으로 독에 물린 사람이 살아났던 역사적 경험을 되살리며, 사람들은 놋뱀에 무슨 영험(靈驗)함이 있다고 생각하게 된 것입니다. 사실 그 놋뱀은 그냥 쇳조각일 뿐입니다. 그 자체로는 어떤 효험도 없습니다. 놋뱀은 단지 상징에 불과하며 능력은 하나님으로부터 나오는 것입니다. 그러나 사람들은 어떤 병에 걸리든지 그 놋뱀에게 와서 기도하면 낫는다고 생각하기 시작했고, 놋뱀 꼬리를 만지게 되면 수태하지 못하던 여인도 아이를 낳을 수 있게 된다고 생각하기 시작했습니다. 히스기야라는 지혜와 용기를 겸비한 왕이 나타나서 놋뱀을 부수기 전까지는 그 일을 계속하였습니다(왕하 18:4).

구약성경을 보면 과거 이스라엘에는 하나님이 나타나셔서 복을 주신 장소들이 많이 있습니다. 사람들은 하나님이 나타나신 곳들에 신전(산당)을 세우고 거기에 하나님이 계신다고 믿었습니다. 하나님께서 이스라엘 백성들에게 언약궤를 주셨고 성전에 와서 예배드리며 하나님을 만나라고 하셨습니다. 하나님이 은혜를 주신 곳 가운데 가장 위대한 곳은 예루살렘입니다. 사람들은 예루살렘 한가운데 우뚝 세워진 솔로몬 성전이야말로 하나님이 가장 큰 은혜를 주신 곳이라고 여겼습니다. 그래서 사람들은 죄를 짓고 불의를 행하면서도 하나님의 성전이 있는 예루살렘은 영원히 멸망하지 않는다고 믿었습니다. 후대의 학자들은 성전을 우상으로 만들어 버린 당시 유대인들의 생각을 '성전신학'(Temple Theology)이라고 부릅니다. 하나님은 성전신학을 심판하셨습니다. 성전 안에 있는 언약궤는 최고의 종교적 상징이었지만, 하나님은 성전을 파괴하고 언약궤가 소실되도록 하셨습니다. 보이지 않는 하나님은 온 마음으로 섬겨야 하는데, 음란하고 불의한 죄를 지으면서도 그 성전 안에만 들어오면 구원받는다는 잘못된 생각을 심판하신 것입니다.

종교적 상징을 우상으로 섬기는 것은 역사적으로도 지속되었습니다. 과거 중세 말 로마 가톨릭교회 안에 이런 우상숭배가 만연하였습니다. 순교한 많은 성자(聖者)들은 참으로 귀한 분들이지만, 이들의 해골을 가지고 와서 섬기기 시작했습니다. 그 해골을 만지기만 하면 만진 사람에게 복이 온다고 믿게 된 것입니다. 또 면죄부를 사기만 하면 현재 이 땅에서 지은 죄가 사함 받는 것은 물론이고 죽은 조상들이 연옥

(煉獄)에서 천국으로 직행하게 될 것이라고 여겼습니다. 유아 세례를 받으면 자동으로 하나님의 백성이 되고, 고해성사를 하면 모든 죄가 사해지며, 종부성사(終傅聖事)를 하면 천국에 간다고 믿었습니다. 그렇게 로마 가톨릭교회에서는 성상과 예배당을 중심으로 한 모든 교회의 가르침을 숭배하기 시작했습니다. 진심은 온데간데 없고, 형식으로 구원을 이루려는 것이었습니다.

복음주의자들의 우상

종교적 상징을 섬기는 위험은 종교개혁자들의 후손인 개신교 복음주의자들에게도 남아 있습니다. 어떤 사람들은 예배당을 숭배합니다. 그런 사람들은 교회 와서 기도하는 것이 집에서 기도하는 것보다 더 좋고 더 효험이 있다고 생각합니다. 예배당은 말씀이 선포되는 곳이기 때문에 예배당을 소중히 여기는 것은 참 좋은 마음이라고 할 수 있습니다. 그러나 예배당이 하나님은 아니라는 것을 기억해야 합니다. 하나님보다 건물을 더 중요하게 생각하면 안 됩니다. 그 건물 안에 들어가 있으면 하나님이 자동적으로 예배를 받드실 것이라는 생각도 큰 잘못입니다. 하나님은 우리의 중심을 보시며, 우리의 몸이 여기 이 예배당에 와 있다고 해서 예배를 받으시는 분이 아닙니다.

어떤 경우는 목회자를 성직으로 구분하여 지나치게 높이는 것을 봅니다. 물론 하나님의 말씀을 전하는 설교자로서의 목사를 존경하고 우대하는 것은 참 좋은 일입니다. 그러나 목사가 숭배의 대상이 되어서는 안 됩니다. 성도들 중에는 목사가 하나님께 더 가까이 있는 사람이라고 여겨서 자신보다 목사가 해 주는 기도가 더 잘 이루어진다고 믿는 사람들이 있습니다. 그래서 하나님이 기뻐하지 않는 삶을 살면서도 개업식을 할 때 목사님이 오셔서 축복해 주면 복을 받을 것이라고 생각하는 경우가 있는데, 그런 생각은 모두 미신을 믿는 것과 다를 바 없습니다. 사람과 건물은 숭배의 대상이 될 수 없습니다. 오직 살아 계신 하나님만이 우리의 예배를 받으시는 유일한 분임을 기억하기 바랍니다.

과거 5공 시절에 소위 '3S 정책'이라는 것이 있었습니다. 스포츠(Sports), 섹스(Sex), 스크린(Screen)의 머리글자를 딴 것으로서, 군사쿠데타로 권력을 잡은 정부가 국민들의 관심을 돌리려는 목적으로 우민화정책을 취하는 수단이었습니다. 아닌 게 아니라 1980년대 초반에 프로야구와 축구, 농구가 출범하였고, 1986년 아시안게임과 1988년 올림픽을 유치하였습니다. 1982년 야간 통행금지를 해제함으로 성매매업소가 늘어났고, 에로영화와 포르노 테이프가 대중적으로 보급되었습니다. 또한 1980년 컬러텔레비전 방송이 전국적으로 시작되었습니다.

어떤 책에서 읽었는지 기억이 나지 않습니다만, 현대 교회에도 우리의 욕망을 자극하는 3S가 있다고 합니다. 사이즈(Size), 스타(Star), 설교(Sermon)입니다. 예배당의 사이즈, 성도의 숫자, 헌금 액수 등이 교회의 질을 결정하는 것처럼 보입니다.[11] 스타 목사를 선호하고, 스타 싱어가 예배를 인도하면 은혜가 넘칩니다. 기독교 언론매체와 방송들이 많이 생겼는데, 방송에 등장하면 어쩐지 권위와 공신력이 있어 보입니다. 어느 교회에 다니냐고 물어보면, "OO교회인데 아무개 목사님 교회입니다"라고 대답합니다. 작은 교회에 다니는 분에게 물어보면, "동

---

11 교회의 사이즈를 신학적 성찰의 대상으로 생각한 책으로서, 신광은, 『메가처치를 넘어서』(서울: 포이에마, 2015)를 들 수 있습니다.

네에 있는 작은 교회에 다닙니다. 목사님이 누구신지 말해도 모를 거예요"라고 대답합니다. 세 번째 '설교'인데, 설교가 왜 문제일까요? 설교의 내용이 복음적이라고 하더라도, 그 설교가 하나의 퍼포먼스가 되어 사람들이 설교를 듣고 즐기지만, 자신의 삶을 변화시키지 않는 것이 문제라는 말입니다. 역시 보이지 않는 하나님 대신 보이는 것들을 신의 위치에 올려놓고 섬기는 현상입니다.

부끄러운 고백이지만 과거에 있었던 일이 생각납니다. 거의 20년 전 이야기입니다. 제가 섬기던 교회는 200명 정도 수용하는 작은 예배당을 가지고 있었습니다. 성도의 수가 많아져서 예배당을 신축하였습니다. 도심에서 떨어진 전원에 넓은 땅을 사서, 700명 정도 수용하는 예배당을 건축하였습니다. 붉은 벽돌로 멋지게 외관을 꾸미고, 인테리어를 하고, 정원을 만들고, 수영장도 파고, 얼마나 멋지고 좋은지! 옛 예배당은 싼 값에 다른 교회에 팔았습니다.

하루는 옛날 예배당을 사신 목사님이 물어볼 것이 있다고 해서 옛 교회에 갔습니다. 얼마나 초라하고 좁고 낡았던지, 과거에 이런 곳에서 예배를 드렸었구나 하는 생각이 들었습니다. 그 교회 목사님과 대화를 마치고 인사를 하면서 말하였습니다. "목사님, 목사님도 열심히 목회 잘 하셔서 더 넓고 좋은 교회 지으시면 좋겠습니다." 그 목사님이 안돼 보여서 덕담 한마디 한 것입니다.

다음날 새벽에 기도하는데, 성령께서 제 마음을 책망하시는 음성을 들었습니다. "야, 너 그 수준 밖에 안 되냐? 교회당을 크게 지으면 내가 영광을 받을 줄 아느냐? 그럼 교회당 크게 지어서 이사 온 네 교회는 내가 더 크게 임하고, 더 예배를 잘 받고, 그 작은 교회당에서 예배하는 사람들의 예배는 안 받는단 말이냐? 어디서 그런 천박한 물질주의적 사고를 가지고 하나님의 역사를 재단하려 하느냐?" 그 후로 예배당의 크기에 따라 영성을 평가하지 않게 되었습니다. 큰 예배당 앞에 가서 주눅 들지 않고, 작은 예배당을 무시하지 않습니다. 큰 예배당의 예배 가운데 하나님이 계시지 않을 수도 있고, 작은 예배당의 예배에 성령이 충만할 수 있기 때문입니다.

3. 제2계명을 주신 이유

이 책의 서문에서 밝혔듯이 하나님께서 십계명을 주신 이유는 단지 이것을 해라, 저것을 하지 말라 명령하고, 이를 지키지 않으면 벌을 주시기 위함만이 아닙니다. 각각의 계명들에는 하나님의 본심이 들어가 있습니다. 인간의 본성을 잘 아시고 인간의 참된 행복을 잘 아시는 하나님의 간절한 바람이 녹아 있습니다. 과연 "우상을 만들지 말라"는 계명을 주신 이유는 무엇일까요? 두 가지로 살펴보겠습니다.

초월자 하나님

첫 번째 의미는 하나님은 사람의 생각과 경험을 초월하는 높은 분이며, 우리 인간이 어떤 형상으로 묘사할 수 있는 분이 아님을 알려 주시려는 것입니다. 하나님께서 맨 처음 우상을 만들지 말라고 하시면서 그 이유를 이렇게 설명하십니다.

여호와께서 모세에게 이르시되 너는 이스라엘 자손에게 이같이 이르

라. 내가 하늘로부터 너희에게 말하는 것을 너희 스스로 보았으니, 너희는 나를 비겨서 은으로나 금으로나 너희를 위하여 신상을 만들지 말고. (출20:22,23)

하나님께서 시내산에서 말씀하실 때 이스라엘 사람들은 하나님의 형상을 보지 못하였습니다. 보이지 않는 하나님을 보이게 만드는 것은 불경한 것이라는 뜻입니다. 또한 신약성경에서는 비슷한 취지로 말씀합니다.

썩어지지 아니하는 하나님의 영광을 썩어질 사람과 새와 짐승과 기어다니는 동물 모양의 우상으로 바꾸었느니라. (롬 1:23)

보이는 것은 잠깐 있는 것이고 썩어 없어지는 것입니다. 그러나 하나님은 보이지 않는 영원한 분인데, 그것을 열등한 사람과 짐승과 파충류와 곤충의 형상으로 만드는 것이 얼마나 어리석은지요.

이사야서(書)에서는 우상을 만드는 인간의 미련함을 재미있게 표현합니다.

땔감밖에 되지 않는 것들, 베어다가 몸이나 녹이고 빵이나 굽는 데 쓸 것들, 그런 나무로 신이랍시고 만들어 예배를 드리는구나. 신상이랍시고 만들어 놓고 그 앞에 엎드려 큰절을 하는구나. 반토막으로는 불을 피우고 그 불에 고기를 구워 배불리 먹으면서 흥얼거린다. "아, 뜨뜻하게 불까지 쬐니 좋기도 하구나!" 이렇게 불을 쬐면서 남은 토막을 가지고 신이랍시고 만들지들 않느냐? 신상이랍시고 만들어 놓고 그 앞에 엎드려 큰절을 하며 예배하고, "당신이 나의 신입니다. 나를 구해 주십시오." 하고 기도까지 하는구나. (사 44:15-17, 공동번역)

우상을 만드는 것은 결국 사람이라는 것을 선지자가 꼬집어 말합니다. 대장장이는 팔을 걷어붙이고 우상을 만드느라고 시장하여 허기지고 물도 먹지 못해 기진맥진하고, 목수는 땔감밖에 되지 않는 나무를 가져다가 사람의 초상을 본떠 우상을 만들어 신전에 모셔놓고 그 앞에 절을 하고 예배를 드린다고 합니다. 이 모두 사람의 어리석음을 비웃고 꼬집는 말씀입니다.

우상이란 그런 것들입니다. 인간의 욕망과 인간의 불안함이 만든 이데올로기 같은 것들입니다. 하나님은 그것들보다 높으신 분입니다. 하나님은 그것들과는 감히 비교할 수 없는 분이며 어떤 형상에도 갇힐 수 없는 분입니다. 그러므로 하나님은 어떤 모양으로든 자신의 형상을 만들지 말라고 하십니다. 자칫 그것이 우상이 될 수 있기 때문입니다.

우리는 결코 하나님을 다 안다고 말할 수 없습니다. 빛이 진공 상태에서 1초 동안에 가는 거리는 30만 km로서 지구를 일곱 바퀴 반 도는 거리인데, 한 시간에 10억 km를 진행한다고 합니다. 우주의 넓이는 어떨까요? 빛의 속도로 수천 억 년을 가도 끝에 이르지 않는 것이 우주의 크기입니다. 그런데 그 우주를 창조하신 분을 우리가 어떻게 상상할 수 있으며 다 설명할 수 있겠습니까? 우주 가운데 지구라고 하는 별은 어떻습니까? 그 존재를 찾아보기 힘든 아주 작은 별에 불과합니다. 그 지구 가운데 대한민국을 찾으려면 아주 힘듭니다. 너무 작아서 잘 보이지 않습니다. 다시 그 대한민국 가운데 수도 서울을 찾는 것은 더 힘듭니다. 실개천보다 더 작은 한강 밑에 강남이 있습니다. 그런데 사람들은 강남에 산다고 자랑합니다. 광대한 우주를 창조하신 하나님 앞에서 강남에 산다고 우쭐대는 모양은 참으로 우스꽝스럽습니다.

하나님께서 창조하실 때 모든 환경을 조성하신 후에 사람을 만드셨습니다. 얼마나 정교하게 만드셨는지 인간이 만들어진 역사 이래로 아직까지도 고치지 못하는 병과 원인을 알 수 없는 병들이 많고 풀리지 않는 인체의 신비들이 있습니다. 그뿐입니까? 하나님은 인간의 몸보다 더 복잡하게 인간의 심리를 만드셨습니다.

이 세상에 수많은 언어가 있는데 그중에 못 알아들으시는 언어가 하나도 없는 분이 하나님이십니다. 하나님이 창조하신 세계에는 하나님의 위대함이 드러나 있는데, 어떤 인간의 예술품도 들에 핀 꽃 한 송이보다 완벽하지 않습니다. 수십억 인류가 있지만 그 모든 사람들과 개별적으로 관계를 맺으시는 분이 하나님이십니다. 인류의 역사가 적게 잡아도 수만 년인데, 그 긴 역사를 이끌어 오신 분이 하나님이십니다. 그런데 이 짧은 세월을 살아가는 사람이 어떻게 하나님을 다 안다고 할 수 있겠습니까?

사람이 만든 작품과 제도와 프로그램과 역사와 전통을 자랑하는 것이 하나님 앞에서는 얼마나 우스운 일인지 모릅니다. 진보주의니 보수주의니 하는 이데올로기의 역사가 얼마나 되었을까요? 프랑스 대혁명부터 시작해서 아무리 길게 잡아도 기껏해야 250년이 안 됩니다. 그런데 이데올로기에 사로잡혀 변화할 줄 모르고 생각을 거기에 가두어 놓는 미련한 자들이 있습니다.

기득권을 수호하려고 하다가 하나님의 일을 놓치게 되는 경우도 얼마나 많은지 모릅니다. 이루어 놓은 업적들을 놓치면 죽을 줄 알고 거기에 올인 하는 사람은 하나님의 일을 놓치기 마련입니다. 내 삶의 힘의 원천이 내가 마련한 주택과 연금과 지위, 학식, 위신과 영광 그런 것들에 있다고 생각하는 사람은 거기에 안주하려고 하다가 하나님의 일을 놓치게 됩니다.

하나님 앞에서 작은 것을 가지고 원수를 맺고, 분열하는 어리석은 자들이 우리들입니다. 어떨 때 보면 예수님을 믿는 사람들의 시야가 너무 좁은 것 같습니다. 내가 믿는 신앙의 스타일, 내가 받은 신앙 훈련, 내가 믿고 있는 성경 몇 구절, 그것이 전부인 줄 압니다. 성경이 얼마나 광대한 책인데 그 속으로 들어갈 생각은 하지 않고 밑줄 쳐 놓은 몇 개의 성경 구절을 아는 것으로 다른 사람을 비판합니다. 그 또한 하나님 보시기에 얼마나 어리석은 일인지 모릅니다.

하나님은 우리 감정놀음의 대상이 아닙니다. 예배 중에 웅장한 음악이 흘러 가슴을 벅차게 하거나, 감미로운 음악이 흐르고 인도자의 눈에서 눈물이 흐를 때가 있습니다. 설교자가 흐느끼며 과장된 목소리로 십자가에 대해서 말할 때면 성도들의 가슴도 잠시 뭉클하고 눈물이 핑 돌 때가 있습니다. 그럴 때 사람들은 조용히 손을 들거나 눈을 지그시 감고 사랑의 하나님을 찬송합니다. 이런 것은 단순한 감정의 동요에 지나지 않습니다. 이것을 하나님에 대한 사랑으로 착각하면 안 됩니다. 심각하게 이야기하자면 성도들의 감정을 조절하려는 퍼포먼스일 뿐입니다. 하나님이 보시면 어느 영화의 대사처럼 "고마 해라, 마이 묵었다 아이가!" 하실 것 같습니다.

그분은 높으신 분이기에 내 생각을 뛰어넘습니다. 그분은 내 생애 전체를 바쳐서 찬양해야 되는 분이지 속으로 엉뚱한 생각을 가지고 있으면서 입술로만 나불거릴 대상이 아닙니다. 내 삶은 영 딴 곳에 가 있으면서 거룩한 표정으로 하나님을 노래하면 하나님이 가증하게 여기십니다.

재차 말하지만 하나님은 사람의 생각과 경험을 초월하는 높은 분입니다. 그런 하나님을 신뢰하지 않고 다른 그 무엇을 자랑하거나 의지하는 것, 그것은 미련한 우상숭배와 같습니다. 부디 사람의 생각을 붙들지 말고 하나님께서 넓게 열린 미래를 향해 나를 사용하실 수 있도록 모든 것을 놓을 수 있길 축복합니다.

친밀하신 하나님

하나님이 형상을 만들지 말라고 하신 두 번째 이유는 하나님과 우리의 관계가 너무 친밀하여 형상을 필요로 하지 않기 때문입니다. 하나님은 모든 것을 초월하는 위대하고 높은 분이지만 낮고 연약한 우리와 아주 가까이 계십니다.

> 지극히 존귀하며 영원히 거하시며 거룩하다 이름하는 이가 이와 같이 말씀하시되, 내가 높고 거룩한 곳에 있으며 또한 통회하고 마음이 겸손한 자와 함께 있나니 이는 겸손한 자의 영을 소생시키며 통회하는 자의 마음을 소생시키려 함이라. (사 57:15)

우리를 너무 잘 아셔서 내 신음 소리와 생각에도 응답하시는 분입니다. 그런 하나님의 음성을 우리는 말씀을 통해 늘 듣습니다. 그리고 기도를 통해 늘 친밀하게 하나님과 교제합니다. 그런데 무슨 형상이 더 필요하겠습니까?

결혼식에 가 보면 사진 찍는 일이 행사의 절반을 차지합니다. 그런데 저는 비디오를 왜 찍는지 도대체 이해할 수가 없습니다. 그 영상을 어디에 쓰려고 찍는 걸까요? 그날을 기념하며 두고두고 보려고요? 과연 그럴까요? 부부가 결혼을 하면 신혼여행을 가고 1년 정도 신혼 기간을 가집니다. 인생에서 가장 행복한 그 순간에는 비디오를 보지 않습니다. 1년이 지나면 아기가 태어나고 그때부터는 바쁘게 살아가게 됩니다. 바쁘게 살면서 결혼식 영상을 들여다보는 사람은 거의 없습니다. 어떤 사람들은 이야기합니다. 부부 사이가 나빠질 때 보려고 영상을 찍는 거라고요. 그러나 부부 사이가 나빠지면 상대방이 꼴도 보기 싫은데 비디오를 챙겨 보겠습니까? 어떤 사람은 부부가 늙어서 보려고 찍는다고 합니다. 그런데 늙은 후에 젊고 예뻤을 때의 영상을 보면 뭐하겠습니까? 과거로 돌아갈 수도 없는데 말입니다. 우리 부부도 결혼할 때 비디오를 찍었습니다. 그러나 지금껏 살아오면서 한 번도 그때의 영상을 본 적이 없습니다. 볼 새도, 볼 이유도 없었기 때문입니다. 사람 자체와 함께 살기도 바쁜데 과거 결혼식 영상까지 관심을 두겠습니까?

하나님께서 우상을 만들지 말라고 하실 때는 우상숭배의 위험에 빠지지 말라는 뜻도 있지만, 더 중요한 의미는 '하나님은 위대하신 분이니 네 좁은 생각 속에 하나님을 가두어 두지 말라. 그 하나님은 너와 너무 친밀한 분이기 때문에 어떤 우상이나 형상이 끼어들 여지가 없다. 그 하나님과 늘 동행하며, 그가 주신 말씀을 듣고 기도로써 응답받는 삶을 살아라' 하는 뜻입니다. 그것이 우리 하나님이 제2계명을 주신 목적입니다.

【기도】 prayer

사랑의 하나님 아버지, 오늘도 우리에게 귀한 말씀 주셔서 고맙습니다. 이 시간 말씀을 듣고 우리 자신을 돌이켜 봅니다. 혹 내 자신의 욕망을 추구하고, 또 세상의 조직과 이데올로기를 더 앞세우다가 발로 예배당만 밟고 돌아가는 어리석은 저희가 아니었나 생각하며 회개합니다. 주님, 하나님의 위대하심 앞에 우리의 경험과 지식과 얕은 생각들, 그리고 내 신념과 철학과 신학을 모두 내려놓을 수 있도록 우리에게 겸손한 마음을 주옵소서. 그런 것들이 우리의 우상이 되지 않도록 우리의 마음을 주장하여 주옵소서. 마음을 활짝 열어 하나님의 광대하심을 보게 하시고 우리가 만든 하찮은 것들에 감히 하나님을 가두지 않도록 하늘의 지혜로 우리를 채워 주옵소서. 우리와 가까이 계신 하나님께서 우리를 마음껏 들어 쓰실 수 있도록 우리의 삶을 하나님께 온전히 바칩니다. 우리가 우상숭배의 죄에 빠지지 않도록 주의 강한 팔로 붙들어 주시기를 바라며, 예수님의 이름으로 기도하옵나이다. 아멘.

너는 네 하나님 여호와의 이름을

망령되게 부르지 말라

여호와는 그의 이름을 망령되게 부르는 자를

죄 없다 하지 아니하리라

(출 20:7)

3
하나님의 이름을 망령되게 부르지 말라

1. '이름'의 의미

내가 그의 이름을 불러 주었을 때

김춘수 시인의 '꽃'이라는 시를 소개합니다.

꽃

–김춘수

내가 그의 이름을 불러 주기 전에는
그는 다만
하나의 몸짓에 지나지 않았다.

내가 그의 이름을 불러 주었을 때
그는 나에게로 와서

꽃이 되었다.

내가 그의 이름을 불러 준 것처럼
나의 이 빛깔과 향기에 알맞는
누가 나의 이름을 불러다오.
그에게로 가서 나도
그의 꽃이 되고 싶다. (하략)

여기 꽃 한 송이가 있습니다. 그 꽃에 이름을 붙이기 전에는 그게 무엇에 소용되는지 모르는 단순한 하나의 사물일 뿐입니다. 말을 못하는 어린아이에게 꽃을 주면 의아해할 것입니다. 그런데 그것에 '꽃'이란 이름을 붙여 부르기 시작하면서, '꽃'의 의미를 배우고 비로소 '꽃'을 알게 됩니다. 꽃을 선물 받는다는 것이 무슨 의미인지 알게 됩니다.

어떤 젊은 여인이 있습니다. 스쳐 지나가는 수많은 사람들 가운데 하나에 불과합니다. 어느 날 그녀에게 사랑을 느낀 한 청년이 그녀에게 다가가 다정하게 이름을 불렀습니다. 이름을 부른 그날부터 그 젊은이들은 서로에게 특별한 사람이 되었습니다. "나의 사랑, 나의 신부여"라고 이름을 불러 준다면, 그 순간부터 그 사람은 그 의미를 지닌 사람이 되는 것입니다.

제3계명은 "너는 네 하나님 여호와의 이름을 망령되게 부르지 말라"입니다. 도대체 '이름'이 무엇이기에 하나님께서는 그렇게 소중하게 여기시는 걸까요?

이름을 부르는 것은 지배권을 의미한다

언뜻 생각하면 '이름'이란 것은 단순히 어떤 사물이나 사람을 다른 것과 구별하기 위해서 부르는 호칭입니다. 인류의 조상 아담이 맨 처음 한 일은 각종 들짐승과 새들에게 이름을 붙이는 일이었습니다(창 2:19). 사자, 호랑이, 개, 코끼리 등 이름을 붙임으로써 짐승들을 구분할 수 있게 되었습니다.

그러나 아담이 짐승들에게 이름을 붙인 것은 단지 그들을 구별하여 부르기 위함만은 아니었습니다. "아담이 모든 가축과 공중의 새와 들의 모든 짐승에게 이름을 주니라"(창 2:20)라는 말씀에서 우리는 동물들에 대한 아담의 지배권을 보게 됩니다. 하나님께서 사람을 만들고 "그들로 바다의 물고기와 하늘의 새와 가축과 온 땅과 땅에 기는 모든 것을 다스리게 하자"(창 1:26)고 마음먹으셨는데, 온 세상을 다스리는 것의 출발점이 바로 이름을 붙여 주는 것입니다.

들판에 나가면 잡초들이 많습니다. 우리나라에는 약 1,400종의 잡초가 있다고 합니다. 여러분은 잡초의 이름들을 잘 아십니까? 망초, 씀바귀, 쇠비름, 쥐똥나무……. 제가 아는 들풀 이름 가운데 가장 재미있는 이름은 '며느리밑씻개'입니다. 이 풀은 시어머니가 미운 며느리를 약 올리려고 잎이 까칠하고 살이 긁히는 풀을 베어다가 화장실에 놓았는데 며느리가 그것을 모르고 밑을 닦았다고 하여 지어진 이름입니다. 많은 들풀들은 봄나물로도 먹을 수 있고 약재로도 쓰입니다. 그러나 들풀의 이름을 모르는 사람들에게는 그저 지저분하고 쓸모없는 잡초일 뿐입니다.

이름을 부르는 것은 인격적 교제를 의미한다

창세기 2장에 아담이 '이름'을 불러 주는 대상이 또 하나 등장합니다. 바로 자신의 돕는 '배필'로 지어진 아내 하와를 부릅니다.

> 아담이 이르되 이는 내 뼈 중의 뼈요 살 중의 살이라. 이것을 남자에게서 취하였은즉 여자라 부르리라 하니라. (창 2:23)

'부르리라'는 동사는 앞서 짐승들을 부를 때 사용된 바로 그 단어입니다. 아담이 하와의 이름을 불러 '여자'라고 불렀습니다. 또한 창세기 3:20에서는 그녀의 이름을 '하와'라고 붙여 주었습니다. 여기까지 들으면, '아담이 아내를 '여자'라 부르고, 또 '하와'라고 이름 붙였으니 아담이 하와에 대한 지배권을 가지고 있는 것이라고 생각하기 쉽습니다.

그러나 반드시 그런 것은 아닙니다. 성경을 좀 더 자세히 들여다봅시다. 하나님께서 여자를 만드시면서 아담의 '돕는 배필'이라고 부르셨습니다. '배필'(配匹)이라는 말은 '아내 배' 자와 '짝 필' 자를 합한 단어입니다. '돕는 배필'이라는 히브리어 원문의 뜻도 '꼭 맞는 조력자'라는 의미입니다(영어로는 suitable helper 혹은 comparable helper라고 번역합니다). 아담의 지배를 받는다기보다는 아담의 상대역이 되는 것입니다. '남자'의 이름에서 '여자'가 나왔다는 말씀을 우리말에서는 의미를 깨닫기 어렵습니다. 그러나 히브리어의 '남자'가 '이쉬'이고 '여자'는 '이솨'입니다. 역시 '이쉬'와 '이솨'는 성별(gender)만 다를 뿐 둘 다 '사람'을 의미하는 단어입니다(공동번역 성경에서는 "지아비에게서 나왔으니 지어미라고 부르리라"라고 좀 더 맛깔스럽게 번역하였습니다).

제가 지금 무슨 말씀을 드리려는 것입니까? 아담과 하와의 관계는 아담과 짐승들과의 관계와 다르다는 점을 밝히려는 것입니다. 아담이 짐승들의 이름을 붙이고 그들을 이름에 따라 불렀고, 하와에게도 이름을 붙여 주었습니다. 그래서 아담이 짐승들에 대한 지배권을 가지고 있듯이 남자가 여자에 대한 지배권을 가지고 있는 것처럼 보입니다. 일부 옳은 면이 있습니다. 남자가 여자의 머리이고(고전 11:3) 여자가 남자를 주관하는 것이 옳지 못하다는 성경 말씀도 있습니다(딤전 2:11-14). 그러나 앞에서 자세히 살펴본 바에 의하면 아담과 하와의 관계는 좀 더 인격적인 관계입니다.

여기서 '이름'의 세 번째 의미가 있습니다. 이름을 부른다는 것은 상대와 인격적인 관계를 맺는다는 의미입니다. 앞서 김춘수 시인의 '꽃'에서 말하는 이름 부르는 것이 바로 이런 뜻입니다.우리는 낯선 사람을 만나게 되면 먼저 통성명하고 명함을 주고받습니다. 이름을 소개함으로써 관계를 맺기 시작하는 것입니다. 이름을 잘 알고 많이 부를수록 그 사람과 관계가 깊다는 뜻이 됩니다. 아담이 여인의 이름을 불렀을 때, 그는 "뼈 중의 뼈요, 살 중의 살(창 2:23)"인 자신의 연인 하와와 인격적 관계에 들어가게 되었습니다.

자녀를 출산하면 가장 먼저 아이에게 이름을 지어줍니다. 간절한 소망을 담아 그 아이를 축복하는 마음으로 이름을 짓습니다. 이름을 지어주면 그때부터 그 아이는 특별한 아이가 됩니다. 어렸을 때 그의 이름을 지어주고 부르는 것은 아마도 지배권의 요소가 강할 것입니다. 그 아이는 내 아이고, 내가 낳았고, 내 말을 들어야 합니다. 그러나 아이가 자라나면서 이름을 부르는 것의 의미가 달라집니다. 그의 이름을 부르는 것은 '나와 너'의 관계를 가지는 것입니다.[12] 저의 경우는 딸과 아들이 스무 살이 넘어가면서부터, 나의 말을 들어야 하는 대상으로부터 나와 인격적인 관계를 맺는 상대가 되는 것을 느꼈습니다. 반말을 하기는 하지만 왠지 존댓말을 써야 할 것 같은 느낌이 들곤 합니다.

제가 미국에 처음에 가서 공부할 때의 기억입니다. 미국 생활에 적응도 잘 되지 않고 영어를 알아듣는 일도 너무 어려워서 '내가 왜 미국엘 왔나?' 하고 자괴감이 들 때였습니다. 아는 사람도 하나 없이 앞으로 미국에서 어떻게 살아갈지 근심 걱정이 가득하였습니다. 바커(Barker)라는 교수님의 수업을 듣고 있었는데, 어느 날 강의 중에 교수님이 갑자기 친절한 목소리로 "Dong Min!" 하고 제 이름을 불렀습니다. 30년이 지난 지금도 저는 그때의 그 감동을 잊지 않고 있습니다. 누구 한 사람 아는 이가 없는 낯선 곳에서 교수님이 나의 이름을 기억하고 불러 주었을 때 저는 갑자기 어둡던 길이 환하게 밝아오는 느낌을 받았습니다. 그 뒤로 저는 최선을 다해서 공부하기 시작했고 공부를 무사히 잘 마쳤습니다. 한 교수님이 저의 이름을 불러 주었을 때 저는 친밀한 관계 속에 있는 것을 느끼게 되었습니다.

성경은 목자이신 예수님을 이렇게 소개하고 있습니다.

> 양은 그의 음성을 듣나니 그가 자기 양의 이름을 각각 불러 인도하여 내느니라. (요 10:3b)

12 '나-너' 관계는 마르틴 부버(Martin Buber 1878-1965)라는 철학자가 처음 주장한 것입니다. 나와 마주보고 있는 너는 독립적인 인격이고 만남과 대화의 상대입니다. 마르틴 부버, 표재명 역, 『나와 너』(서울: 문예출판사, 2001) 참고.

우리의 목자이신 예수님은 우리를 한 무리의 사람들로 뭉뚱그려 대하지 않고 각각의 이름을 불러 관계를 맺는 분이십니다. 각각의 이름을 부를 때야말로 진정으로 친밀한 관계가 형성되기 때문입니다. 예수님은 우리 한 사람 한 사람과 친밀한 관계에 있다는 것을 알려 주시기 위해 이렇게 각각의 이름을 불러 인도하신다고 말합니다.

예수님이 거라사 지방에 가서 귀신들린 사람을 고쳐 주셨습니다. 예수님은 귀신으로 가득 차 있는 사람을 보시고 말씀하셨습니다.

"네 이름이 무엇이냐?" (막 5:9)

"너의 이름을 알고 싶다, 너를 귀신이 사로잡고 있지만 네 내면 깊숙한 곳에 하나님께서 만드신 진정한 네가 있지 않느냐? 그와 대화하고 싶다. 너와 인격적으로 교제하고 싶다." 예수님은 단지 당신의 능력으로 그에게 붙었던 귀신을 쫓아주었던 것이 아닙니다. 그를 진정으로 구원하는 것은 그와 인격적으로 대화하는 것이었습니다.

존재의 가치

'이름'의 의미가 한 가지 더 있습니다. 이름은 어떤 사람의 가치를 의미하기도 합니다. '명예'(名譽)란 그 사람에게 주어진 칭찬이며, '오명'(汚名)은 더럽혀진 인격입니다. 우리나라 사람들은 예로부터 인생의 목표를 '입신양명'(立身揚名)으로 삼았습니다. 출세하여 세상에 이름을 떨치는 것을 말하지요. 이때 '이름을 높인다, 이름을 떨친다, 명성을 드높인다'는 말은 그 사람 자체를 높인다는 뜻입니다. 빛나는 이름이 후세에 길이 전해지기를 바란다는 뜻의 유방백세(遺芳百世)라는 말도 있습니다. 역사에 훌륭한 사람으로 기억되는 것은 생의 최고의 이상입니다. '이름'은 그 사람의 명성, 인격, 그리고 때로는 그 사람 자체를 나타내기도 합니다.

그리스도인들은 하나님의 이름을 드높이는 것이 삶의 목표입니다. 이때 하나님의 이름을 높인다는 것은 하나님을 높인다는 말입니다. 반대로 하나님의 이름을 멸시한다는 것은 하나님을 멸시한다는 뜻이 됩니다. 그러므로 하나님께서 "하나님의 이름을 망령되게 부르지 말라"고 하신 말씀은 단순히 이름에 관해 거론하는 것이 아니라 하나님의 존재를 헛되게 만들지 말라는 명령인 것입니다.

2. 제3계명이 금하는 것

하나님의 이름

하나님께도 이름이 있습니다. 성경은 여러 가지 하나님의 이름을 소개하고 있는데 각 이름마다 하나님의 특징을 잘 보여 줍니다.

- 하나님
- 여호와
- 주
- 만군의 하나님
- 아바 아버지

'하나님'(히브리어로 '엘로힘')이라는 이름은 높으신 분이라는 뜻입니다. 우리말의 '하느님'이나 '하나님'이라는 말도 '하늘에 계신 높은 분'이라는 뜻입니다. '여호와'(혹은 '야훼')라는 이름은 '우리와 가까이 계셔서 언약을 맺고 구원하시는 분'이라는 뜻입니다. 또 우리가 하나님을 '주'(主) 혹은 '주님'(Master)이라고 부르는 것은 '당신은 나의 주권자'라는 뜻입니다. '만군(萬軍)의 하나님'이라는 말은 '모든 군대의 하나님'이라는 말인데, '세상 모든 권력을 가지고 전쟁을 수행하시는 하나님'이라는 뜻입니다. '아바 아버지'는 마치 아빠와 같이 '내 곁에서 가장 친밀하게 나를 도우시는 아버지'라는 뜻입니다. 이처럼 하나님께도 여러 이름이 있는데 각각 하나님의 특징적인 면을 잘 보여 주고 있습니다. 이 모든 하나님의 이름은 우리가 하나님을 부를 때 사용합니다.

망령되게 부르지 말라

"너는 네 하나님 여호와의 이름을 망령되게 부르지 말라"는 명령에서 '망령되게'라는 말은 현재 우리의 일상에서는 잘 쓰지 않는 말입니다. 사극에서 가끔 쓰입니다. "감히 어느 안전이라고 망령되게 이야기하느냐!" 하는 대사를 들어본 적이 있을 것입니다. 이 말의 의미는 이치에 맞지 않고 허황된 말을 한다는 것으로 사전적으로는 '늙거나 정신이 흐려서 말이나 행동이 정상을 벗어난 데가 있다. 주책없다'는 뜻입니다. '망령되게 부른다'는 말은 하나님의 이름을 헛되게, 함부로, 생각없이, 경솔하게, 가볍게 부른다는 의미입니다.

사람의 지위는 이름을 어떻게 부르느냐에 따라서 달라질 수 있습니다. 이름을 부르는 것만으로도 때론 모욕감을 느끼기도 하고 반대로 존중받는다는 느낌을 받기도 합니다. 김 씨 성을 가진 여성을 부르는 방식은 여러 가지가 있습니다. "김 양"이라고 부르면 시골 다방에서 커피 배달하는 사람을 부를 때 사용하는 말처럼 들립니다. "미스 김"이라고 부르면 직장 동료이긴 하지만 사무실에서 허드렛일을 하는 사람에게 사용하는 말처럼 들립니다. 그런데 "김 아무개 씨"라고 부르면 나와 동등한 사람으로 대하는 느낌도 있으면서 사무적으로 들리기도 합니다. "김 선생님"이라고 부르면 전문가로 대우해 준다는 느낌을 받게 됩니다.

하나님의 이름을 부를 때도 마찬가지입니다. 우리는 하나님의 이름을 불손하게 사용하기도 하고, 존중하여 사용할 때도 있습니다. 가볍게 사용할 때도 있고 무겁게 사용할 때도 있습니다. 제가 성경 전체를 살피면서 하나님의 이름을 가볍게 또는 불손하게 사용하는 것은 어떤 것인지 몇 가지로 정리해 보았습니다.

– 하나님의 이름을 모독하고 저주하는 것
– 하나님의 이름을 부끄러워하고 부인하는 것
– 하나님을 원망하는 것
– 여호와의 이름으로 맹세하고 지키지 않는 것
– 자신의 이익을 취하기 위하여 하나님의 이름을 사용하는 것
– 자신의 죄와 실수를 하나님의 섭리와 작정으로 돌리는 것

하나님의 이름을 모독하고 저주하는 것은 죽어 마땅한 죄입니다. 어떤 일이 있어도 주님의 이름을 저주하면 안 됩니다. 레위기서는 이렇게 말합니다.

여호와의 이름을 모독하면 그를 반드시 죽일지니 온 회중이 돌로 그를 칠 것이니라. 거류민이든지 본토인이든지 여호와의 이름을 모독하면 그를 죽일지니라. (레 24:16)

하나님의 이름을 부끄러워하거나 부인하는 것도 하나님의 이름을 망령되게 하는 것에 속합니다. 예수님은 자신을 부끄러워하는 자에게는 똑같이 부끄러움을 당하게 하겠다고 말씀하셨습니다.

누구든지 이 음란하고 죄 많은 세대에서 나와 내 말을 부끄러워하면, 인자도 아버지의 영광으로 거룩한 천사들과 함께 올 때에 그 사람을 부끄러워하리라. (막 8:38)

하나님을 원망하는 것을 하나님은 기뻐하지 않으십니다. 하나님은 하나님을 원망하는 자들을 가리켜 악한 자라고 하셨습니다.

나를 원망하는 이 악한 회중에게 내가 어느 때까지 참으랴? 이스라엘 자손이 나를 향하여 원망하는 바 그 원망하는 말을 내가 들었노라. (민14:27)

여호와의 이름으로 맹세하고 지키지 않는 것도 하나님의 이름을 더럽히는 것입니다.

너희는 내 이름으로 거짓 맹세함으로 네 하나님의 이름을 욕되게 하지 말라. 나는 여호와이니라. (레 19:12)

하나님의 이름으로 맹세를 할 때가 있습니다. 세례 받을 때, 결혼할 때, 목사 · 장로 등의 직분을 받을 때도 하나님의 이름으로 서약을 합니다. 또 자신의 진심을 드러낼 때도 하늘에 두고 맹세를 하는 경우가 있습니다. 혹은 하나님께 기도하면서 서원하는 경우도 있습니다. 이 모두는 하나님의 이름으로 하는 약속입니다. 그러므로 그것을 지키지 않는 것은 하나님의 이름을 가볍게 사용하는 것입니다. 예수님도 산상수훈에서 하나님의 이름으로 맹세하고 지키지 않는 사람들을 책망하셨습니다(마 5:33-37).

더 나쁜 경우는 자기의 이익을 취하기 위해서 하나님의 이름을 사용하는 것입니다.

> 이는 그들이 가장 작은 자로부터 큰 자까지 다 탐욕을 부리며 선지자로부터 제사장까지 다 거짓을 행함이라. 그들이 내 백성의 상처를 가볍게 여기면서 말하기를, 평강하다 평강하다 하나 평강이 없도다. (렘 6:13-14)

예레미야 6장의 말씀은 구약 시대에 악한 제사장과 거짓 선지자들이 백성들의 상처를 건성으로 치료해 주면서 "샬롬, 샬롬" 했지만 하나님이 보시기에 그것은 매우 역겨운 짓이라고 꼬집고 있는 내용입니다. 오늘날도 많은 목회자들이 예수님의 이름을 팔아서 자신의 이익을 취하는 경우가 있습니다. 신약성경에서는 이런 사람들을 "경건을 이익의 방도로 생각하는" 자들이라고 말합니다(딤전 6:5).

또 어떤 사람은 자신이 저지른 죄와 실수를 하나님의 섭리와 작정으로 돌리는 경우가 있습니다.

> 그러나 우리 불의가 하나님의 의를 드러나게 하면 무슨 말 하리요. [내가 사람의 말하는 대로 말하노니] 진노를 내리시는 하나님이 불의하시냐?……그러나 나의 거짓말로 하나님의 참되심이 더 풍성하여 그의 영광이 되었다면 어찌 내가 죄인처럼 심판을 받으리요? (롬 3:5, 7)

허위가 하나님의 진실을 드러내거나 하나님의 영광에 보탬이 된다면 그 사람은 죄인으로 취급받으면 안 된다고 생각하는 사람들이 있습니다. 혹은 선을 위해서라면 악을 행할 수도 있다고 말하기도 합니다. 신앙이 좋다고 생각하는 사람들 가운데 자신이 행한 모든 죄와 실수도 하나님의 작정에 의해서 이루어진 것이라고 하나님께 모든 잘못을 돌리는 사람도 있습니다. 이 모든 것 역시 하나님의 이름을 가볍고 불손하게 사용하는 것에 해당됩니다.

진정성(Authenticity)

입으로는 하나님의 이름을 부르지만 마음으로 온전히 믿지 않고, 요즘 말로 '영혼 없이' 부르는 것은 하나님을 욕되게 하는 것입니다. 하나님을 믿는다고 하면서 그의 뜻대로 행하지 않는 것도 하나님을 서운하게 하는 것입니다.

> 나더러 주여 주여 하는 자마다 다 천국에 들어갈 것이 아니요 다만 하늘에 계신 내 아버지의 뜻대로 행하는 자라야 들어가리라. (마 7:21)

"주여, 주여" 하고 하나님의 이름을 부르지만 그 마음속에 진정성이 없다면 그것은 하나님을 존중하는 것이 아니며 하나님의 말씀을 따르려는 마음이 없는 것입니다. 그러므로 그런 사람은 천국에 들어갈 수 없다고 주님은 단호하게 말씀하고 있습니다. 오늘날 세상이 기독교를 비판하는 중요한 이유는 기독교인들이 진정성을 상실하였기 때문입니다. 정말 하나님을 믿는 사람이라면 행하지 못할 일들을 아무 거리낌 없이 저지릅니다. IMF 시대를 거치면서 사회적으로 부끄러움을 아는 양심이 실종되고 노골적으로 속물이 되어가고 있는데, 이 일에 그리스도인 지도자들도 결코 뒤지지 않습니다.[13]

어찌하여 내 이름을 묻느냐?

천사로 가장한 하나님과 야곱의 얍복강(江)에서의 씨름에 대하여 알고 있을 것입니다. 싸움이 종반에 이르렀을 때 야곱과 천사의 문답입니다.

> 야곱이 청하여 이르되, "당신의 이름을 알려 주소서." 그 사람이 이르되, "어찌하여 내 이름을 묻느냐?" 하고 거기서 야곱에게 축복한지라. (창 32:29)

하나님의 이름을 묻는 야곱에게 하나님은 이름을 알려 주시지 않았습니다. 비슷한 사건이 한 번 더 있습니다. 삼손의 출생을 알리기 위하여 천사가 삼손의 부모에게 나타났을 때입니다. 이번에도 삼손의 아버

13 사회학자 김홍중은 7,80년대 부끄러움을 아는 사회적 감수성을 동반한 마음의 진정성이 IMF 시대를 거치면서 어떻게 노골적인 피상성과 속물근성으로 변화되어 갔는지를 탐구하였습니다. 김홍중, 『마음의 사회학』(파주: 문학동네, 2014년)

지가 이름을 가르쳐달라고 합니다.

> 여호와의 사자가 그에게 이르되, "어찌하여 내 이름을 묻느냐? 내 이름은 '기묘자'라" 하니라. (삿 13:18)

이번에는 이름을 알려 주는데, 그 이름이 '기묘자'라고 합니다. 많은 영어 성경에서는 'wonderful'이라고 번역하였는데, NIV 성경은 '사람의 이해를 뛰어넘는'이라는 뜻으로 'beyond understanding'이라고 번역하였습니다. 가르쳐 주어도 너는 모른다는 의미일까요?

이 두 사건에서 왜 하나님은 이름을 가르쳐 달라는 요구를 묵살하셨을까요? 앞의 서론에서 이름을 부르는 행위는 상대방에 대한 지배권을 행사하는 것이라고 말씀했습니다. 우리가 때로 하나님의 이름을 묻고, 그 이름을 부르고 사용할 때, 그 이름을 사유화(私有化)하는 것을 원하지 않음을 이렇게 표현한 것이라고 저는 생각합니다.

제가 신학교에서 일을 하다 보니 많은 교수님들의 강의를 듣기도 하고, 학생들의 대화에 참여하기도 합니다. 하나님에 대한 지식과 경험이 많은 분들이라서 그런지 몰라도, 말끝마다 '하나님'을 붙입니다. 저는 그럴 때마다 정말 그들이 알고 있는 하나님이 성경의 하나님일까? 하는 의문을 갖습니다. 조직신학 책을 보면 하나님에 대하여 철저하고 정확하게 써 놓았습니다. 하나님과 그의 일에 대한 많은 질문에 올바른 대답을 주고 있다고 생각합니다. 그러면서도 한편으로는 그런 생각이 듭니다. '개혁주의자들이 그렇게 하나님에 대하여 연구하고 써 놓은 것이 정말 맞는 것일까? 신학자들이 이해한 하나님이 정말 하나님일까?

하나님을 내 손 안에 넣고 주물럭거리는 것은 아닐까? 하나님은 우리의 이해를 뛰어넘는(beyond understanding) 분인데 말이지……. 그렇다면 내가 알고 있는 하나님은 정말 하나님이 맞을까?' 그렇다고 하나님에 대한 불가지론(不可知論)에 빠지자는 것은 아닙니다. 우리가 너무 하나님에 대하여 다 아는 것처럼 말하는 것이 불편할 따름입니다.

제2계명 vs 제3계명

하나님의 이름 자체를 불손하게 사용하는 것만이 제3계명을 어기는 것이 아닙니다. 하나님의 이름으로 일컬어지는 것들을 멸시하는 것도 하나님의 이름을 망령되게 하는 일입니다. 하나님께서는 세상을 통치하는 방법으로 여러 곳에 하나님의 이름을 붙여 주셨습니다. 하나님의 이름이 붙어 있는 것들을 대할 때 그에 맞는 존경을 표해야 됩니다.

여기서 한 가지 짚고 넘어가야 할 것 같습니다. 우리가 앞서 제2계명을 배우면서, 하나님의 이름이 들어간 종교적 상징에 대하여 말한 적이 있습니다. 하나님의 이름이 들어간 상징물을 하나님을 섬기는 것처럼 하면 우상숭배의 죄를 범하는 것이라고 말했습니다. 이제 제3계명은 제2계명과 상반되는 것처럼 보입니다. 제3계명에서는 하나님의 이름이 들어간 상징들을 존중해야 한다고 명령하기 때문입니다. 이렇게 정리하면 되겠습니다. 하나님의 이름으로 불려지는 것들을 소중히 여겨야 하지만, 그 자체가 하나님이 아니므로 숭배하면 안 된다고 말입니다. 예컨대, '주의 종'이라 일컬어지는 목사들을 대할 때, 그를 잘 대접하고 그가 전하는 하나님의 말씀을 순종하는 것은 제3계명을 지키는 일입니다. 그러나 목사를 하나님 대신으로 여기고 그의 사진을 붙여 놓고 온갖 아첨을 늘어놓는 일은 우상숭배의 일종입니다. 우상숭배 금지와 하나님의 이름을 존중하는 협곡을 지나는 일에는 많은 지혜가 필요합니다.

하나님의 이름이 붙여진 것들

다음과 같은 것들에 하나님의 이름이 붙여져 있습니다. 우리는 이것들에게 최대한 경의를 표해야 합니다.

- 하나님의 말씀: 우리는 성경을 하나님의 말씀이라고 부릅니다. 한 권의 책에 불과한 것 같지만 '하나님'이라는 이름이 그 책에 붙는 순간 그 책은 달라집니다. 우리는 성경을 읽거나 들을 때 소중히 여겨야 합니다 (딤후 3:16).

- 설교: 설교 시간은 하나님의 말씀을 전하는 시간이므로 온 마음을 다하여 들어야 합니다. 설교를 들을 때는 사람의 말로 듣지 말고 하나님의 말씀으로 존중히 여기며 들어야 합니다. 그리고 전하는 자도 하나님의 말씀을 함부로 전하면 안 됩니다(살전 2:13).

- 세례식과 성찬식: 우리 주님께서 세워 주신 것입니다. 하나님의 이름으로 일컬어지는 것을 멸시하면 안 될 것입니다(고전 11:24-29).

- 권면과 치리: 주의 이름으로 권면이나 치리를 받을 때 이에 순종하는 것이 마땅합니다. 성경은 순종하지 않을 경우 그들을 믿지

않는 사람이나 죄인처럼 여기라고 합니다(마 18:18).

- 교회: 교회는 그리스도의 몸입니다. 하나님의 교회를 멸시하는 일은 결코 칭찬받지 못할 일입니다(고전 11:22).

- 하나님의 종: 교회의 지도자들을 가리켜 하나님의 종이라고 부릅니다. 하나님의 이름으로 세워진 교회의 지도자들을 함부로 생각하고 그 권위를 무시하는 사람은 하나님을 함부로 여기는 것과 같습니다(삼상 24:10; 26:11).

- 성도: 성도는 하나님의 이름을 지니고 있는 존귀한 사람들입니다. 주의 종들은 성도들을 섬기기 위하여 보냄을 받은 사람들입니다(고전 3:22-23).

- 하나님의 형상: 하나님의 이름은 이 세상 모든 사람들 안에도 들어가 있습니다. 모든 인간은 하나님의 형상으로 지어졌습니다. 한 입으로 하나님을 찬송하고 다른 입으로 하나님의 형상으로 지어진 사람을 저주한다면 그것 또한 하나님을 모욕하는 일이 됩니다(약 3:9-10).

하나님의 이름이 모욕당함

하나님의 백성 때문에 하나님의 이름이 믿지 않는 사람들에게 모독받는 일도 있습니다.

기록된 바와 같이 하나님의 이름이 너희 때문에 이방인 중에서 모독을 받는도다. (롬 2:24 [사 52:5의 인용])

믿지 않는 세상 사람들이 예수님에 대해서 알 수 있는 길은 예수님을 믿는 사람들을 통하는 길밖에 없습니다. 그들은 예수님을 믿는 사람들, 즉 성도들을 통해서 예수님을 봅니다. 제가 방배동에서 오랫동안 살다 보니 이 지역 사람들이 제가 백석대학교회 담임 목사라는 것을 다 알게 된 것 같습니다. 엘리베이터에서 마주치면 "목사님 안녕하세요?" 인사하고, 제과점에 빵을 사러 가거나 편의점에 콜라를 사러 가면, "목사님 오셨어요?" 합니다. 당황스러운 것은 목욕탕에서 이발하고 목욕하러 갈 때도 알아봅니다. 목욕탕에서 이발을 해야 할 때 옷을 입고 이발을 할 지경이 되었습니다. 우리 동네 사람들이 저를 목사님이라고 부를 때마다 더욱 조심합니다. 왜 그럴까요? 저를 통해 사람들이 예수님을 보기 때문입니다.

'이름값'이란 말이 있습니다. 이름값은 이름에 알맞은 행동을 가리키기도 하지만 주위의 평판 때문에 치르는 대가를 가리키기도 합니다. 그래서 이름값은 달콤하면서도 무섭습니다. 유명 연예인이나 스포츠 스타들을 생각해 보십시오. 그들의 이름에는 인기에 걸맞은 이름값이 있습니다. 그 이름값으로 광고를 찍으면 사람들은 그 물건을 신뢰하게 됩니다. 왜냐하면 그들의 이름값이 물건을 보장해 준다고 믿기 때문입니다. 또 그런 사람들을 만나면 기분이 참 좋아집니다. 그런 사람들의 기운을 받아 모든 일이 잘될 것 같은 생각이 들기 때문입니다. 그러나 그 이름값이 기대치에 미치지 못하고 한두 번 정도 실패를 하게 되면 그 이름값은 순식간에 나락으로 떨어지게 되고 사람들은 그에 대해서 크게 실망합니다. 소위 '먹튀'라고 부르지요.

우리 예수 믿는 사람들에게도 이름값이 있습니다. '성도'라는 이름에 알맞은 행동을 해야 하고 또 우리의 행동이 가져다주는 평판에 대해 책임을 져야 합니다. 예수님을 믿지 않는 사람들이 볼 때 우리가 올바른 신앙생활을 하면 하나님의 이름이 높아집니다. 그러나 우리가 잘못 살 때, 세상 사람들이 우리를 손가락질하게 되는데 그 손가락질은 우리만을 향하는 것이 아니라 하나님을 향한 것이기도 합니다. 결국 우리의 행실 때문에 하나님의 이름이 모독 받게 되는 것입니다.

한번은 심방대원들과 함께 서울대학병원에 환자를 위문하러 간 적이 있었습니다. 우리 봉고차가 주차를 하려고 들어가다가 나오는 차와 살짝 접촉하였습니다. 큰 사고는 아니고 스크래치 정도였습니다. 제가 우리 부교역자들에게 맨 처음 한 말이 뭔지 압니까? "빨리 성경책 감춰라." 왜요? 봉고차 타고 병원에 단체로 오는 사람들, 손에 성경책을 들고 있다면 누군지 금방 알지 않겠습니까? 괜히 덤터기 쓸 것 같아요. 저쪽 차에서도 차문을 열고 상대방이 나오는데, 그때 마침 그 사람 핸드폰이 울렸습니다. "아 예, 집사님 웬일이세요?" 그도 예수님을 믿는 사람이었던 것입니다. 우리가 이제 갑(甲)이 되었습니다. 너무 얍삽했나요?

네가 모욕하는 하나님의 이름으로

오늘날 대한민국에서 하나님의 이름은 크게 모독을 받고 있습니다. 교회의 명성이 땅에 떨어졌습니다. 여러분 생각해 보십시오. 누군가 여러분을 모욕하면 밤에 잠이 옵니까? 대부분의 사람들은 분한 마음에 잠을 잘 이루지 못합니다. 누군가 우리 가족을 모독하면 더 그럴 것입니다. 누군가 내 부모, 내 배우자, 내 자녀에게 모욕을 주면 분하고 억울해서 잠을 잘 수가 없습니다. 그렇다면 하나님의 이름이 모욕당할 때 여러분은 어떤 마음을 가지고 계십니까?

다윗은 하나님의 이름이 모독을 받을 때 참을 수가 없었습니다. 성경은 다윗의 심정을 이렇게 기록하고 있습니다.

> 다윗이 블레셋 사람에게 이르되, "너는 칼과 창과 단창으로 내게 나아오거니와 나는 만군의 여호와의 이름 곧 네가 모욕하는 이스라엘 군대의 하나님의 이름으로 네게 나아가노라. 오늘 여호와께서 너를 내 손에 넘기시리니 내가 너를 쳐서 네 목을 베고 블레셋 군대의 시체를 오늘 공중의 새와 땅의 들짐승에게 주어 온 땅으로 이스라엘에 하나님이 계신 줄 알게 하겠고." (삼상 17:45–46)

이 말씀은 너무나 유명한 구절로서 다윗이 골리앗과 싸울 때 했던 신앙고백입니다. 블레셋의 골리앗이 이스라엘 군대를 모독할 때 다윗은 참을 수가 없었습니다. 골리앗의 모독은 하나님을 향한 모독이었습니다. 심한 모욕감을 느낀 다윗은 목숨을 걸고 골리앗에게 도전하였습니다.

우리 성도들의 마음속에도 주의 이름이 땅에 떨어지는 것을 슬퍼하는 마음이 있어야 합니다. 가끔 TV 뉴스를 보거나 신문을 읽다가 어떤 교회의 비행을 고발하는 기사를 보면 가슴이 벌렁거리고 분하여 견딜 수 없습니다. 유명한 목사님들이 비상식적인 행동을 하여 사람들의 입방아에 오르내릴 때 참으로 고통스럽습니다. '나라도 제대로 해야 할 텐데……' 결심하지만 이미 세속주의에 깊이 물든 자신을 보면서 한탄할 수밖에 없습니다. 하나님, 우리 조국의 교회를 어떻게 하시렵니까?

생각해 보면 일이 이 지경에 된 데에 다윗에게는 아무런 책임이 없습니다. 사울과 그의 신하들의 몫이지요. 기성세대 어른들의 잘못이지요. 그러나 청년 다윗은 누구의 책임인지를 생각할 겨를이 없었습니다. 거룩한 분노가 그를 감싼 것입니다. 우리 시대 청년들에게 염치없지만 다윗과 같은 마음을 가지자고 부탁하고 싶습니다. 우리 기성세대의 잘못으로 교회와 하나님이 더불어 비난을 받고 있지만, 다윗과 같은 청년들이 일어나 그 잘못을 바로잡았으면 좋겠습니다.

3. 제3계명이 적극적으로 명령하는 것

십계명은 제4계명과 제5계명을 제외하고는 모두 "… 하지 말라"는 부정적인 명령문입니다. 그러나 "… 하지 말라"는 명령의 배후에는 "그렇게 하지 말고 이렇게 하라"는 더 적극적인 명령이 숨겨져 있습니다.

옛날 이스라엘 사람들은 제3계명을 아주 무겁게 받아들였습니다. 하나님의 이름이 너무 고결하기 때문에 함부로 부를 수 없다고 생각해서 그 이름을 부르지 않았습니다. 자칫 하나님의 이름을 잘못 불렀다가는 신성모독이 되므로 아예 하나님의 이름을 부르지 않기로 했습니다. 그들은 수천 년 동안 하나님의 이름을 부르지 않았습니다. 하나님의 이름 가운데 가장 거룩하다고 일컬어지는 이름은 '여호와'입니다. 원래의 발음은 '야훼'이고, 히브리어로는 자음만 써서 'יהוה'입니다. 이스라엘 사람들은 성경을 읽다가 '여호와'(야훼)라는 단어가 나오면 그것을 그대로 읽지 않고 '주'(主, Lord)라는 뜻의 '아도나이'로 불렀습니다. 오랜 세월 야훼의 이름을 부르지 않다 보니, 그 발음이 무엇인지 잊어버렸습니다. 그래서 바벨론 포로기 이후에 야훼의 자음 'יהוה'에 '아도나이' 모음을 붙여서 '여호와'라는 발음이 생겨나게 된 것입니다.

'여호와' 혹은 '야훼'뿐 아니라, '하나님'이라는 단어도 잘 사용하지 않았습니다. 대신 '하늘'이라고 불렀습니다. 마태복음에서는 '하나님의 나라'라는 말 대신 '하늘나라' 혹은 '천국'이라는 단어가 많이 등장하는데, 둘은 다른 뜻이 아닙니다. 그러나 하나님의 이름을 망령되게 부르지 않기 위해서 하나님의 이름을 아예 부르지 않는 것은 하나님의 뜻을 한참 오해한 것입니다. 오히려 하나님은 하나님의 이름을 많이 부르기를 원하십니다.

제3계명을 해설하면서, 앞에서는 하나님의 이름을 가볍게 함부로 부르지 말라고 해 놓고, 이제 와서는 많이 부르고 그 이름을 사용하라고 하니 약간 혼란이 있을지 모르겠습니다. 너무 어렵게 생각하지 말고, 그저 우리 육신의 아버지의 이름을 생각하면 되겠습니다. 자녀들이 아버지를 부르고 대화하고 교제하는 것은 모든 아버지들이 바라는 것입니다. 그렇다고 해서 아버지를 함부로 대하거나, 그의 이름을 사칭(詐稱)하거나, 내 맘대로 할 수 있다고 생각해서는 안 되는 것입니다.

하나님의 이름을 부르라

어느 가정이든 고부간의 갈등이 마련입니다. 그러다 보니 고부간의 관계를 좋게 하는 지혜가 많이 발달했습니다. 지혜로운 친정어머니는 시집가는 딸에게 일러줍니다. 시어머니에게 말씀드릴 때는 말끝마다 '어머님'이란 말을 붙이라고 가르칩니다. 이를테면 "진지 잡수세요" 대신에 "어머님, 진지 잡수세요"라고 말하는 것이지요. 시장에 갈 때는 "장에 다녀오겠습니다, 어머님" 그렇게 어머님이라는 호칭을 붙여서 부르게 합니다. 이름을 부름으로써 친근한 관계가 형성되기 때문입니다.

하나님도 마찬가지입니다. 하나님도 하나님의 이름을 자주 불러 우리와 친밀한 관계를 갖도록 하라고 하셨습니다. 앞서 서론에서 길게 말씀드렸지요? 이름을 부르는 것은 인격적인 관계를 맺는 방법입니다. 하나님은 우리의 이름을 부르고, 우리는 하나님의 이름을 부르는 것입니다. 하나님의 이름을 부르는 성경 구절이 수백 개에 달합니다. 다음 구절들을 봅시다.

> 주의 이름을 사랑하는 자들은 주를 즐거워 하리이다. (시 5:11)

> 여호와 우리 주여 주의 이름이 온 땅에 어찌 그리 아름다운지요. (시 8:1)

> 내가 주의 이름을 형제에게 선포하고 회중 가운데에서 주를 찬송하리이다. (시 22:22)

> 우리는 주만 의지하고 주의 이름을 부르리이다. (사 26:13)

> 누구든지 주의 이름을 부르는 자는 구원을 받으리라. (롬 10:13)

'할렐루야'라는 말은 하나님을 찬양하라는 말입니다. 하나님을 찬양하는 자는 주의 이름을 사랑하며, 그 이름을 불러 구원을 받습니다. 하나님을 찬양하는 사람은 언제나 주님을 부릅니다. 감사한 일이 있을 때 "주님, 감사합니다"라는 말이 자연스럽게 흘러나옵니다. 꼭 눈을 감고 특별한 기도의 시간을 갖지 않아도 됩니다. 그냥 길거리를 다니면서 되뇌어도 됩니다. 또 죄송한 일이 있을 땐 "하나님, 미안합니다. 제가 왜 그렇게 했을까요? 잠간 미쳤나 봅니다. 앞으로 안 하겠습니다." 문제를 해결할 수 없어서 답답할 땐 "아버지, 어떻게 하면 좋겠습니까?" 하나님은 자신의 이름을 언제든 그렇게 자주 또 쉽게 부르도록 하셨습니다.

살다 보면 마음이 갈래갈래 찢기고 너무 낙심해서 어디로 가야 할지 앞길이 보이지 않을 때가 있습니다. 그럴 때는 이렇게 하나님을 부를 수 있습니다. "하나님의 아들 예수여, 나를 불쌍히 여기옵소서." 너무 힘들면 그것조차 안 될 때가 있습니다. 그럴 땐 "아버지……" 하고 한마디만 부르십시오. 하나님은 우리 바로 곁에, 그리고 우리 안에 계시기 때문에 우리의 신음 소리를 들으십니다. 하나님 아버지께서는 우리의 모든 사정을 잘 아시기 때문에 우리가 그렇게 하나님을 부를 때 위로와 마음의 평화를 주십니다. 사실 위에서 말한 것들은 다 저 자신이 주님의 이름을 부를 때 주로 말하는 것들입니다.

이름의 권세를 사용하라

우리는 하나님의 이름을 지니고 사는 사람들입니다. 성도는 '하나님의 백성, 그리스도인'을 가리키는 말입니다. 옛날엔 성도들을 가리켜 '예수쟁이'라고 부르기도 했습니다. 하나님께서는 자신의 이름을 지니고 있는 성도들에게 하나님의 이름을 사용할 권세를 주셨습니다.

사극의 한 장면을 떠올려 봅시다. 왕의 사신(使臣)은 왕의 명령을 전달하는 사람입니다. 왕의 사신이 어느 집이든 도착해서 "어명이요!" 하고 소리치면 그 집안의 모든 사람들이 버선발로 뛰어나와 무릎을 꿇고 머리를 조아립니다. 사신의 직급은 그렇게 높지 않습니다. 그러나 왕의 명령을 전달하는 사신 앞에서는 어떤 직급에 있는 사람이든 무릎을 꿇게 됩니다. 그가 말하는 것이 곧 어명이기 때문입니다. 그의 명령을 거역할 사람은 없습니다. 그가 가지고 있는 권세는 왕의 권세입니다. 그는 왕의 이름으로 왕의 메시지를 전하는 사람이기 때문입니다.

마찬가지입니다. 우리는 하나님의 백성으로서 하나님의 이름을 가진 사람들입니다. 하나님께서 왜 우리에게 하나님의 이름을 주셨을까요? 하나님이 가지신 그 권위를 우리에게 주기 위함입니다. 예수님의 이름으로 말씀을 선포하고 가르칠 때 거기에 하나님의 뜻이 드러납니다. 그리고 그 말씀에 순종하는 사람은 복을 받게 됩니다. 예수님의 이름으로 선포되는 말씀을 거역하는 사람은 복을 받을 수 없습니다. 하나님은 우리에게 하나님의 이름과 함께 다음과 같은 권세를 주셨습니다.

- 성삼위의 이름으로 세례를 주라(마 28:19)
- 예수님의 이름으로 귀신을 쫓아내라(막 16:17)
- 예수님의 이름으로 구하라(요 16:23)
- 나사렛 예수의 이름으로 병을 고치라(행 3:6; 약 5:14)
- 여호와의 이름으로 전쟁에서 승리하라(삼상 17:45)
- 주 예수의 이름으로 선행을 하라(골 3:17)

– 예수님의 이름으로 축복하라(고후 13:13; 마 10:12)

예배 마칠 때 제가 손을 들어 축도를 하는 것도 제 마음대로 축복하는 것이 아니라 예수님의 이름으로 복을 주는 것입니다. 여러분들이 각 가정을 심방할 때, 혹은 어떤 사람을 만날 때, 먼저 그 사람을 위해서 예수님의 이름으로 축복하며 기도합니다. 그러면 하나님께서 우리의 말에 힘을 실어주셔서 그 가정에 복이 임하게 됩니다.

사랑하는 성도님들, 하나님의 이름은 우리에게 큰 권세입니다. 하나님은 우리가 그의 이름을 즐거이 부르며, 그 이름을 통해 이 땅을 정복하고 하나님의 이름을 드높이기를 원하십니다. 그 사실을 기억하며 이 땅에서 하나님의 뜻을 펼치기를 축복합니다.

【기도】 prayer

사랑의 하나님 아버지 고맙습니다. 오늘 우리는 하나님의 이름을 망령되게 부르지 말라고 하신 엄중하신 말씀을 듣고 마음에 새겼습니다. 이제 앞으로는 하나님의 이름을 헛되게 부르지 않도록 우리를 도와주옵소서. 진정성 없이 입술로만 하나님의 이름을 부르는 어리석은 죄를 짓지 않게 하시고, 진심을 다하여 하나님의 이름을 불러 하나님을 기쁘시게 하도록 도와주옵소서. 우리가 주의 이름으로 간구할 때마다 외면치 마시고 모두 이루어주시며, 주께서 주신 권세를 잘 사용하여 이 땅에서 주님의 뜻을 펼칠 수 있도록 도와주옵소서. 예수님의 이름으로 기도하옵나이다. 아멘.

안식일을 기억하여 거룩하게 지키라
엿새 동안은 힘써 네 모든 일을 행할 것이나
일곱째 날은 네 하나님 여호와의 안식일인즉
너나 네 아들이나 네 딸이나 네 남종이나 네 여종이나
네 가축이나 네 문안에 머무는 객이라도 아무 일도 하지 말라
이는 엿새 동안에 나 여호와가 하늘과 땅과 바다와 그 가운데
모든 것을 만들고 일곱째 날에 쉬었음이라
그러므로 나 여호와가 안식일을 복되게 하여
그날을 거룩하게 하였느니라
(출 20:8-11)

4
안식일을 거룩히 지키라

1. 안식일과 관련된 질문들

스푸너 사건

장로교 교단 가운데 고신총회가 있습니다. 일제 강점기 신사참배 반대운동을 하다가 감옥에 갇히고, 해방 후 출소한 소위 '출옥성도'들이 중심이 되어 세운 총회입니다. 장로교 여러 교단 가운데서도 가장 보수적인 교단이라고 할 수 있겠습니다.

1960년 7월의 어느 주일에 있었던 일입니다. 1956년 한국에 파송되어 일하던 선교사 스푸너(A. B. Spooner)와 그의 가족이 미국으로 돌아가게 되었는데 출항 날짜가 주일 아침이었습니다. 박윤선박사는 고려신학교(현재, 고신대학교)와 고신교단의 창설멤버이고, 당시 고신대학교 교장을 맡고 있었습니다. 목회자들 가운데 그를 배웅할 사람이 없는 것을 알고, 박윤선 박사는 택시를 타고 부두에 가서 선상에서 간단한 환송 예배를 드렸습니다. 그러다 보니 시간이 늦어져서 주일 예배를 드릴 수 없게 되었고 집으로 돌아왔습니다.

어떤 사람이 이를 노회에 일러바쳤고, 노회에서는 안식일 준수를 문제 삼아 심의하였습니다. 박윤선 박사는 자신이 주일에 노동한 것이 아니고 선교사와 예배를 드린 것뿐이므로, 이는 성경에서도 허용한 선을 행하고 자비를 베푼 일이기 때문에 잘못이 없다고 소명하였습니다. 그러나 총회와 신학교 이사회에서는 공적(公的) 예배에 참여하지 않은 것은 안식일의 가장 중요한 부분을 소홀히 한 것이기 때문에, 이는 하나님보다 사람을 기쁘게 한 것이라고 하여 성경에 어긋난다고 하였습니다. 결국 총회와 신학교 이사회에서 이것을 문제 삼아 그의 고려신학교 교장직과 교수직을 박탈했고, 결국 박윤선 박사는 고신총회를 떠나게 되었습니다.[14]

한국 교회는 초기부터 십일조 헌금과 더불어 주일성수를 성도의 가장 중요한 본분으로 생각하였습니다. 주일은 안식일로서 아무 일도 하면 안 되고 예배와 전도 등의 영적인 일만 해야 하며, 해도 되는 두 가지의 일이 있다면 다른 사람을 돕는 일과 병을 고치는 일과 같은 부득이한 일이다. 예수를 잘 믿는 청년은 직업을 구할 때 반드시 주일에 쉬는 직장을 구해야 한다. 군대에 가서 주일에 훈련을 받지 않겠다고 혹은 작업을 하지 않겠다고 하다가 매를 맞고, 결국은 주일을 지키게 되었다는 간증을 많이 들었습니다. 과연 주일을 지킨다는 것은 무엇을 의미할까요? 다른 계명 가운데도 우리가 이해하기 힘든 부분이 많이 있겠지만 특히 안식일과 관련된 제4계명은 더욱더 이해하기 힘든 부분이

14 스푸너 사건의 자세한 상황과 내막에 대하여, 서영일 저, 장동민 역, 『박윤선의 개혁신학 연구』 (서울: 한국기독교역사연구소, 2000) pp.276-283 참고.

많습니다. 이해하기 힘든 만큼 안식일과 관련한 질문들도 많습니다. 그 가운데 다음과 같은 질문들이 있습니다.

안식일과 관련된 질문들

일주일의 시작은 언제일까요? 한국은 일본의 영향을 많이 받은 것 같습니다. 대부분의 달력이 일요일을 맨 앞에 두고 있지만 한국 사람들은 일본 사람들처럼 '월화수목금토일'로 일주일을 셉니다. 그러다 보니 대부분의 사람들은 일주일의 시작이 월요일이라고 생각합니다. 월요일이 되면 사람들은 "한 주가 시작되었습니다. 이번 한 주도 잘해 봅시다!"라고 인사를 합니다. 서양은 조금 다릅니다. 그들은 일주일을 셀 때, 'Sunday, Monday, Tuesday, ……'라고 카운트합니다. 일요일을 일주일의 시작으로 여기는 것이지요.

어떤 사람은 "성경에 나오는 안식일은 토요일이 아닙니까? 일요일이 아니라 토요일에 예배하는 것이 맞지 않습니까?"라고 질문합니다. 제4계명에 "안식일을 기억하여 거룩히 지키라"고 했으므로 안식일인 토요일에 예배하는 것이 성경의 이치에 맞다는 것입니다. 실제로 '안식일교'에서는 토요일에 예배를 드립니다. 성경의 안식일은 엄밀히 말하면 금요일 해질 때부터 토요일 해질 때까지입니다. 우리는 해가 뜨는 것으로 하루의 시작을 삼지만 유대인들은 해가 지는 것이 하루의 시작이라고 생각합니다. 아마 창세기 1장에 여러 번 등장하는, "저녁이 되고 아침이 되니(5, 8, 13, 19, 23절)"라는 말씀에 근거한 것이라 여겨집니다.

주일을 성수(聖守, 거룩하게 지킴)하는 방법에 대해서도 질문을 가지고 있습니다. 실제로 주일성수를 하는 것이 쉽지 않기 때문입니다.

"주일날엔 가게 문을 꼭 닫아야 할까? 주일에 공부를 하면 안 되는 걸까? 주일엔 직장에 나가면 안 되는가?" 많은 질문들이 있을 것입니다.

이런 질문도 있을 수 있습니다. "일주일 내내 일을 해도 식료품비, 통신비는커녕 월세 내기 조차 빠듯한데 이들도 안식일을 지키며 살아야 하는가?" 혹은 국가고시들이 주일에 치러지는 경우가 있습니다. 그럴 때 크리스천들은 질문을 갖게 됩니다. "주일에 치러지는 국가고시는 응시하면 안 되는가?" 직업과 관련해서는 더욱 많은 질문이 있습니다. "내 자녀가 주일날 일하는 곳에 취직을 했다면 그 회사에 다니지 말라고 해야 되는가?"

생각해 보면 주일날 꼭 일해야 하는 사람도 많이 있습니다. 주일에 교회에 가기 위하여 대중교통을 이용하는데, 우리의 예배를 위해서라도 대중교통 기사들은 쉬면 안 될 것입니다. 나라를 지키는 군인과 경찰, 소방 공무원은 주일이라고 해도 마음대로 쉴 수 없습니다. 우리가 이 예배당 안에서 밝게 불을 켜고 예배를 드리려면 지금 이 시각에 전기 발전소에서 일하는 사람도 있어야 하고 인터넷을 운영하는 사람도 있어야 합니다. 일주일 내내 비가 오지 않다가 하필 주일에 비가 온다고 가정합시다. 그럴 때 논에 물을 대지 않으면 우리 논도 남의 논도 망치게 됩니다. 어떻게 해야 할지 당연히 고민이 될 것입니다. 외국과 무역하는 사람들에게도 고충이 있습니다. 지구가 둥글어서 시차가 존재하기 때문에 외국의 평일이 우리나라의 주일이 되는 경우가 있습니다.

저는 지금까지 살아오면서 딱 한 번 주일을 못 지킨 적이 있습니다. 미국에서 한국으로 오는 비행기를 토요일에 탔는데, 한국에 도착해 보니 월요일이었습니다. 주일이 온데간데 없어진 것입니다. 물론 비행기

안에서 혼자 예배를 드렸지만 주일 성수는 하지 못했습니다. 글로벌 시대가 되면서 주일이 언제인지도 모를 지경이 되었습니다.

이렇게 안식일을 둘러싸고 있는 질문들은 매우 많습니다. 이 많은 질문들에 대한 답을 일일이 드리는 것보다 안식일의 원리를 설명함으로써 이 모든 문제의 답을 찾을 수 있게 돕고자 합니다. 그리고 나서 성경이 말하는 안식일의 참 의미가 무엇인지 살펴봄으로써 우리가 주일을 어떻게 지켜야 하는지도 말씀드리려 합니다.

2. 안식일의 기원과 변천[15]

안식일의 기원과 제정

안식일의 기원은 창세기에서 발견할 수 있습니다. 창세기는 하나님께서 엿새 동안 천지를 창조하시고 제 칠 일에는 쉬셨다고 기록하고 있으며, 출애굽기 본문에서는 창세기의 사건을 기억하면서 언약백성들이 안식일을 지킬 것을 명령하십니다.

> 하나님이 그가 하시던 일을 일곱째 날에 마치시니 그가 하시던 모든 일을 그치고 일곱째 날에 안식하시니라. 하나님이 그 일곱째 날을 복되게 하사 거룩하게 하셨으니, 이는 하나님이 그 창조하시며 만드시던 모든 일을 마치시고 그날에 안식하셨음이니라. (창 2:2–3)

15 안식일에 관하여는 로마서와 골로새서의 주석들 그리고 단행본으로는 다음의 책들을 참고하였습니다. 양용의, 『예수님과 안식일 그리고 주일』(서울: 이레서원, 2011); C. J. Donato ed. *Perspectives on the Sabbath*: 4 *Views*(*Nashville*: *B&H Publishing Group*, 2011)

> 이는 엿새 동안에 나 여호와가 하늘과 땅과 바다와 그 가운데 모든 것을 만들고 일곱째 날에 쉬었음이라. 그러므로 나 여호와가 안식일을 복되게 하여 그날을 거룩하게 하였느니라. (출 20:11)

하나님이 쉰다는 말이 무슨 뜻일까요? 하나님도 인간처럼 피곤을 느끼는 분이라는 걸까요? 만약 하나님께서 쉰다면 그 시간 동안 이 세상은 누가 운행하게 되는 걸까요? 성경에 따르면 하나님은 졸지도 주무시지도 않으며 피곤을 느끼시지도 않습니다(시 121:4). 하나님은 쉼이 필요한 분이 아닙니다.

그렇다면 하나님이 쉬셨다는 말은 무슨 말일까요? 그것은 '엿새 동안의 창조가 이제 완성되었다'는 뜻입니다. 창세기 2장은 "천지와 만물이 다 이루어지니라"라고 시작합니다. 이어 하나님이 일곱 째 날을 거룩하게 하시고 안식하셨다는 내용을 2절에 소개하고 있습니다. 그러므로 일곱째 날은 하나님께서 따로 구별한 날로서 완성된 피조 세계를 보면서 즐거워하고 기뻐하신 날입니다. 그리고 하나님의 형상을 닮은 우리도 일주일의 하루를 안식하며 창조주 하나님을 기억하도록 하셨습니다. 그것이 안식일의 기원입니다.

안식일 제도는 모든 인류에게 주어진 제도입니다. 많은 사람들이 예수님을 믿는 사람만 안식일을 지켜야 한다고 생각하는데 그렇지 않습니다. 사람이라면 누구나 다 안식일을 지키도록 하나님이 제정하셨습니다. 인류가 타락한 이야기가 창세가 3장에 나오는데, 타락하기 이전에 하나님이 인간에게 주신 것이 있습니다. 바로 결혼과 노동과 안식일입니다. 결혼도 노동도 예수님을 믿는 사람만 하는 것이 아니듯 안식일을 지키는 것은 모든 사람에게 주신 하나님의 창조 명령입니다.

지금은 이 지구상 어딜 가든지 시간을 하루인 일(日) 단위와 칠 일의 주(週) 단위, 그리고 한 달(月) 단위와 일 년(年) 단위로 나누는 것이 보편화되었습니다만, 고대 세계에는 그렇지 않았습니다. 7일에 한 번 쉬는 것은 성경밖에 없습니다. 타락한 인류가 안식일을 잊어버렸기 때문입니다.

안식일을 지켜야 하는 이유가 신명기에도 있는데, 앞에서 말한 창세기나 출애굽기의 설명과 다릅니다.

> 너는 기억하라. 네가 애굽 땅에서 종이 되었더니 네 하나님 여호와가 강한 손과 편 팔로 거기서 너를 인도하여 내었나니, 그러므로 네 하나님 여호와가 네게 명령하여 안식일을 지키라 하느니라. (신 5:15)

출애굽하기 전에 이스라엘 백성들이 이집트에 살면서 안식일을 지켰을까요? 그들은 노예로 살았기 때문에 안식일을 지킬 수가 없었습니다. 그때 하나님께서 그들을 구원하여 출애굽하게 하시고 안식일을 허락해 주셨습니다. 그 이후로 이스라엘 백성들은 일주일의 마지막 날, 즉 토요일을 철저하게 안식일로 지키고 있습니다. 안식일은 이렇게 하나님의 창조를 기억하는 날이며, 동시에 구원받은 것을 기억하는 날입니다.

신약성경에서 안식일과 주일(主日)

구약성경에서 창조와 이집트로부터의 구원을 기념하며 안식일을 지켰다면 신약성경에서는 부활 후 첫날을 '주의 날'로 부르고 그날을 기념하기 시작했습니다. 사람들 사이에 주님께서 부활하신 주의 날에 예배를 드리는 변화가 일어난 것입니다. 예수님께서 우리의 창조주이시고 구원자라는 사실을 십자가와 부활로 확증하셨기 때문입니다. 다시 말해 '주의 날'(주일)은 부활하신 예수님의 재창조와 구원의 완성을 기념하는 날입니다.

신약성경을 면밀히 읽어 보면 초대 교회 성도들 사이에 예배드리는 날에 대한 논쟁이 있었음을 짐작할 수 있습니다. 초대 교회 성도들 중 유대인들은 지난 1,500년 동안 지켜온 방식대로 토요일을 쉬는 날로 지키고, 주의 날인 일요일에 다시 모여서 예배를 드리는 사람도 있었습니다. 또한 초대 교회 성도 중 이방 사람들은 일요일을 '주의 날'이라고 부르면서 그날 모임을 가졌습니다(행 20:7; 고전 16:2; 계 1:10). 성경에 명시되어 있지 않지만 따로 쉬는 날을 가질 수 없었던 노예들은 예배할 수 있는 시간이 자유롭지 않았을 것입니다.

신약성경에 예배의 날과 관련하여 논쟁하는 장면이 두 군데 있습니다. 로마서와 골로새서인데 우선 로마서의 본문을 보겠습니다.

> 어떤 사람은 이 날을 저 날보다 낫게 여기고 어떤 사람은 모든 날을 같게 여기나니 각각 자기 마음으로 확정할지니라. 날을 중히 여기는 자도 주를 위하여 중히 여기고 먹는 자도 주를 위하여 먹으니 이는 하나님께 감사함이요, 먹지 않는 자도 주를 위하여 먹지 아니하며 하나님께 감사하느니라. (롬 14:5,6)

로마서 14:1-15:3의 본문은 로마 교회에서 중요한 이슈로 등장하였던 문제, 곧 고기 먹는 문제 관한 논쟁의 답변입니다. 그중 5절과 6절 상반절에 예배의 날에 관한 문제가 삽입되어 있습니다. 여기 '이 날'과 '저 날'이 정확히 무엇을 가리키는지에 대하여 논의가 있을 수 있으나, 안식일 문제에 대한 원리적인 답변을 얻을 수 있습니다. 어떤 사람은 안식일을 중요하게 여기고, 어떤 사람은 '주의 날'을 지켜야 한다고 하고, 좀 더 계몽된 어떤 사람은 모든 날이 다 하나님의 날이니 아무 날이나 지켜도 된다고 생각하였습니다. 바울은 "각각 자기 마음으로 확정할지니라"고 하였습니다. 소위 '아디아포라' 즉, 이래도 죄 짓는 것이 아니고 저래도 괜찮으니 각각 자기 양심에 따라 행하라는 답입니다. 단 어떤 날을 지키든지 "주를 위하여" 지킬 것을 명령합니다.

음식에 관한 문제도 같은 답입니다. 예수님을 믿는 사람에게 중요한 것은 "성령 안에 있는 의와 평강과 희락"일 뿐 음식이 중요한 것이 아니니 이 문제로 서로 싸워서 하나님의 일이 무너지게 하지 말자고 합니다. 양심에 따라 행동할 것이요 최선을 다하여 주를 위하여 먹고 마시지만, 형제를 비방하지는 말라는 답을 주고 있습니다. 우리는 본문을 통하여 교회 안에 있는 서로 다른 견해를 조정하는 법을 배울 수 있습니다. 어쨌든 한 가지 분명한 것은 당시 로마 교회 안에 예배의 날과 관련한 문제들이 제기되었다는 사실입니다.

안식일에 관한 또 하나의 본문은 골로새서입니다.

> 그러므로 먹고 마시는 것과 절기나 초하루나 안식일을 이유로 누구든지 너희를 비판하지 못하게 하라. 이것들은 장래 일의 그림자이나 몸은 그리스도의 것이니라. (골 2:16,17)

골로새서에서도 역시 먹고 마시는 문제와 '날'을 지키는 것이 연결되어 있습니다. 골로새를 비롯한 소아시아에 세워진 교회들의 문제였습니다. 바울은 '그림자'와 '몸' 혹은 '실체'(substance)로 설명합니다. 음식이나 절기와 같은 구약의 법은 그림자에 해당하는 것일 뿐, 실체이신 그리스도께서 이미 오셨으니, 이와 같은 논쟁을 할 필요가 없다는 것입니다. 역시 음식과 안식일 문제를 '아디아포라'의 영역으로 남겨 두었습니다.

서구 기독교사회의 주일 성수

그러다가 주후 313년에 로마 제국이 기독교를 공인하면서 로마 제국의 일요일(Sunday)과 기독교의 '주일'이 합쳐지게 되었습니다. 이후 전 서구 세계가 일요일을 휴일인 동시에 예배드리는 날로 지키게 되었습니다. 기독교를 공인한 황제는 콘스탄티누스 대제(大帝)라고 불리는 사람으로서, 기독교 신앙을 이용하여 전 제국을 정신적으로 통일하려 하였습니다.

특히 17세기 이후 영국과 미국의 청교도들은 일요일을 가리켜 '기독교인의 안식일'(Christian Sabbath)이라고 부르며 철저히 지켰습니다.[16] 웨스트민스터 신앙고백서에서는 일주일의 마지막 날(토요일)이 아니라 일주일의 첫날(일요일)이 항구적으로 지켜야 할 거룩한 날이라고 합니다. 그 청교도의 후예가 우리나라에 복음을 전하는 선교사로 왔습니다. 그들은 성수(聖守) 주일을 기독교인의 중요한 의무라고 가르쳤는데, 그 가르침이 오늘날까지 우리에게 내려오고 있습니다. 주일에는

16 장로교인들이 믿는 바를 정리한 '웨스트민스터 신앙고백서'(1643–47에 작성됨)의 제21장 7절과 8절은 안식일 준수에 관하여 고백하고 있다.

"세상적 직업이나 오락에 관한 모든 일이나 말이나 생각에서 떠나서 거룩하게 쉬며, 모든 시간을 공적으로나 사적으로 하나님을 예배하는 데 쓰며, 긴요한 의무와 자비를 베푸는 일에 바칠 것"이라 하였다. 앞에서 소개한 '스푸너 사건'에서 박윤선 박사를 정죄한 사람들은 바로 이 구절에 근거한 것이었습니다.

현재 우리 사회에서도 성도들은 일요일을 '주일'이라고 부르며, 어떤 가게에 "주일은 쉽니다"라고 붙어 있으면 그 가게 주인이 예수님을 믿는 사람이라고 생각합니다. 어떤 기업의 광고 문구에 "주일은 쉽니다"라는 문구가 있으면 그 기업은 기독교 기업입니다. 주일 성수하는 것이 예수 믿는 사람들의 표지가 되었고, 예수 믿는 사람들은 주일날을 교회 가는 거룩한 날로 여기게 되었습니다.

주일에서 휴일로

그런데 문제가 생겼습니다. 시대가 바뀌었습니다. 기독교가 공인된 313년부터 서구 사회를 '기독교 세계'(the Christendom)라 불렀습니다. 우리 어렸을 적에도 '서구'라고 하면 그 뒤에 '기독교 사회'가 뒤따라 붙었습니다. 그러나 서구세계가 더 이상 기독교 세계가 아닙니다. 서구 기독교 세계의 특징인 일요일 휴무도 따라서 희미해졌습니다. 일요일이 더 이상 주님의 날이 아니라, 일주일에 하루 쉬는 휴일의 개념으로 바뀌었습니다. 과거 미국에서는 법적으로 일요일에 가게 문을 열지 못하게 했습니다. 그러나 지금은 근로 기준법에 나와 있는 휴일이 꼭 일요일일 필요는 없습니다. 일주일에 어느 날이든지 하루를 쉬면 적법한 것이 됩니다.

서구 기독교 세계가 무너진 것과 더불어 또 하나 일요일에 일을 안 하기 어렵게 된 요인이 있습니다. 과거 농경 사회였을 때는 일요일에 다 같이 쉬는 것이 그다지 어렵지 않았습니다. 마음만 먹으면 간단했습니다. 그러나 복잡한 산업 사회가 되면서 일요일에 일해야 하는 직업들이 생기게 되었습니다. 현대 사회는 모두가 쉬게 되면 사회 전체가 어려움을 겪게 됩니다. 가령 공장에서 벨트 컨베이어(belt conveyor)를 멈추게 되면 손해가 너무 막심하므로 쉴 수가 없습니다. 풍요로운 사회가 되면서 많은 사람들이 일요일에 여가와 스포츠를 즐기다 보니 서비스업에 종사하는 사람들이 쉴 수 없게 되었습니다. 이런 상황은 앞으로도 계속 주일 성수를 해야 하는 우리들에게 큰 질문을 던집니다. "이런 시대를 살면서 우리는 어떻게 주일 성수를 해야 합니까?"

일요일에 일하는 사람들

저는 어려서부터 주일은 당연히 교회에 가는 날이라고 알고 있었고, 지금까지도 지키고 있습니다. 저희 집안도 3대째 믿는 집안인데, 만약 '주일'을 '일요일'이라고 불렀다가는 야단을 맞았습니다. 저는 어렸을 적부터 기왕 예수님을 믿을 바에야 철저하게 잘 믿어 보자는 마음이 있었습니다. 주일날 교회에 빠지지 않는 것은 물론이고 하루 종일 교회와 관련된 것 외에 다른 일은 전혀 하지 않았습니다. 학생 시절에 주일에는 공부도 하면 안 된다는 생각을 했습니다. 하나님이 모든 지혜를 만드셨고, 그 지혜를 사람에게 주시는 분도 하나님이시니 하나님의 명령을 따라 주일을 거룩하게 지키면 공부도 잘할 거라는 믿음을 가지고 있었습니다.

제가 중고등학생 시절 학생부 예배는 오전 9시에 있었습니다. 교회가 집에서 좀 멀었고 성가대 연습도 해야 했기 때문에 저는 주일이면 아침 8시 이전에 집을 나서야 했습니다. 학생 예배가 끝나고 어른들이 예배드리는 11시가 되면 그날 결석한 우리 반 친구 집에 심방을 갔습니다. 점심을 대충 얻어먹기도 하고 먹을 데가 없으면 굶기도 하였습니다. 주일 오후 4시에 집회가 있었는데 성경 공부도 하고 노래 연습도 하면서 교제의 시간을 보냅니다. 저녁 예배는 어른들과 함께 예배를 드렸는데 학생부가 성가대로 섰습니다. 예배를 마치면 다음 주 성가를 연습하고, 연습이 끝나면 기도회를 했습니다. 그래서 주일 모든 일정이 끝나는 시간은 대부분 밤 10시였습니다. 하루 종일 피곤하게 교회에서 지냈기 때문에 집으로 돌아오면 쓰러져서 잠을 잤고 주일에는 전혀 공부를 할 수 없었습니다.

고등학교 1학년 때였습니다. 하필 월요일에 시험을 보는데 제가 토요일까지 시험공부를 충분히 하지 못했습니다. 저는 불안한 마음에 오전 9시 학생부 예배만 하고 집으로 돌아가서 공부를 했습니다. 역사시험 공부였습니다. 공부를 하는 내내 마음이 무거웠습니다. 그다음 날 시험을 봤는데 엉망이 되고 말았습니다. 평소 같으면 만점을 받거나 하나 정도 겨우 틀리는데 그날은 네 개나 틀려서 88점을 받았습니다. 제 인생에서 그런 점수를 받은 것은 그때가 처음이었습니다. 저는 그때 '주일을 제대로 안 지키고 공부한다고 해서 별로 나아지는 것이 없구나' 하는 생각을 했습니다. 그 후로 저는 고등학교 3년 내내 주일날에 공부를 한 적이 한 번도 없습니다. 그것이 제가 가진 주일에 대한 믿음이었습니다.

그런 제가 생각을 바꿀 큰 도전을 맞게 되었습니다. 주일을 잘 지키는 것은 참 좋은 일임에 틀림이 없습니다. 한국 교회가 주일을 열심히 지키는 것으로 복을 받은 사실도 틀림이 없습니다. 그런데 성인이 되면서 주일날 교회에 나올 수 없는 사람들이 있다는 사실을 알게 된 것입니다. 일요일은 쉬는 날이지만 순번에 의해 일직(日直)을 서야 하는 사람이 있습니다. 공무원, 경찰, 소방관, 군인들은 당직을 서게 되면 교회에 나올 수 없습니다. 또 공장에서 일하는 사람 가운데는 토요일 늦게까지 잔업을 하고, 일요일에도 일하는 사람도 있습니다. 그 사람 혼자 빠지면 공장이 돌아가지 않기 때문에 빠질 수가 없습니다. 그런 인구가 생각보다 많습니다. 게다가 서비스업이 우리나라 전체 산업의 2/3 이상을 차지하는데, 그중 많은 업종들이 일요일에도 일을 해야 합니다. 24시간 일하는 업종도 많습니다. 식당, 상점, 주유소, 커피 전문점, 편의점, 운수업 등 주일에도 어김없이 돌아가고 있습니다. 관광, 여행, 유흥업은 일요일이 대목입니다. 교회에 열심히 나오는 사람들은 일요일에 바깥으로 나갈 일이 적어서 잘 모를지 모르지만, 일요일에 일하는 사람의 절반이 젊은이들입니다. 제 생각만으로 어림잡아도 전 노동 인구의 약 1/4(최소한 300~400만 명) 정도가 일요일에 일을 하지 않을까 생각해 봅니다.

사람들을 만나서 전도지를 주고 예수 믿고 구원받으라고 하면 "아휴, 저는 일요일에 일하기 때문에 교회에 나갈 수 없습니다. 제 안사람이 교회 권사인데요, 그 사람 붙들고 천국에 가겠습니다" 하고 대답하는 사람이 많습니다. 그런 사람에게 "아니 여보시오! 지금 일요일에 일하는 게 중요합니까? 구원받고 천국 가야지요!" 그렇게 얘기하면 백이면 백 "당신이나 잘 믿으시오"라고 말할 것입니다. 예수님을 모르는 사람, 하나님을 믿지 않는 사람들에게는 더 이상 주일날 교회에 다니고 구원받으라는 말이 통하지 않는 시대가 되었습니다. 이제 이 시대는 주일에 출근하는 직업을 가진 사람들은 예수님을 믿지 못하는 시대가 되고 말았습니다.

안식일에 대한 예수님의 가르침

지금까지 예수님을 잘 믿던 저와 같은 사람들은 주일을 지키는 것이 지키지 않는 것보다 더 쉽습니다. 안 지키는 것이 오히려 이상하고 더 어렵습니다. 이 글을 읽는 대부분의 성도들이 그럴 것입니다. 그러나 주일을 지킬 수 없는 사람들은 어떻게 해야 될까요? 너무 어려운 문제가 아닐 수 없습니다. 저는 오늘날 우리 시대를 생각하면서 이런 질문을 가지게 되었습니다.

– 앞으로는 주일에 대한 개념도 바뀌어야 할 것 같다. 주일 자체가 거룩한 날이므로 주일에만 예배를 드려야 하는 것은 아니지 않는가? 꼭 아침 11시를 고집해야 하나?

– 교회가 일요일만 고집하는 것이 로마서의 음식과 안식일 논쟁에서 말씀하는, "부딪칠 것이나 거칠 것"을 형제 앞에 두는 것이 아닌가?(롬 14:13) 예루살렘 총회에서의 베드로의 말과 같이, "우리도 능히 메지 못하던 멍에"를 형제들의 목에 메우는 것은 아닌가?

– 안식일에 관한 계명은 십계명의 제4계명인데, 변화하는 이 세상에서 안식일은 앞으로 어떻게 지켜야 한다는 말인가?

제가 가진 이런 의문들에 대해 예수님께서 답을 주셨습니다. 다음은 안식일에 관한 예수님의 가르침들입니다.

> 안식일이 사람을 위하여 있는 것이요 사람이 안식일을 위하여 있는 것이 아니니. (막 2:27)

> 인자는 안식일에도 주인이니라. (막 2:28)

> 안식일에 선을 행하는 것과 악을 행하는 것, 생명을 구하는 것과 죽이는 것, 어느 것이 옳으냐? (막 3:4)

예수님이 말씀하실 당시 유대인들은 안식일을 아주 무거운 법으로 만들어 지키고 있었습니다. 안식일을 사람들을 옭아매는 그물로 만들어 놓았기 때문에 생명을 살리는 일조차 못하게 했습니다. 지금의 우리도 그때의 유대인들과 크게 다르지 않습니다. 우리는 안식일을 위하여 사람이 존재하는 것처럼 살아갑니다. 그러나 성경은 안식일이 사람을 위해 존재하는 것이라고 말합니다. 사람을 위하여 할 수 있는 가장 좋은 일은 바로 복음을 전하고 하나님을 예배하는 일입니다. 저는 개인적으로 교회들 가운데 어떤 교회는 주일 이외의 날에도 예배를 드려야 한다고 믿습니다. 화요일에 노는 목욕탕에서 일하는 분들을 위한 화요일 교회, 수요일에 노는 음식점을 위한 교회, 이런 식으로 교회를 열면 어떨까 생각합니다. 물론 현재의 주일(일요일) 성수를 없애자는 말이 아닙니다. 주일에 예배드릴 수 없는 사람들, 특히 젊은이들을 생각해야 합니다. 다음 세대 젊은이들을 교회에서 찾아볼 수 없다고 난리들인데, 아마 평일에 예배드릴 기회를 주는 것만으로도 많은 젊은이들이 예수님을 믿게 될 것입니다.

안식일의 주인은 예수님이라고 하였습니다. 구약성경에서 안식일은 창조와 구원의 하나님을 예배하도록 만들어졌습니다. 그런데 그 창조와 구원을 예수님이 성취하셨으므로 예수님은 안식일의 주인이십니다. 예수님이 이런 말씀들을 하신 것은 안식일을 폐하시려는 것이 아니라 하나님께서 제정하신 안식일의 참 의미로 우리를 되돌리시려는 것입니다. 그럼 안식일의 참 의미가 무엇인지, 왜 하나님께서 안식일을 주셨는지 알아보도록 합시다.

3. 안식일의 의미

모든 노동으로부터 쉬는 날

첫째, 안식일의 의미는 글자 그대로 '안식'을 위함입니다. 자, 우리 잠깐 과거 출애굽하기 이전 시대로 돌아가 봅시다. 이스라엘 백성들은 이집트에서 힘든 노예 생활을 했습니다. 이집트의 바로 왕은 큰 성과 피라미드를 건축했는데, 수 톤이나 되는 엄청난 돌들을 운반하고 끌어올리기 위해서 수천 수백의 노예들이 매달려야 했습니다. 성을 쌓을 벽돌을 만들기 위해서는 하루 종일 역청 구덩이에서 일해야 했고, 짚을 썩어 진흙에 짓이겨야 했습니다. 쉬는 날이 있었을까요? 당연히 없었습니다. 숨 돌릴 틈조차 주지 않았고, 약해서 쓰러지게 되면 채찍으로 때리고, 죽으면 갖다 버렸습니다. 그런데 생각해 보면 노예들만 강제 노동을 한 것은 아닙니다. 노예들을 관리하기 위해서는 감독관들이 있어야 했을 것입니다. 그러므로 당연히 십장(什長)들도 쉴 수가 없었을 것이고, 심지어 바로 왕도 잠시를 쉬지 않았습니다. 더 놀라운 것은 이집트에 있는 어떠한 신도 쉬지 않았다는 사실입니다.

그러나 우리 하나님은 안식을 주시는 분입니다. 엿새 동안 천지를 만들고 난 후 일곱째 날을 복되게 하시고 하나님 자신이 안식하셨습니다. 그 하나님께서 이스라엘 백성들을 힘든 노예 생활로부터 해방시키고 일주일에 하루는 안식하도록 하셨습니다.

하나님께서 이스라엘 백성들에게 안식일을 가르치기 위하여 안식일에 만나를 주지 않으셨습니다. 다른 날에는 꼭 하루 분량만큼의 만나를 거두어 하루에 다 소비하도록 하였습니다. 다음 날까지 남기면 벌레가 나고 썩어서 먹을 수가 없습니다. 그러나 안식일은 달랐습니다. 하루 전에 이틀 치 만나를 거두어도 썩지 않았을 뿐 아니라, 안식일에는 만나가 내리지 않았습니다. 똑같은 일을 매일 아침 40년 동안 반복함으로, 이스라엘 백성들의 뇌리에는 안식일에 일하지 않아도 먹을 수 있다는 신앙이 자리 잡게 되었습니다(출 16장).

쉼이 사라진 사람들

쉬지 않고 일하는 사람들에게 어떤 일이 일어날까요? 지난 2017년 7월 9일 경부고속도로에서 버스가 승용차를 덮치는 7중 추돌 사고가 있었습니다. 승용차에 타고 있던 50대 부부는 현장에서 숨지고 십여 명이 넘는 사람들이 크게 다쳤습니다. 그날 사고는 빗길 졸음운전으로 인한 사고였는데, 스키드마크(skid mark)가 없는 것으로 보아 운전자의 졸음운전이 원인이었다고 합니다. 대부분의 운전기사들이 월 3회 정도의 휴일밖에 갖지 못하며, 휴식 시간도 턱없이 부족하고 배차 시간을 맞추기 위해서 과속 주행을 해야 합니다. 그러한 구조 속에서 운전자들은 과로할 수밖에 없으며 졸음운전으로 인한 사고를 야기할 수밖에 없습니다.

또 7월 13일 뉴스에 나온 슬픈 이야기도 쉼을 갖지 못한 한 에어컨 설치 기사가 사망했다는 소식이었습니다. 삼성전자 하청 업체에서 일하던 김(55세) 모씨가 오후 12시쯤 에어컨을 설치하던 중에 쓰러졌는데 병원으로 옮겼지만 결국 다음 날 숨졌다는 내용입니다. 유족들은 그동안 김 씨가 과중한 업무를 해왔는데 지난 넉 달 동안 하루도 쉬지 못했다고 합니다. 요즘 같은 성수기에는 에어컨 설치 기사들이 전혀 쉴 수가 없다고 합니다. 얼마나 바쁜지 음료수로 배를 채우기 일쑤고 안전장치가 미흡해서 사고를 당하는 사례가 잇따른다고 합니다. 그들이 쉴 수 없는 이유는 개인에게 감당할 수 없을 정도의 많은 물량이 배분되는 데다, 하루라도 쉬게 되면 고객들의 항의 전화를 받거나 다른 동료가 일을 떠안아야 하기 때문입니다.

왜 쉬지 못하나?[17]

사람들이 왜 이렇게 쉼이 없이 바쁘게 살게 된 것일까요? 이마트나

---

17 이하의 내용 가운데 안식일에 관한 어떤 내용들은 다음의 책을 참고하였습니다. 월터 브루그만, 박규태 역, 『안식일은 저항이다』(서울: 복 있는 사람, 2015)

코스트코와 같은 창고형 슈퍼마켓에 가면 상품들이 산처럼 쌓여 있습니다. 거기에 가면 먹을 것이 진진(津津)하고, 기분 좋은 특유의 냄새가 납니다. 창고형 마켓이므로 물건 값도 쌉니다. 그곳에선 상품을 낱개로 팔지 않기 때문에 당장 필요하지 않더라도 묶음으로 된 식재료를 사야 합니다. 그러나 거의 반값 수준으로 살 수 있어서 심리적으로 큰 부담을 느끼지 않게 됩니다.

대형마트에서 시장을 보려면 자기 승용차가 있어야 합니다. 자동차가 없는 사람은 대형마트에 가기 힘듭니다. 거리가 멀기도 하지만 대량으로 물건을 구입해야 하기 때문에 자동차는 필수품이 됩니다. 옛날에 시장바구니 하나 달랑 들고 장 보러 가서 콩나물, 두부 사오던 때와는 다릅니다. 물건을 잔뜩 사 온 후에는 그것을 저장할 냉장고가 필요하게 됩니다. 요즘 사람들은 여러 대의 냉장고를 비치하고 삽니다. 우리 집에도 큰 냉장고 하나와 김치냉장고 두 대가 있습니다. 냉동고를 따로 두는 사람도 많습니다. 그러다 보니 이번에는 큰 집이 필요하게 됩니다. 대출을 받아서 집을 늘렸습니다. 이제 대출을 갚기 위하여 더 많이 일해야 합니다. 편리하게 살기 위해 차를 사고, 냉장고를 종류대로 들이고, 집을 늘리는데, 돌아오는 것은 편리함보다 할부금이 주는 중압감입니다. 그래서 사람들은 더욱 열심히 일을 합니다. 휴일도 없이 쉬지 않고 열심히 일을 합니다.

자녀들을 위한 삶도 우리들을 일에 매이게 합니다. 우리는 가난한 세월을 겪은 사람들이지만 우리의 자녀들은 가난이 무엇인지 잘 모르는 세상을 살고 있습니다. 그래서 더 좋은 점수를 받고, 더 좋은 대학에 가고, 더 좋은 직장을 얻도록 하기 위해 과외 공부를 시키고 피아노 레

슨과 미술 실기 수업을 받게 하고 논술 학원과 자소서(자기 소개서) 학원까지 다니게 합니다. 부모는 말할 것도 없고 자녀들까지도 쉬지 못하는 시스템 속에 갇혀 살게 되었습니다. 과거에 이집트의 바로 왕 치하에서는 강압에 의한 노예 생활을 했지만 지금은 자유롭고 부유한데도 스스로 노예 생활을 자처한 꼴이 되고 말았습니다.

하나님은 이스라엘 백성들을 구원해 내신 후 그들에게 쉬라고 하셨습니다. 안식일을 지키는 일은 하나님께서 우리 인류에게 주신 명령이며 동시에 복(福)입니다. 안식일을 주시면서 하나님은 우리에게 '일하지 않아도 살 수 있다'는 것을 알려주고 계십니다. 하나님은 안식을 통해 사람들의 육체와 영혼이 복을 받아 누리길 원하십니다. 그리고 안식의 날에 이웃과 인격적인 관계를 맺으며 행복하기를 원하십니다. 그러나 우리는 너무 바쁘다고 스스로 핑계하며 하나님이 주시는 안식을 거부하고 있습니다.

안식일의 사회적 의미

또 성경은 안식일이 나만을 위한 쉼의 날이 아니라고 가르칩니다.

> 일곱째 날은 네 하나님 여호와의 안식일인즉, 너나 네 아들이나 네 딸이나 네 남종이나 네 여종이나 네 소나 네 나귀나 네 모든 가축이나 네 문 안에 유하는 객이라도, 아무 일도 하지 못하게 하고 네 남종이나 네 여종에게 너 같이 안식하게 할지니라. (신 5:14)

안식일에는 다 같이 쉼을 얻어야 합니다. 자녀들을 공부로부터 해방시켜 줘야 하고, 부리고 있는 종업원들도 쉬게 해야 합니다. 저는 개인적으로 안식하는 날에는 텔레비전 보는 것과 인터넷 하는 것도 쉬는 것이 좋다고 생각합니다. 저는 우리 기독교인들이 쉼에 대해 다시 한 번 생각하기를 정말 간절히 바랍니다. 그리고 함께 쉴 수 있는 사회 시스템을 만들 수 있기를 기대합니다.

쉬지 못하는 사람들, 돈의 노예가 되어 불안에 떠는 사람들은 반드시 다른 사람들과 파괴적인 관계를 맺습니다. 생산에 도움이 되지 않는 부모를 천대하고, 나의 지위를 위협하는 사람을 억누르고, 인격적인 남녀관계를 소비하는 상품으로 바꾸고, 다른 이의 것을 강탈하며, 이익을 위하여 거짓을 말하고, 이웃의 것을 탐내기 마련입니다.

이상의 오감도(烏瞰圖)

하나님은 우리 사람들이 안식일에 쉬어도 먹고살 수 있게 해 주겠다고 하셨습니다. 그런데 사람들이 믿음이 없어서 쉬지를 못합니다. 왜 그럴까요? '불안' 때문에 그렇습니다. 사람들에게는 실패에 대한 불안이 있습니다. 내가 일을 안 하고 있으면 다른 사람이 나보다 앞서 가게 되고 결국 자신은 낙오자가 될 거라는 불안한 생각을 하면서 삽니다. 자녀들이 공부를 안 하면 나보다 어렵게 살게 될 거라는 불안한 생각을 갖고 있습니다. 무슨 망령처럼 이런 생각이 모든 사람들 속에 스며들어 우리 사회를 지배하고 있습니다.

일제 강점기에 짧은 생을 마감한 시인 이상(본명: 김해경)의 작품 중에 '오감도'(烏瞰圖)라는 시가 있습니다. '조감도'(鳥瞰圖)는 새의 눈높이에서 건물을 보고 그려놓은 것을 말합니다. 조감도의 새 조(鳥) 자에서 한 획을 빼면 까마귀 오(烏) 자가 됩니다. 이상은 자기 자신을 '세상을 내려다보는 까마귀'에 비유했고 그 심정을 〈오감도 시 제1호〉라는 시로 표현했습니다. 오감도 시 제1호는 사람들이 서로를 두려워하는 절망적인 상황을 그림처럼 보여 줍니다.

오감도 시 제1호

이 상

13인의 아해가 도로로 질주하오
(길은 막다른 골목길이 적당하오)

제1의 아해가 무섭다고 그리오
제2의 아해도 무섭다고 그리오
제3의 아해도 무섭다고 그리오
(중략)
제13의 아해도 무섭다고 그리오
13인의 아해는 무서운 아해와 무서워하는 아해와 그렇게 뿐이 모였소.
(하략)

매우 난해한 시입니다. 제가 고등학교 때 이상의 시집을 보고, 뭐 이런 게 다 시인가 생각한 기억이 있습니다. 그가 얼마나 뛰어난 천재인지는 나중에 가서야 알게 되었습니다. 열세 명의 아이들이 겁에 질린 모습으로 무서워하며 달리고 있습니다. 그들은 서로에게 무서운 사람이며 동시에 무서워하는 사람입니다. 내가 무서운 사람이 되면 될수록 사람들은 나를 무서워합니다. 그리고 자신들도 무서운 사람이 되기 위하여 죽도록 달립니다. 그런데 이들이 달리는 길은 막다른 골목입니다. 언젠가 그들은 자신들이 그토록 달리던 길의 끝에 다다르게 될 것입니다.

사람들은 전부 마음속에 두려워하는 마음과 불안한 마음을 가지고 있습니다. 가난한 사람들은 미래가 불안합니다. 그래서 할 수 있을 때 야근이라도 한 번 더 해서 돈을 벌어 놓으려 합니다. 한 시간이라도 가게를 더 열어 놓고 손님을 맞으려고 합니다. 누가 내 미래를 책임져 주지 않기 때문에 사람들은 불안해합니다. 부자들도 불안하기는 마찬가지입니다. 지금은 내가 이 동네에서 가장 큰 가게를 갖고 있지만 내일 당장 대형 마트가 들어오면 문을 닫게 됩니다. 언제 매출액이 감소하고, 언제 우리 기업이 무너질지 모릅니다. 그래서 '조금 더 시간을 할애하면 더 나은 삶을 살 수 있겠지' 하며 일에 매달리게 됩니다.

그렇게 따지자면 사실 예수 믿는 사람이 가장 불안해야 합니다. 예수 믿는 사람들은 일주일에 하루를 쉽니다. 그것을 산술적으로 계산하면 남보다 1/7을 벌지 못하는 것입니다. 그리고 벌어들인 6/7에서 다시 1/10을 십일조로 뗍니다. 결국 예수 안 믿는 사람보다 결과적으로 약 23% 정도 적게 번 것으로 살게 됩니다. 예수 안 믿는 사람들의 약 77%로 살아가는 것이지요. 그러니 그만큼 뒤쳐지고 불안한 마음을 가지고 살아야 하는 사람들이 예수 믿는 사람들일 것입니다. 그러나 예수 믿는 사람들은 불안해하지 않습니다. 무서워서 달리지도 않습니다.

안식의 날로 초대합니다

둘째, 안식일의 의미는 하나님의 창조와 구원을 기념하는 예배의 날입니다. 하나님은 엿새 동안 풍성하고 영광스럽게 천지를 창조하셨고 조화롭게 운영되도록 하셨습니다. 그리고 일곱째 되는 날 그 영광을 즐기시면서 우리를 그 쉼 가운데로 초청하셨습니다. 우리가 안식의 날에 예배를 드리는 것은 그 하나님을 믿는다는 신앙고백입니다. 우리 인생길은 견딜 수 없는 고통과 무서움이 사방에 깔려 있습니다. 그러나 안식의 날 하나님께 예배하러 나오는 그 시간 만큼은 천국을 경험하게 됩니다. 기도할 때와 말씀을 들을 때 이 세상의 곤고하고 무거운 짐을 진 자들이 우리 주님 앞에서 쉼을 얻게 됩니다. 성가대가 노래를 부를 때 하늘이 열리는 것을 보게 됩니다.

하나님은 너무 공평하셔서 모든 사람이 안식하기를 원하셨고 모든 사람이 그 복을 누리길 원하셨습니다. 예수님이 이 땅에 오셔서 말씀하셨습니다.

> 수고하고 무거운 짐 진 자들아 다 내게로 오라 내가 너희를 쉬게 하리라. (마 11:28)

이 말씀은 결코 빈말이 아닙니다. 우리의 쉼을 위해 주님께서는 십자가를 지셨습니다. 안식의 날은 예배함으로써 하나님을 만나고 체험하는 날입니다. 안식의 날에 예배를 드리면 하나님을 믿는 믿음 안으로 나아갈 수 있습니다. 그날에는 우리를 창조하시고 구원하신 하나님의 사랑을 기억하게 됩니다. 그날에는 그분의 돌보심과 평안을 느끼게 됩니다. 그리고 사람이 생산의 수단이 아니라 사랑을 나누어야 할 이웃이라는 것을 확인하게 됩니다. 하나님이 나의 주인이시고, 나를 다스리고 있다는 사실을 믿는다면 77%만 가지고도 우리는 얼마든지 행복하게 잘살 수 있습니다. 오히려 그것이 진짜 삶이라는 것을 맛보게 됩니다. 그것이 안식의 날에 예배하는 사람들의 행복입니다.

우리, 이제 이렇게 살아갑시다. 재물 때문에 근심하지 말고 재물보다 영혼이 중요하다는 것을 기억합시다. 새 차 사 봐야 한 달 정도 즐겁고 그 후에는 별 차이가 없다는 것을 기억합시다. 서울에 살면서 서울에 있는 대학교 나온 사람들과 사는 것이나, 지방에 살면서 지방에 있는 대학교 나온 사람들과 사는 것에 큰 차이가 없음을 기억합시다. 사촌이 산 아파트가 한 해에 일 억이 올랐어도 마음이 동요되지 않으면 됩니다. 돈 있는 사람이 대우 받는 것을 보아도 무심(無心)하면 됩니다. 돈 있는 사람이 돈으로 질병을 고칠 때 나는 돈이 없어서 제때 치료도 못 받고 죽는다 할지라도 어차피 천국 가는 것은 똑같다는 믿음을 가지면 됩니다.

【기도】 prayer

사랑의 하나님 아버지 고맙습니다. 불안한 세상에서 압제 가운데 살 수 밖에 없던 저희들을 구원하시고 이스라엘 백성에게 주셨던 그 안식을 우리에게도 허락하시니 감사합니다. 그러나 우리의 믿음이 연약하여서 아직도 세상에 두려운 것과 무서운 것이 많고 주저하며 살 때가 많습니다. 우리에게 긍휼을 베푸셔서 우리가 하나님 앞에 나아가 참된 평안과 쉼을 얻을 수 있도록 도와주옵소서. 예배 때마다 하늘을 열어 천상의 말씀이 들리게 하시고, 우리가 스스로 하나님의 백성인 것을 기억하게 하옵소서. 목적도 의미도 없이 질주하고 있는 세상에 갇혀 살지 않도록 우리를 참 예배의 자리로 날마다 이끌어 주옵소서.

이 시간 하나님을 알지 못해서 안식을 누리지 못하고, 두려움으로 질주하며, 서로 부딪쳐 이전투구(泥田鬪狗)로 살아가는 불행한 사람들을 위해서 기도합니다. 그들이 하나님이 주신 해방을 맛볼 수 있도록 우리에게 선교의 마음을 주시고, 우리가 모범이 되어 이 사회를 바꿀 수 있도록 우리에게 강한 믿음을 허락하여 주옵소서. 예수님의 이름으로 기도하옵나이다. 아멘.

네 부모를 공경하라

그리하면 네 하나님 여호와가 네게 준 땅에서

네 생명이 길리라

(출 20:12)

5
네 부모를 공경하라

지도자의 책임

3년이 훨씬 지난 지금도 생각만 하면 가슴이 벌렁거립니다. 2014년 4월 16일 세월호 사건 말입니다. 배는 침몰해 가는데 "선실이 안전하니 선실로 들어가 대기하라."는 방송이 반복되고 있었습니다. 아이들은 그 말만 믿고 구명조끼를 입은 채 선실 구석에 쪼그리고 앉아 떨다가 영문도 모르 죽음을 맞이하였습니다. 이 아무개 선장이 동료 승무원들과 함께 황망히 배를 빠져나오는 장면이 우리를 고통스럽고 부끄럽게 합니다.

만일 선장이 이렇게 방송하였더라면 얼마나 좋았을까 상상해 봅니다. "여러분, 지금 우리는 아주 어려운 일을 당하고 있습니다. 하지만 염려하지 마세요. 우리 모두는 살 수 있습니다. 모두 침착하게 선실에 있는 구명조끼를 입고 한 사람씩 천천히 복도로 나와서 배의 높은 곳으로 올라오세요. 연로하신 어르신들과 다친 사람과 임산부를 도와서 손을 잡아 먼저 올려 주세요. 단원고 학생들, 너무 걱정하지 마라. 할아버지가 끝까지 남아서 살려줄게. 한 시간만 견디면 구조대가 온다. 그리고 항해사를 비롯한 모든 승무원들, 훈련받은 대로 자기 위치를 지킨다. 승객들을 다 내보낸 후 마지막에 나와 함께 하선하자!"

우리가 선장과 승조원들의 행동에 이렇게 분노하고 절망하는 이유가 있습니다. 이들의 행동 속에서 우리 근대사의 어두운 장면을 보기 때문입니다. 나라를 일본에 넘기는 대가로 작위와 영토를 받은 대한제국의 대신들과 일제 말 태평양 전쟁을 성전(聖殿)으로 미화하여 젊은 이들이 전쟁터에 나가도록 독려하는 글을 쓴 지식인들, 한국전쟁이 발발한지 3일 뒤 서울을 사수하겠다고 방송한 후 자기는 먼저 빠져나가고 피난민 행렬이 건너는 한강 다리를 폭파한 대통령을 보았습니다. 수많은 정치 지도자들이 자신의 잘못을 아랫사람들에게 떠넘기는 이른바 '꼬리 자르기' 관행, 회사의 대주주가 회사가 망할 것을 알고 주식을 팔고 회사 문을 닫는 행위, 여기에 교회까지 가세하여 입으로는 희생을 외치지만 교회보다 자신의 노후를 더 중요하게 생각하는 지도자들의 비루한 행태와 같은 모습들입니다.

우리나라만 그런 것은 아닙니다. 2008년 리먼브라더스(Lehman Brothers) 은행의 파산 이후 일어난 전 세계 금융 위기 때 일어난 일도 마찬가지입니다. 투자은행들은 파생상품을 만들고, 정부에서는 법을 개정해 주고, 신용평가사들은 질 나쁜 상품에도 트리플A(AAA) 등급을 매겨 주고, 유명 대학 교수들은 이를 찬성하는 논문을 씀으로써 거품을 키웠습니다. 은행 파산 직전, 미국의 부동산과 금융시장에 대하여 걱정하는 사람들에게 당시 미국의 재무장관은 "대부분 상황이 통제되어 가고 있고, 정부가 예의주시하고 있다"고 발표하였습니다. 그 발표를 믿은 사람들은 부동산 시장 폭락으로 길거리에 나앉게 되었습니다. 그러나 그 이후 이 문제에 대하여 책임지는 사람은 없고, 이 음모에 가담하였던 사람들은 지금도 정부의 관리로 대학의 교수로 은행의 CEO로 재직하면서 일 년에 수백억의 연봉을 받고 있습니다.

어떤 조직이나 국가에서 높은 지위에 오른 사람에게 많은 연봉과 권한과 명예를 부여하는 이유는, 그만큼 무거운 책임을 지운다는 뜻입니다. 그 권리를 누리는 것이 아니라 마음에 큰 짐을 지는 것이며, 즐기는 것이 아니라 고통을 당하는 것입니다. 위기의 상황이 되면 더욱 그렇습니다. 자신의 생명을 바쳐서라도 다른 사람들의 생명과 안전을 지켜야 하는 것이 지도자의 삶입니다.

세월호는 우리 대한민국의 축소판입니다. 많은 사람을 태우고 위험한 바다를 항해하고 있습니다. 항로를 바꾸고 방향을 전환하기는 해야 하는데, 자칫 배가 기우뚱할까 두렵습니다. 저마다 자기의 이익을 위하고, 저마다 제 살 길을 찾다 보니 투쟁의 아수라장이 되었습니다. 제 역할을 하는 지도자들이 많지 않습니다.

제5계명, "네 부모를 공경하라"는 말씀은 이 땅의 지도자와 그를 따르는 사람들의 관계를 다루고 있는 계명입니다. 지도자들은 하나님을 대신하여 세상을 다스릴 특권과 책임을 맡은 사람들이고, 그를 따르는 자들은 하나님이 주신 권위를 존중하며 그 말에 복종해야 합니다.

1. 누가 부모인가?

십계명은 크게 둘로 나누어집니다. 1계명부터 4계명까지는 하나님 사랑에 대한 계명이고, 5계명부터 10계명까지는 이웃 사랑에 대한 계명입니다. 하나님에 대한 계명으로 그치지 않고 사람에 대한 계명이 뒤이어 나오는 것은 하나님을 사랑하는 사람은 반드시 사람을 사랑해야 한다는 뜻이 내포되어 있음을 알려 주는 것입니다. 하나님을 사랑하는 가장 좋은 방법은 사람을 사랑하는 것입니다. 또한 반대로 사람을 제대로 사랑하려면 하나님을 먼저 사랑하고 존경해야 된다는 의미도 있습니다.

웨스트민스터 대요리문답

장로교회의 교리 체계를 정리한 문서들을 '웨스트민스터 표준문서'라고 부릅니다. 이 표준문서들은 1643년부터 1647년까지, 무려 5년에 걸쳐 모였던 웨스트민스터 의회에서 확립한 장로교 교리의 집대성입니다. 이 표준문서는 다음과 같은 몇 가지의 문서로 구성되어 있습니다. 그 첫째가 '웨스트민스터 신앙고백서'입니다(과거에는 신도게요서[信道揭要書]라고 불렀습니다). 또한 어린이들에게 교리를 가르치기 위한 '웨스트민스터 소요리문답', 설교자를 위한 '웨스트민스터 대요리문답', '예배모범', '교회정치' 등이 포함되어 있습니다. '웨스트민스터 대요리문답'은 설교자들이 강단에서 기독교 교리를 체계적으로 선포할 수 있도록 196개의 문답으로 구성되어 있습니다. 소요리문답과 대요리문답은 둘 다 사도신경, 십계명, 주기도문을 차례로 해설하고 있습니다. 저는 십계명을 강해할 때 항상 우선 대요리문답을 공부합니다.

대요리문답 제124문은 "제5계명에서 '부모'는 누구를 가리키는가?" 라는 질문이고, 그 답은 이렇습니다.

> 제5계명에서 '부모'는 단지 육신의 부모만을 이야기하는 것이 아니라, 나이와 은사에 있어서의 모든 윗사람을 가리킨다. 특히 가정과 교회와 국가에서 하나님께서 우리 위에 권위자로 제정하신 사람들을 의미한다.

제5계명은 단지 우리가 육신의 아버지와 어머니를 공경해야 한다는 것으로 이해하기 쉬운데, 웨스트민스터 대요리문답은 부모의 범위를 넓히고 있습니다. 제5계명에서 우리가 공경해야 할 대상은 다음과 같이 확장됩니다.

- 친아버지와 어머니, 시부모와 장인 장모, 조부모, 계부모, 친족 어른
- 스승(전 12:11)
- 국가의 지도자나 재판관(출 22:28; 롬 13:1–7)
- 영적 지도자(고전 4:15)
- 사회 조직의 상관(엡 6:5)
- 기성세대와 일반 어르신(레 19:32상)

우선 친아버지와 친어머니를 공경하는 것은 말할 필요도 없이 가장 기본적인 공경의 자세일 것입니다. 부모에는 친가의 시부모와 처가의 장인 장모, 조부모, 계부모, 친족 어른들이 모두 해당되므로 그들 역시

공경의 대상입니다.

하나님은 우리 인생에 많은 스승들을 주셨습니다. 어린아이들과 청소년들을 가르치는 교사, 대학생을 가르치는 교수, 또 우리 사회의 리더와 멘토(mentor), 각계각층에 지도층 인사들을 주셨습니다. 그들은 우리의 공경의 대상입니다.

하나님은 국가에 지도자와 재판관들을 세워 주셨습니다. 왕과 대통령, 장관, 국회의원, 고위 공직자들이 있습니다. 이들 모두는 우리가 공경해야 할 부모에 해당되는 사람들입니다.

하나님은 교회 기관에도 영적인 지도자들을 주셨습니다. 교회의 목사, 장로, 집사, 권사들은 모두 지도자들이며, 주일 학교와 구역에서 가르치고 섬기는 사람들도 모두 영적인 지도자입니다.

일반 사회 조직에도 상관들이 있습니다. 각 기관에는 기관장이 있고, 직장에는 상사, 기업에는 리더, 각 분야에는 전문인들이 있습니다. 이들 모두 부모와 같은 존재로서 우리가 공경해야 할 대상입니다.

하나님이 우리에게 주신 공경의 범위는 매우 넓습니다. 기성세대와 일반 어르신도 공경의 대상에 포함됩니다. 성경은 이렇게 이야기합니다.

> 너는 센 머리 앞에서 일어서고 노인의 얼굴을 공경하며. (레 19:32상)

십계명의 다섯 번째 계명은 단순히 살아계신 우리의 부모님을 공경하는 것에서 그치는 것이 아니라, 하나님이 우리 사회에 세우신 모든 지도자들에 대해 공경할 것을 명령하고 있습니다.

하나님이 주신 권위

'공경하라'는 히브리어의 원뜻은 '무겁다, 영화롭게 하다'입니다. 그러므로 공경하라는 말은 '무겁게 생각하라, 가볍게 여기지 말라'는 뜻입니다. 이것을 기준으로 공경을 해석하면 공경의 의미는 두려움으로 존중하고, 그 말에 순종하며 감사를 표하는 것입니다.

'공경하라'는 말은 원래 하나님께 사용되는 말입니다.

> 나를 존중히 여기는 자를 내가 존중히 여기고 나를 멸시하는 자를 내가 경멸하리라. (삼상 2:30하)

> 네 재물과 네 소산물의 처음 익은 열매로 여호와를 공경하라. (잠 3:9)

어른들에게 존경을 표하고 그들의 말에 순종하는 것을 하나님께 하듯 하라는 의미입니다.

하나님은 자신의 뜻을 이 땅에서 펼치기 위하여 자신의 권위와 권세를 사람들에게 나누어 주셨습니다. 평등을 강조하는 현대사회의 주장과 달리, 하나님께서 높낮이의 질서를 허락하신 것입니다. 그리고 그 모든 권위의 시작점이 부모와 자녀의 관계입니다. 이 계명은 단순히 부모를 공경하고 어른을 모시라는 말이 아닙니다. 하나님의 지상(地上) 대리인으로서의 부모에 대하여 이야기하고 있는 것입니다. 기독교 가정에서의 아버지의 위치는 하나님을 대신하여 하나님의 법을 가르치고 하나님의 축복을 전달하며, 또한 자녀들을 위하여 기도하며 그들을 책임지는 사람입니다.

권위와 평등

여기까지 들으면 어떤 사람들은 거부감이 들 것입니다. '세상에 높은 사람이 어디 있고 낮은 사람이 어디 있단 말인가? 지금 이렇게 민주주의 시대가 되었는데 다시 권위주의로 돌아가라는 말인가?'

오늘날 우리 시대를 포스트모더니즘(Post-modernism) 시대라고 합니다. 포스트모더니즘 시대의 가장 큰 특징은 모든 종류의 권위를 부정하는 것입니다. 정부의 지도자들은 국민들이 선출한 사람으로서 제한된 권위를 부여받은 사람들입니다. 과거 제3공화국 시대에는 박정희 대통령을 '국부'(國父)로 육영수 여사를 '국모'(國母)로 생각하고 그렇게 불렀지만, 노무현 대통령 정부 이래로 그렇게 생각하는 사람은 아무도 없습니다. 과거 검찰과 재판관의 권위가 하늘을 찔렀으나, 사법파동을 여러 번 겪고 유전무죄 무전유죄(有錢無罪 無錢有罪)를 경험한 사람들은 그들을 그렇게 존중하지 않습니다. 과거에는 '군사부일체'(君師父一體)라 하여 스승의 그림자도 밟지 않았지만, 지금은 교사가 조금만 잘못하면 핸드폰으로 찍어 고소합니다. 심지어 부모에 대하여서도 엄친자모(嚴親慈母)보다는 친구와 같이 놀아주는 부모를 좋아합니다.

매일의 뉴스에서 정치권 인사들의 비리가 밝혀지고, 드라마와 영화에서는 정치권과 검찰과 언론기관과 기업의 유착관계 내용이 아니면 흥행이 안 됩니다. 최근에도 국민들이 촛불을 들어 나라의 최고 지도자를 권좌에서 몰아내었습니다. 가장 중요한 이유가 민주주의와 법치주의를 잘 알지 못하였다는 것입니다.

이런 분위기에서 교육을 받고 매스컴에 노출되어 있는 젊은이들에게 권위를 강조하는 성경 말씀이 받아들여질 리가 없습니다. 성경이 쓰여 지던 시대는 계층구조적(hierarchical) 세계관을 가지고 있던 시대입니다. 맨 위에 신적 존재가 있고, 신으로부터 권세를 받은 왕이 백성을 다스립니다. 하나님은 가장(家長)에게 절대적인 권위를 주었고, 가장 아래 아내와 아이들이 있고, 그 아래 종들이 있습니다. 이런 사회였기 때문에 노예제도나 일부다처제(一夫多妻制) 등이 용인되었던 것이겠지요.

그러나 평등주의에 길들여진 현대인들은 고대적 세계관을 받아들이기 힘들 것입니다. 성경을 하나님의 말씀으로 믿는 교회에서는 가부장제를 거리낌 없이 받아들이고 설교합니다. 유교적인 관습까지도 한몫을 하면서 말입니다. 교회개혁을 외치는 학자들은 교회 내에서의 권위주의 타파를 개혁의 의제 가운데 언제나 윗부분에 놓습니다. 이런 사회적 성향은 젊은이들이 교회를 멀리하는 중요한 이유 가운데 하나입니다.

반면에 이런 경우도 있습니다. 다른 사람의 권위에 복종하는 것이 어려운 만큼 자신이 권위를 가진 사람 되는 것을 두려워하는 사람이 있습니다. 오래전부터 알던 친구가 결혼을 했는데 얼마 후 아내가 아이를 가졌다는 소식을 듣고 갑자기 우울해져서 집을 나가버렸습니다. 수소문 끝에 그 친구를 만나 대화를 해 보았습니다. "결혼해서 아이를 가지는 것은 자연스러운 일이고 또 행복하고 기쁜 일인데 왜 이렇게 슬픔 가운데 있느냐?"고 물어보았습니다. 그랬더니 그 친구가 "나는 아이를 가질 만한 자격이 없고 아비가 될 자신도 없다"라고 대답했습니다. 저는 그런 생각을 가진 사람들이 드라마에나 있는 줄 알았습니다. 그러나 우리 주변에도 아버지가 되는 것을 두려워하는 사람들이 있었습니다.

지도자는 한 분

과연 평등의식을 가지고 있는 현대인들에게 부모를 '공경'하는 것이 어떤 의미가 있을까요? 그런데 성경에는 권위를 강조하는 것과 정반대되는 말씀도 있습니다.

> 너희는 랍비라 칭함을 받지 말라. 너희 선생은 하나요, 너희는 다 형제니라. 땅에 있는 자를 아버지라 하지 말라. 너희의 아버지는 한 분이시니 곧 하늘에 계신 이시니라. 또한 지도자라 칭함을 받지 말라. 너희의 지도자는 한 분이시니 곧 그리스도시니라. (마 23:8-10)

예수님은 당시 유대인 사회에서 모든 존경과 권위를 받는 '랍비'의 권위를 인정하지 않으십니다. 심지어 육신의 아버지도 아버지라고 부르지 말라 하시고, 세상의 왕과 대제사장 같은 지도자도 진정으로 권위를 가진 사람이 아니라는 것입니다. 하나님만이 우리의 왕이시고, 우리는 다 '형제'로서 평등하다고 하셨습니다. 어찌 보면 예수님이야말로 모든 질서와 권위를 일거에 무너뜨리는 포스트모더니즘의 원조라고 볼 수 있겠습니다.

하나님만 높으시고 모든 사람이 평등한 형제라는 예수님의 말씀과 부모를 공경하라는 제5계명을 어떻게 조화시킬 수 있겠습니까? 저는 서로 다른 것처럼 보이는 이 두 가지 생각이 조화될 수 있으며 또 조화되어야 한다고 믿습니다. 절대적인 의미에서는 하나님만이 높으신 분이며 모든 인간은 그 앞에서 평등합니다. 그러나 높으신 하나님께서는 하나님의 일을 위해 일부의 사람들에게 자신의 권위와 권세를 나누어 주시고 사람들을 다스리도록 하셨습니다. 평등을 강조하는 현대 사회의 주장과 달리 하나님께서는 높낮이의 질서를 허락하셨습니다. 그리고 그 모든 권위의 시작점을 부모와 자녀의 관계로 설정하셨습니다. 만일 우리 사회에 어떤 권위도 인정하지 않는다면 그 사회는 무정부(anarchism) 상태가 될 것이고, 사람들은 아노미(anomie) 상태에 빠져 중심을 잃고 흔들릴 것입니다.

성경은 때로 절대적인 하나님의 권위를 강조하며, 사람은 하나님 앞에 평등함을 말씀하기도 합니다. 예컨대 교회의 지도자인 바울이나 바나바는 심고 물을 주는 하나님의 심부름꾼일 뿐이고, 자라게 하시는 분은 하나님 한 분입니다. 오히려 바울과 바나바는 성도들을 섬기라고 보냄을 받은 사람이기 때문에 성도들이 더 높다고 할 수도 있습니다(고전3장). 그러니 사람의 이름을 따서 바울파(派), 아볼로파(派), 게바파(派)를 나누면 안 됩니다. 이들은 다 사람일 뿐입니다. 그러면서도 다른 한편으로는 바울은 자신이 사도임을 강조하였습니다. 사도로서 성도들에 대하여 모든 권리를 가지고 있고 섬김을 받는 것을 당연히 여기며, 그의 말을 듣지 않으면 안 된다고 말합니다(고전 9:1,2; 갈 1:9; 빌 4:18). 바울은 복음으로 성도들을 낳은 아비와 같고, 젖먹이는 어미와 같습니다(고전 4:15; 살전 2:13) 분명한 권위와 질서가 존재합니다.

따지고 보면 우리가 사는 민주주의에 권위가 없는 것이 아닙니다. 민주주의의 근간이라 할 수 있는 '사회계약설'에서도 '권위'가 없는 것이 아닙니다. 국민들은 천부(天賦)의 권리 가운데 일부를 왕이나 국회에 위임하는 것입니다. 국민들이 법적인 권위를 존중해야 합니다. 민주주의는 그 권위를 얻는 방법이나 행사하는 방법에 관한 제도일 뿐,

권위 자체를 부정하거나 무시하지 않습니다. 가정이든 사회이든 어떤 조직이든지 권위가 무너지게 되면 그 조직은 붕괴됩니다.

분명히 기억합시다. 하나님은 한 분이시고 모든 영광과 존귀와 권세는 그분에게만 있습니다. 절대적인 의미에서 모든 사람은 하나님 앞에서 평등합니다. 그러나 하나님께서는 자신의 뜻하신 바를 이루기 위해 어떤 사람들을 택하여 그에게 은사와 권세와 능력을 주셨고 하나님의 일을 대신하도록 하셨습니다. 특히 기독교 사회와 기독교 가정에서 아버지의 위치는 하나님을 대신하여 하나님의 법을 가르치고 하나님의 복을 전달하며, 자녀들을 위해 기도하고 그들을 책임지는 사람입니다. 또한 아버지를 닮은 정치 지도자나 기업의 사장, 학교의 스승과 교수, 교회의 목회자가 '부모'와 같은 지위를 가지고 있습니다.

제5계명은 우리의 육신적인 부모를 넘어서서 하나님의 지상(地上) 대리인으로서의 모든 부모에 대해 공경할 것을 가르치고 있습니다. 권세를 받은 이 세상의 '부모'들이 하나님을 대신해서 세상을 다스려야 할 특권과 책임을 받은 것이라면, '자녀'들은 하나님을 공경하는 것처럼 그들을 존중하고 그 말에 복종해야 할 의무가 있습니다. 그러므로 "네 부모를 공경하라"는 계명을 제대로 지키기 위해서는 하나님이 제정하신 질서가 무엇인지, 하나님이 왜 윗사람을 세우셨는지를 알아야 합니다.

우선 부모의 위치에 있는 사람들에게 하나님이 주신 명령이 무엇인지를 살피고, 이어 자녀의 위치에 있는 사람들은 부모의 위치에 있는 사람들을 어떻게 공경해야 하는지 살펴보도록 하겠습니다.

2. 이 땅의 모든 '부모'들에게

유교의 효도(孝道)와 기독교의 부모 공경의 차이점

성경에서 가르치는 '부모 공경'과 유교의 '효도'(孝道)는 비슷해 보입니다. 그러나 이 둘 사이에는 근본적인 차이가 있습니다. 첫째, 유교에서의 효도의 이유는 인간이 맨 처음으로 맺는 인간관계에 성실하게 인(仁)으로서 대해야 한다는 것입니다. 기독교에서는 하나님의 대리인으로서 부모를 존경할 것을 가르칩니다. 그러므로 유교에서는 효도가 모든 착한 일의 근본이지만, 기독교에서는 하나님의 법에 종속됩니다. 부모님의 뜻과 하나님의 명령이 반대될 경우에는, 유교에서는 "세 번을 간(諫)하다가 울면서 따라가라"고 하였으나, 성경은 부모를 '주 안에서' 공경할 것을 가르치고 있습니다(엡 6:1). 부모님이 주님의 말씀과 어긋난 일을 강요한다고 해서 부모를 무시하라는 말이 아닙니다. 하나님의 뜻에 어긋난 길로 가는 부모님을 위하여 기도하여야 할 것입니다. 기독교는 부모 공경의 목적과 더 깊은 차원을 가르쳐 주고 있는 것입니다.

둘째, 유교에서의 효도의 내용은 부모님의 마음을 편하게 해드리고 잘 모시는 것이지만, 기독교에서는 부모님을 통해서 가르쳐지는 하나님의 법에 순종하는 것이 먼저입니다. 부모도 자식도 모두 하나님의 법을 순종할 때만이 살 길이 있고 참된 만족이 있습니다. 유교의 거의 무조건적인 부모 공경의 사상에다가 조상을 신으로 섬기는 우상숭배, 그리고 자기 가족의 입신양명(立身揚名)을 효도로 생각하는 '가족이기주의'가 합쳐져서 한국의 전통적인 가정윤리와 사회윤리가 만들어지게 되었습니다. 절대적인 하나님의 의(義)의 기준이 없는 맹목적인 효도

사상은 결국 그 사회를 병들게 만들고 가정을 파괴합니다.

유교의 영향권에 있는 우리나라는 가족이 모든 것의 중심입니다. '국가'(國家)라는 단어는 '나라 국'(國) 자와 '집 가'(家) 자가 결합되어 만들어졌습니다. 나라를 가족의 확대개념으로 본 것입니다. "회사를 내 집 같이" 혹은 "가정 같은 교회, 교회 같은 가정"이라는 구호들에서 볼 수 있는 것처럼, 회사나 교회를 확대가족으로 보는 경향이 강합니다. 이런 가족 중심의 사회에서 확대된 가족의 이익을 먼저 생각하다 보면, 정의(正義)가 설 곳이 없습니다. 우리 민족만을 우월하다고 여기는 광신적 애국주의(Chauvinism), '우리가 남이가!'를 외치는 지역주의가 기생합니다. 목사를 아버지와 같이 여기기 때문에 그에 대한 어떤 비판도 금기시되는 교회의 분위기와 소위 양심적 '내부고발자'(휘슬 블로어[whistle blower])를 '배신자'로 낙인찍는 사회 분위기가 형성됩니다. 이 모든 문제들이 유교에서 나왔다는 이야기를 유교를 신봉하는 사람들이 들으면 충격적이겠지만, 일부 책임이 없다고는 못할 것입니다.

부모의 권위와 책임

하나님은 홀로 모든 자녀를 양육하실 수 있지만 특별히 아버지와 어머니를 세워서 하나님의 일을 대신하도록 하셨습니다. 영국의 시인 키플링(Rudyard Kipling)은 "신은 모든 곳에 있을 수 없어서 어머니를 만들었다"(God could not be everywhere, and therefore He made mothers)는 명언을 남겼습니다. 그러므로 부모의 권위를 가지게 된 것은 하나님께서 주신 엄청난 특권이요 선물이며 복입니다. 그래서 이 땅의 모든 부모들은 그 권위를 사용할 때 하나님의 선한 일을 행하는 마음으로 기쁘게 감당해야 합니다. 또한 그 권위는 신중하게 사용해야 하는데, 긍휼한 마음으로 아랫사람을 대하며 책임을 다하기 위해 자신을 희생하기까지 해야 하며 인자한 부모가 되어야 합니다. 성경은 교회의 장로된 자(하나님의 권위를 받은 모든 자)에게 이렇게 이야기합니다.

> 너희 중에 있는 하나님의 양 무리를 치되 억지로 하지 말고 하나님의 뜻을 따라 자원함으로 하며, 더러운 이득을 위하여 하지 말고 기꺼이 하며, 맡은 자들에게 주장하는 자세를 하지 말고 양 무리의 본이 되라. 그리하면 목자장이 나타나실 때에 시들지 아니하는 영광의 관을 얻으리라. (벧전 5:2–4)

아브라함 링컨 이야기

1865년은 미국의 역사에서 아주 중요한 해입니다. 1860년에 아브라함 링컨(Abraham Lincoln)이 대통령에 당선된 후 남부의 여러 주(州)들이 연방을 탈퇴했습니다. 4년 동안(1861–1865) 내전인 남북전쟁이 일어났고, 전쟁의 결과 중 하나로 노예제도가 폐지되었습니다. 1865년은 미국 남북전쟁이 끝난 해이며 동시에 노예 해방을 이룬 해입니다.

미국인들에게 물어보면 가장 존경하는 대통령으로 대부분 아브라함 링컨 대통령을 꼽습니다. 도날드 트럼프(Donald John Trump) 대통령도 자신이 링컨만큼은 위대하지 못하다고 인정할 정도입니다. 아브라함 링컨은 남북전쟁을 승리로 이끎으로 연방제를 지키고, 노예 해방을 선언한 대통령입니다. 게티즈버그(Gettysburg)에서 행한 그의 연설 가운데 '국민의, 국민에 의한, 국민을 위한 정부'라는 말은 전 세계에 민주주의의 참모습을 보여 준 유명한 말이 되었습니다.

링컨이 이룬 두 가지 업적 가운데 특히 노예 해방은 매우 어려운 일이었습니다. 링컨은 아프리카에서 잡혀온 약 400만 명의 노예들의 비참한 삶을 보면서 그들을 해방시켜야 한다고 믿었습니다. 실제로 노예들로 구성된 흑인 부대가 남북전쟁에서 승리하는 데 큰 도움을 주기도 했습니다. 링컨은 그들에게 해방을 시켜주겠다고 약속했고, 그렇게 하는 것이 하나님의 뜻이며 자신이 대통령이 된 이유라고 생각했습니다.

그런데 노예를 해방하는 과정이 참으로 어렵습니다. 노예 해방을 완성하기 위해서는 헌법을 바꾸어야 합니다. 미국에서 헌법을 바꾸는 절차는 매우 복잡합니다. 상원의 2/3, 하원의 2/3의 지지를 얻어야 되고 각 주에 회람을 시켜 3/4이 찬성해야 헌법을 바꿀 수 있습니다. 그 복잡한 절차 가운데 가장 어려운 것은 하원 2/3의 찬성을 받아내는 것입니다. 하원에서 링컨을 반대하는 사람들은 링컨을 독재자로 몰아붙이며 그의 권한이 커지는 것을 두려워하였고, 노예를 해방하는 법안에 반대하였습니다.

당시 형국(形局)은 링컨을 지지하는 쪽의 표가 부족했고 법안 통과는 어려워 보였습니다. 당시는 남북전쟁이 끝나가던 때였는데 만약 그대로 남북전쟁이 끝나 버리면 노예제도를 폐지하는 일은 앞으로 더 어렵게 될 것입니다. 더 이상 노예를 군인으로 징집해야 할 필요성도 없어지고, 사람들은 노예 문제에 신경 쓰지 않게 될 것입니다. 노예제에 기반을 둔 남쪽 사람들은 당연히 노예제도를 찬성할 리 없습니다. 그런데 전쟁이 끝나가던 때에 남쪽에서 항복을 하려고 밀사를 보냈습니다. 그 사실이 알려지면 반대파에서는 전쟁을 끝내는 것이 우선이라고 주장할 것입니다. 4년에 걸친 전쟁에서 이미 100만 명 이상의 군인과 민간인이 목숨을 잃었습니다. 하루라도 빨리 전쟁을 끝내야 합니다. 링컨은 이미 아들 하나를 군대에 보내어 잃었습니다. 그리고 다른 아들마저 입대한 상태였습니다. 성격이 매우 강한 사람이었던 링컨의 아내는 큰아들의 사망과 작은아들의 입대로 우울증에 걸렸습니다. 링컨은 그야말로 딜레마(dilemma)에 빠졌습니다.

자신의 아들과 전쟁에서 죽어 나가는 희생자들을 생각하면 전쟁이 하루라도 빨리 끝나는 것이 절실합니다. 그러나 전쟁이 그대로 끝나버리면 노예 해방은 없습니다. 노예 해방이 되어야 미개한 사회를 뒤로 하고 새로운 미래로 도약할 수 있는데, 노예 해방은 분명한 하나님의 뜻인데 의회에서는 표가 부족합니다. 모든 비난이 링컨에게 쏟아집니다. 투표할 날짜가 하루하루 다가오고 있을 때 고뇌에 찬 링컨은 하나님 앞에 엎드려 간절하고 절박한 마음으로 기도했습니다. 그리고 자기에게 주어진 모든 권한을 사용해서 사람들을 만나고 협조를 요청하고 타협을 하면서 할 수 있는 모든 일을 했습니다.

1865년 1월 31일, 마침내 미국의 하원이 수정 조항 제13조를 통과시켰습니다. “노예제도 혹은 비자발적 노역은 미국의 영토 내에서 혹은 미국의 관할권이 미치는 어느 곳에서도 금지된다”는 위대한 조항이 헌법에 삽입되었습니다. 2/3를 단 2표 차이로 아슬아슬하게 넘은 119대 56으로 통과된 것입니다. 그로부터 약 2개월이 지난 후, 1865년 4월 9일에 남부 연합군은 항복을 했고 전쟁이 끝났습니다. 그리고 전쟁이 끝난 후 5일이 지났을 때 노예 해방에 반대하는 남부 지지자의 총탄에 링컨은 죽임을 당하였습니다.

아브라함 링컨은 지도자로서 진정한 아버지였습니다. 자녀들은 아버지의 생각에 미치지 못합니다. 노예가 해방되든 말든 전쟁만 빨리 끝났으면 좋겠다고 생각합니다. 그러나 아버지로서의 링컨은 미래를 내다보았습니다. 하나님이 자신을 대통령으로 세우신 이유와 그 사명을 감당하는 것이 자신에게 주어진 일이었기 때문에 그는 모든 노력을 기울여 일했고, 간절하게 기도했고, 마침내 성취했습니다. 노예 해방은 링컨에게 무거운 짐이었습니다. 전쟁만 빨리 끝내면 그는 민족의 영웅이 될 수 있었습니다. 노예 해방은 자신이 아니더라도 언젠가는 누군가가 그 일을 할 거라는 유혹도 있었을지 모릅니다. 그러나 그는 그 무거운 짐을 끝까지 지고 가려고 했습니다. 그는 세상을 바라보며 큰 슬픔을 느꼈지만 슬픔 뒤에 있는 큰 기쁨을 기대했습니다. 그는 하나님 아버지의 심정에 동참하는 사람이었습니다. 아브라함 링컨처럼 그렇게 살아주기를 기대하는 마음이 오늘날 이 시대의 아버지들에게 바라는 하나님의 마음입니다.

모세 이야기

막상 좋은 아버지, 좋은 지도자가 되는 것이 얼마나 어려운 것인지 이야기를 듣고 나면 우리 가운데 포기하고 싶은 마음이 들 수도 있습니다. 그 일을 잘 감당해 낼 자신이 없어질 수도 있습니다. 그래서 우리는 그런 마음이 들지 않도록 모든 것을 풍성하게 공급하시는 하나님을 의지해야 합니다. 하나님은 자신이 맡긴 일을 잘 감당하고 있는 자들을 좋아하고, 그들을 기뻐하십니다. 그리고 그런 사람들을 그냥 내버려두시지 않습니다. 모든 것은 하나님께서 맡기신 일이기 때문에 최종 책임도 져 주십니다.

미국 사람들이 가장 존경하는 사람이 아브라함 링컨이라면, 이스라엘 사람이 가장 존경하는 사람은 민족의 지도자인 모세입니다. 모세는 이스라엘 민족을 해방시키고 지도자로서 40년 간 험난한 광야에서 그들을 이끌었습니다. 지도자로서 모세의 길도 역시 쉬운 길은 아니었습니다. 200만 명이나 되는 사람들을 이끌고 광야로 나왔는데 먹을 것과 물이 부족했습니다. 먹을 것이 필요한 백성들에게 하나님은 만나를 주셨습니다. 그러나 그들은 "고기를 달라"고 아우성쳤습니다. 한쪽 천막에서부터 시작한 그 원망의 함성이 200만 명에게 순식간에 퍼져 나갔습니다. 모세와 함께 다스리던 70명의 장로들도 그 대열에 합류했습니다. 모세는 너무 힘들고 외롭고 지쳤습니다. 그래서 하나님 앞에서 이렇게 기도합니다.

> 이 모든 백성을 내가 배었나이까, 내가 그들을 낳았나이까? 어찌 주께서 내게 양육하는 아버지가 젖 먹는 아이를 품듯 그들을 품에 품고 주께서 그들의 열조에게 맹세하신 땅으로 가라 하시나이까? 이 모든 백성에게 줄 고기를 내가 어디서 얻으리이까? 그들이 나를 향하여 울며 이르되, 우리에게 고기를 주어 먹게 하라 하온즉 책임이 심히 중하여 나 혼자는 이 모든 백성을 감당할 수 없나이다. (민 11:12-14)

모세의 기도입니다. 자신에게 너무 큰 일을 맡긴 하나님께 "하나님 내가 저 백성을 배고 낳은 아버지입니까, 어머니입니까? 어째서 아버지가 젖 먹는 아이를 품에 품는 것처럼 이 백성들을 품고 가라고 하십니까? 너무 고통스럽습니다"라고 하면서 자신의 마음을 숨기지 않고 토로하는 기도입니다. 하나님께서는 이 기도를 반항적인 기도로 받아들이지 않고 오히려 기뻐하셨습니다. 하나님은 모세의 연약한 심령을 이해하시고 그 기도에 응답하셨는데, 모든 백성이 고기를 풍성하게 먹을 수 있도록 바람을 불어 바다에서부터 메추라기를 몰아 그들의 진영 사방에 쌓이게 하셨습니다. 모세를 대적해서 거스른 사람들은 징벌하셨고, 70명의 장로들에게 성령을 부어 주셔서 그들이 동역자가 되어 하나님의 일을 함께 감당할 수 있도록 하셨습니다.

이런 아버지가 되십시오

이 땅의 모든 아버지들이여, 아버지의 역할을 감당하기 어려울 때 궁극적으로 책임져 주시는 하나님께 아뢰십시오. 하나님의 도우심이 없으면 그 누구도 이 일을 잘 감당할 수 없습니다.

공급해 주시는 하나님의 은혜가 없으면 지도자들은 가난한 사람들, 낮은 사람들을 착취하고 억압하게 됩니다. 가난한 사람, 낮은 자의 자리에 있는 사람들은 반대로 반항을 하게 됩니다. 그러나 하나님의 풍성한 도움을 받게 되면 지도자들은 하나님의 풍성함을 나누어 주는 축복의 통로가 됩니다.

목사는 성도들의 영적 웰빙(well-being)을 위해서 일하는 사람입니다. 그런데 목사가 하나님으로부터 풍성한 은혜를 공급받지 못하면 영적으로 사람들을 괴롭게 하고 착취하는 사람이 됩니다. 대체로 교회의 이익과 목사의 이익은 맞물려 있습니다. 교회가 성장하면 목사에게 좋고, 목사의 실력이 향상되면 교회가 유익합니다. 그러나 때로 이 둘이 상반될 때가 있습니다. 목사가 포기해야 교회가 평화를 되찾고, 목사가 자신의 이익을 챙기면 교회가 시험에 드는 때가 간혹 있습니다. 이때 자신의 이익을 취하기 위하여 교회에 어려움을 주는 목사는 하나님의 사람이 아닙니다. 자신을 내려놓고 성도들을 위하여 기도하며 하나님께 감당할 힘을 달라고 기도하는 목사를 하나님이 원하십니다. 하나님의 일을 하는 사람은 반드시 하나님께서 책임져 주시기 때문입니다. 어려움을 당한 목사들에게 말씀의 위로가 있기를 축복합니다.

하나님은 이런 아버지들을 좋아하십니다. 인생이 아무리 가난하고 고통이 끊이질 않아도 자녀의 등록금을 마련하기 위해 최선을 다하는 아버지의 모습을 하나님은 참 좋아하십니다. 그리고 입이 바짝바짝 마르면서도 포기하지 않는 그 아버지를 하나님은 기꺼이 도우십니다.

회사가 이익을 남기지 못하면 어쩔 수 없이 감원을 해야 합니다. 그러나 사원들을 가족으로 여기고 모든 노력을 기울여 그들을 책임지려고 하는 사람에게 하나님이 길을 열어 주십니다.

선생님들은 우리 시대의 마지막 희망입니다. 세월호가 침몰할 때, 학생들을 밖으로 내보내고 선실에 있는 아이들을 구하기 위하여 되돌아갔다가 죽음을 맞은 12명의 선생님들은 모조리 구명조끼를 입지 않은 채 발견되었습니다. 제자들에게 자신의 목숨을 준 것입니다. 이 글을 쓰는 지금도 눈물이 앞을 가립니다. 나도 그런 상황이 되면 제자들과 성도들을 위해 구명조끼를 벗어줄 수 있을까? 제자들을 보면서 그들의 장래를 걱정하고 그들이 올바르게 살아갈 수 있도록 최선을 다해 그들을 사랑하고 섬기는 교사를 하나님은 좋아하십니다. 하나님께서 그 제자들을 통해 밝은 미래를 만드십니다.

중대한 판결을 앞에 놓고 고뇌하는 재판관들에게 하나님이 지혜를 주시고, 보수와 진보로 갈라진 세상에서 국민들의 삶을 위하여 고민하는 애국자 관리들을 하나님께서 돕습니다. 지금은 나라가 내부적으로도 불안정하고 외부적으로도 불안합니다. 이러한 때에 대통령이 하나님을 바라보면서 '하나님이 주신 이 귀한 직분을 내가 어떻게 감당할까?' 그렇게 고뇌하고 기도하는 분이면 얼마나 좋을까 생각해 봅니다.

하나님의 대리인

우리 가운데 어느 곳에서든 지도자로 살아가는 사람은 부모가 된다는 것이 쉬운 일이 아니라는 것을 경험할 것입니다. 그러나 그럴 때 그 직분이 하나님이 주신 영광스러운 직분임을 명심하기 바랍니다. 그리고 그 일을 감당하기 위해서는 그 일을 우리에게 맡기신 하나님께 항상 도움을 요청해야 하며, 순종해야 한다는 것을 명심하기 바랍니다. 우리가 가진 권위는 최종 권위가 아닙니다. 하나님만이 높으신 분이기 때문입니다. 그러므로 부모의 일을 맡기신 하나님께서는 우리에게 대리인으로서의 순종을 요구하십니다.

> 상전들아 너희도 그들에게 이와 같이 하고 위협을 그치라. 이는 그들과 너희의 상전이 하늘에 계시고 그에게는 사람을 외모로 취하는 일이 없는 줄 너희가 앎이라. (엡 6:9)

종들이 상전에게 순종하는 건 맞습니다. 그런데 상전들도 꼭 기억해야 할 것이 있습니다. 상전인 자신 위에 하늘 상전이 계시다는 사실입니다. 모든 상전 위에는 최종 권위의 주인이시신 하나님이 계십니다.

– 부모 위에 하늘의 아버지

– 스승 위에 모든 스승의 스승이신 보혜사 성령님

– 재판장 위에 더 높은 재판장

– 왕과 대통령 위에 만왕의 왕

– 목자 위에 목자 장이신 예수 그리스도

– 사장 위에 모든 것의 공급자(provider)

3. 이 땅의 모든 자녀에게

공경하는 자가 되라

부모의 위치에 있는 사람들은 하나님의 대리인입니다. 그러므로 자녀의 위치에 있는 사람들은 그들을 공경해야 합니다. 두려움으로 존중하고 그 말에 복종하며, 감사를 표해야 합니다. 연로한 부모님을 봉양하고 돌보아 드려야 합니다. 좀 더 넓게는 아버지의 형상을 가진 선생님과 기업의 리더, 사회의 원로들과 국가 지도자의 권위를 무시해서는 안 될 것입니다.

우리 사회는 점차 초고령사회가 되어 가고 있습니다. 고령화 상태에서 이 사회를 움직여 가는 것은 아무래도 젊은이들입니다. 대부분의 직장들이 55세를 정년으로 잡고 있으며, 젊은이들을 우대하고 나이가 들면 퇴직하도록 부추깁니다. 늙은이들은 더 이상 이 사회의 주인공이 아니며, 이제는 젊은이들의 어깨에 무겁게 올려진 짐이 되었습니다.

텔레비전에서는 중년 세대를 '아줌마, 아재' 등으로 비하시키고 재미의 대상으로 삼습니다. '아재'는 어깨에 비듬이 듬성듬성 내려앉고,

색깔이 어울리지 않는 옷을 입고, 반바지에 검정 양말과 슬리퍼를 신고 다니는 사람으로 그려집니다. '아재 개그'를 날리고, 시대에 뒤떨어진 '꼰대'처럼 보입니다. 아줌마들은 더합니다. 꼬불꼬불 파마머리에 진한 화장에 빨간 립스틱을 바르고, 돌돌 말아 내린 스타킹을 신고, 버스 안에서는 가방을 던져 자리를 차지하고, 목욕탕에 빨래를 가지고 오거나 수건을 훔쳐갑니다. 그러나 그들이 바로 어머니이고 아버지입니다. 색깔이 어울리지 않는 옷을 입는 것은 아들들이 다 입고 나갔기 때문이며, 수도세를 아껴 저녁 반찬 한 가지 더 올리려는 것입니다.

너는 센 머리 앞에서 일어서고 노인의 얼굴을 공경하며. (레 19:32상)

백발은 영화의 면류관이라. (잠 16:31상)

젊은이들은 노인들의 백발을 보면 그것을 영화(榮華)의 면류관으로 바라볼 줄 알아야 합니다. "힘든 세상을 어떻게 사셨나요? 그동안 하나님을 따르느라고 힘드셨지요?" 오늘날 우리 사회는 자유와 평등이라는 미명하에 권위 있는 사람들을 잘 인정하지 않는 것 같습니다. 그렇다고 그들의 권위를 깎는 것으로 자유와 평등이 이루어지는 것은 아닙니다.

직장의 상사에 대해서 순종하기보다 뒤에 가서 욕하는 것을 용기 있는 것으로 생각합니다. 열심히 노력해서 돈을 번 기업가들을 비난합니다. 선생님이 아이가 잘못했을 때 꾸중하면 부모는 선생님을 고발합니다. 이런 모든 것은 방종(放縱)을 조장하는 것이지 아이의 기를 살리는 것이 아닙니다. 그 아이가 자라면 결국은 선생님을 고발하던 부모에게도 대항하게 될 것입니다.

교회에 나왔다가 집에 돌아갈 때 주의하십시오. 아이들과 함께 차를 타고 가면서 목사와 장로, 성가대와 교회의 기관들에 대해 불평하고 비판하면 아이들의 신앙이 건강하게 자라질 못합니다. 좋은 말 백 마디를 듣다가도 안 좋은 말을 한 마디 들으면 그 말은 별식과 같아서 뱃속 깊은 곳으로 내려가 자리를 차지하게 됩니다(잠 18:8 참고). 그래서 자녀에게 평생 동안 교회에 대한 부정적인 이미지를 가지도록 만듭니다. 뉴스를 보면서 거품 물고 대통령과 정치인을 욕하지 마십시오. 우리가 해야 할 일은 그들을 존경하고 존중하는 것입니다. 성경은 우리에게 이렇게 가르치고 있습니다.

> 젊은 자들아 이와 같이 장로들에게 순종하고 다 서로 겸손으로 허리를 동이라. 하나님은 교만한 자를 대적하시되 겸손한 자들에게는 은혜를 주시느니라. 그러므로 하나님의 능하신 손 아래에서 겸손하라. 때가 되면 너희를 높이시리라. (벧전 5:5–6)

하나님은 교만한 자를 싫어하고, 겸손한 자에게 상을 주시는 분입니다. 그러므로 스스로 높아지려고 하거나 낮은 자의 위치에서 높은 사람들을 반역하고 거스른다고 높은 자리에 올라가는 것이 아닙니다. 겸비의 때가 차면 하나님은 그 사람을 높이실 것입니다.

악할지라도 순종하라

자녀들은 부모님이 가르치는 하나님의 법에 귀를 기울여야 합니다. 부모들은 비록 완전하지는 않지만 자식에게 좋은 것을 주고, 좋은 것을 가르치려는 본성을 가지고 있습니다.

> 너희 중에 누가 아들이 떡을 달라 하는데 돌을 주며 생선을 달라 하는데 뱀을 줄 사람이 있겠느냐 너희가 악한 자라도 좋은 것으로 자식에게 줄 줄 알거든. (마 7:9–11상)

무단횡단을 하는 사람도 자녀가 볼 때는 횡단보도를 찾아 건너기 마련입니다. 자녀와 함께 있을 때는 죄를 짓지 않으려고 합니다. 하나님을 모르는 부모도 마찬가지입니다. 예수를 잘 믿는다고 하면서 부모님에게 순종하지 않는 사람은 악한 사람입니다. 비록 부모님이 불신자라도 말입니다.

국가의 권력에도 복종해야 합니다. 비록 국가의 권력이 타락했을지라도 그 권력은 정의를 위해서 세움을 받은 것이므로 복종해야 합니다. 상전 중에는 선한 상전도 있지만 성격이 고약한 상전도 있습니다. 그러나 그런 상전에게도 순종하는 것이 우리 주님의 명령입니다. 교회의 지도자들에게도 마찬가지입니다. 그들은 여전히 불완전한 교회 지도자들이지만 그들의 영적인 권위에도 순종을 해야 합니다. 하나님께서 그들을 세우셔서 자신의 일을 하도록 하셨기 때문입니다.

제5계명은 이 사회의 질서를 가르치는 명령입니다. “네 부모를 공경하라!”는 제5계명을 한 단어로 요약하면 ‘겸손’입니다. 권위를 가지고 있는 사람도 자신 위에 상전이 있는 것을 알고 그 앞에 겸비해야 하며, 젊은 자들은 더욱더 겸손하여서 하나님이 세우신 권위에 순종해야 합니다. 그래야 우리 사회가 잘되고 번성하는 은혜와 복을 누리게 됩니다.

【기도】 prayer

사랑의 하나님 아버지 고맙습니다. 주님께서 우리 인생들을 사랑하셔서 우리에게 각종 직분을 허락하시고 그 직분 위에 하나님의 권위를 주셔서 사랑과 책임감으로 감당할 수 있게 인도하시니 감사합니다. 하나님이 주신 이 특권을 하나님의 영광을 위해서 사용할 수 있게 하옵소서. 부모의 권위를 가진 자들은 하나님의 권위 앞에 겸손히 모든 일을 잘 감당하게 하시고, 자녀 된 자들은 하나님께서 세우신 권위에 순복하며 주의 뜻을 잘 따를 수 있도록 인도해 주옵소서. 부모 된 자나 자녀 된 자가 서로를 불쌍히 여기며 서로를 위하여 기도하고 섬기는 자가 되도록 우리를 주장하여 주옵소서. 하나님이 주신 권위를 악용하지 않게 하시고 서로 비난하거나 다투는 어리석음을 범치 않도록 우리를 지켜 주옵소서. 예수님의 이름으로 기도하옵나이다. 아멘.

살인하지 말라

(출 20:13)

옛 사람에게 말한 바 살인하지 말라 누구든지 살인하면 심판을 받게 되리라
하였다는 것을 너희가 들었으나 나는 너희에게 이르노니
형제에게 노하는 자마다 심판을 받게 되고 형제를 대하여 라가라 하는 자는
공회에 잡혀가게 되고 미련한 놈이라 하는 자는 지옥 불에 들어가게 되리라
그러므로 예물을 제단에 드리려다가 거기서 네 형제에게
원망들을 만한 일이 있는 것이 생각나거든 예물을 제단 앞에 두고 먼저 가서
형제와 화목하고 그 후에 와서 예물을 드리라 너를 고발하는 자와 함께
길에 있을 때에 급히 사화하라 그 고발하는 자가 너를 재판관에게
내어 주고 재판관이 옥리에게 내어 주어 옥에 가둘까 염려하라
진실로 네게 이르노니 네가 한 푼이라도 남김이 없이
다 갚기 전에는 결코 거기서 나오지 못하리라

(마 5:21–26)

6
살인하지 말라

박 아무개 자매

과거 제가 경기도 평택 지역에서 목회할 때 있었던 일입니다. 저는 그때 청년부를 맡고 있었습니다. 하루는 박 아무개라는 이름을 가진 한 여자 청년이 교회에 나왔는데, 외모가 특이하였습니다. 키가 크고 몸집도 컸으며, 얼굴이 삐뚤어졌고 눈은 사시(斜視)였습니다. 청년들은 그녀와 가까이하는 것을 내심 좋아하지 않았으나, 사람을 외모로 판단하면 안 된다는 것을 배웠기 때문에 잘 대해 주려고 노력하였습니다. 박자매는 설교를 알아듣는 것 같지는 않았지만 거의 빠짐없이 청년부 집회에 참석하였습니다. 들리는 소문에 어렸을 적부터 도벽(盜癖) 증세가 있어 사람들에게 매를 맞고 다닌다 하고, 가족들도 포기하였다 하였습니다.

당시 우리 청년부는 그렇게 크지는 않았지만 신앙이 좋은 사람들이 많이 있었고 무엇보다도 인정이 많았습니다. 그러나 아무래도 박 자매는 부담이 되었습니다. 지금까지 살면서 부모를 비롯하여 그에게 친절하게 대해 준 사람이 없었기 때문에, 조금 친절하게 대해 주면 착 달라붙어 좋아하는 티를 내다가 어느 순간 사람들이 서운한 말을 하면 바로 돌아서서 욕을 합니다. 그 자매는 교회에 차차 뜸하게 되었고, 나오다 안 나오다를 반복하였습니다. 담당 목사였던 저는 큰 관심을 두지 않았습니다. 아니면 내심 잘되었다 생각했는지도 모르겠습니다. 그 자매 외에도 돌보아야 될 많은 청년들이 있었으니까요.

박 자매의 존재가 거의 잊혀질 무렵, 결혼을 했다는 소식을 들었습니다. 친하게 대해 주었던 청년 서넛을 자기 집으로 초대하여 집들이를 하였는데, 저도 갔습니다. 박 자매는 당시 20대 후반의 나이였고 신랑은 40대 초반이었습니다. 신혼집은 아주 작았고 살림은 초라했습니다. 나름대로 음식을 장만하여 손님을 대접하였고, 우리는 즐거운 시간을 가졌습니다. 식사가 거의 끝나갈 무렵 신랑이 집에 돌아왔습니다. 키가 작고 다소 늙어 보이기까지 했는데, 술이 취해 있었습니다. 들어서면서 욕설이 시작되었습니다. 박 자매가 질세라 소리를 지르며 대들자 싸움이 격해져서 나중에는 젓가락을 들고 찌르려는 지경까지 갔습니다. 우리는 간신히 싸움을 말리고 고개를 저으며 돌아올 수밖에 없었습니다.

이렇게 박 자매와 다시 연결되었고, 몇 년이 흐르는 동안 많은 사건들이 있었습니다. 남편에게 매를 맞고 쫓겨나는 일이 반복되었고, 박 자매는 여성들을 위한 쉼터(셸터)로 피신하거나 아니면 우리 집으로 올 때도 여러 번 있었습니다. 그 사이 아이를 낳았는데, 때로는 그 아이를 데리고 우리 집에 오기도 하였습니다. 한번 오면 며칠씩 묵어갔습니다. 당시 우리 집은 25평짜리 작은 아파트에 아이들까지 다섯 식구가 살고 있어서 두 사람을 재우기에는 좀 어려웠습니다. 겨우 한 사람 잘 수 있는 비좁은 제 공부방에 재우곤 하였습니다. 또 아이도 잠시도 가만히 있지 않아 아래층 사람들에게 미안하였습니다. 그러나 아내는 싫은 내색 하지 않고 맞아 주었고, 좋은 이야기도 많이 해 주었습니다. 쉼터에 있다가 우리 집에 올 때면 비누 같은 것을 선물로 가지고 왔습니다. 물론 훔쳐 온 것이었습니다.

우리 집에 마지막으로 온 것은 시어머니에게 아이를 빼앗기고 쫓겨난 후였습니다. 육신적으로 정신적으로 힘들었지만 아이에 대한 사랑 하나만은 다른 어떤 엄마에 못지 않았습니다. 거의 얼이 빠진 상태로 며칠을 보내었습니다. 울어서 눈이 퉁퉁 붓기도 하고, 돈이 어디서 났는지 술에 취해 있을 때도 있었습니다.

그날 밤도 제가 늦게까지 공부하고 있는데, 머리 꼭대기까지 술이 취하여 중얼거리며 들어왔습니다. 일단 재우고 다음 날 야단을 쳐야겠다 생각하고, 제 공부방에 들어가게 하고 호피 무늬가 있는 담요를 넣어 주었습니다. 아침이 되었는데 일어날 생각을 하지 않습니다. 방문을 두드려도 열어 주지 않습니다. 그날이 제가 서울 학교로 출근하는 첫날이어서 가방을 꺼내야 했습니다. 억지로 문을 밀어도 발로 문을 막고 있어 잘 열리지 않습니다. 이상한 생각이 들어 겨우 문을 조금 열고 들어가 보니, 글쎄 이 자매가 담요에 코를 박고 죽어 있는 것이 아니겠습니까! 술김에 담요에 엎어져 자다가 질식사한 것이지요. 얼굴을 들어보니 피가 몰려서 생긴 큰 멍이 있었습니다.

경찰과 구급차가 와서 시신을 데려갔고, 초라한 장례식이 치러졌습니다. 장례식 다음 날, 박 자매의 남편에게서 전화가 걸려 왔습니다. 자신의 아내가 당신 집에서 죽었으니 당신에게 책임이 있는 것이 아니냐면서 돈 5백을 주면 당신에게 아무 해도 없도록 하겠다는 취지였습니다.

제가 아는 가장 불행한 한 사람의 이야기입니다. 박 자매의 죽음의 성격은 어떤 것일까요? 경찰에서는 사고사(事故死)로 처리하겠지요. 아무도 그의 죽음에 책임이 없이 사고로 죽은 것이라는 의미입니다. 그러나 정말 아무도 책임이 없을까요? 나이 어린 신부를 상습적으로 구타한 남편, 단 하나의 소망인 아이를 빼앗고 내쫓은 시어머니, 어렸을 적 못생겼다고 먹을 것도 제대로 주지 않고 구박하였던 부모와 가족들, 공부를 못한다고 유령 취급하던 학교 선생님들, 그리고 속으로 그를 달가워하지 않았던 저를 비롯한 교회의 청년들, 이들이 박 자매의 죽음에 책임이 있는 것이 아닐까요? 동생을 죽인 가인에게 "네 아우가 어디 있느냐?"고 하나님이 물으실 때, 가인의 대답이 생각납니다. "내가 내 아우를 지키는 자(my brother's keeper)입니까?"

'살인'은 우리가 자주 저지르는 일반적인 경험이 아니기 때문에 제6계명은 우리와 별 관계가 없는 것으로 여겨질 수 있습니다. 그러나 하나님이 주신 계명은 우리와 관계없는 것이 없습니다. 십계명 가운데는 짧은 한 줄의 문장으로 이루어진 것들이 있습니다. 그 계명들이 짧다고 해서 단순하게 생각해서는 안 됩니다. 그 짧은 한 구절은 성경 전체를 통해 이해되어야 하는 것이기 때문입니다. 성경 전체를 살피면서 우선 제6계명이 금하는 것과 허용되어야 하는 것에 대하여 살펴보고, 이 짧은 계명에 담긴 하나님의 마음에 대하여 이야기하겠습니다.

1. 제6계명이 금하는 것

살인의 죄

제6계명이 금하는 것은 가장 먼저 직접적으로 사람을 살해하는 것입니다. 또한 살해에 이르기 전 단계들의 일도 포함됩니다. 구타, 상해, 다툼, 고문, 잔인한 행동, 언어폭력, 동물 학대와 같은 것들은 직접적인 살인은 아니지만 살인으로 나아가는 단계에서 행해지는 것들입니다.

과거에 비해 우리 청소년들은 위험한 문화적 환경에 노출되어 있습니다. 24시간 격투기를 보여 주는 방송 채널이 있는가 하면 아이들이 즐겨하는 게임의 대부분은 칼이나 총 혹은 폭탄을 사용해서 사람들을 죽이는 폭력적인 장면들로 구성되어 있습니다. 나이를 제한하여 규제를 한다고 하지만 청소년들은 폭력적인 영화와 음악에 쉽게 노출되어 있습니다.

우리는 아직 생각이 성숙하지 않은 어린이와 청소년들이 그러한 문화에 감염되는 것을 막아야 합니다. 어떤 학자들은 아이들도 판단할 능력이 있기 때문에 영상물에 나이 제한을 없애야 한다고 주장합니다. 그러나 그것은 무책임한 발언입니다. 그렇게 말하는 학자들도 자신의 자녀가 폭력적이고 선정적인 영상물을 즐기는 것을 반대할 것입니다. 어린아이들이 그런 데에 자주 노출되면 도덕적 능력이 떨어지게 됩니다. 결국 다른 사람의 권리를 무시하거나 침해하는 성격적 장애를 일으키는 사이코패스(psycho-path)로 성장하거나, 혹은 반(反)사회적 인격 장애자인 소시오패스(socio-path)가 될 수도 있습니다.

임신 중절

우리나라에서는 한 해 약 20~30만 명의 태아가 어머니의 자궁 속에서 죽는다고 합니다. 이를 계산하면 매일 수백 명의 태아들이 어머니의 자궁 속에서 세상의 빛을 보지 못하고 죽는 것입니다. OECD 34개 회원국 가운데 우리나라가 출생아 대비 낙태 건수가 가장 많으며 부동의 1위 자리를 지키고 있습니다. 정부가 출산율을 높이려고 애를 쓰지만, 사실 임신 중절만 없어져도 지금보다 훨씬 많은 아이들이 태어날 수 있습니다.

우리나라에서 낙태 시술은 불법입니다. 그러나 공공연히 시행되고 있고, 적발되더라도 산모와 의사가 처벌받는 건수가 극히 드물어서 낙태죄는 거의 사문화(死文化)되었습니다. 낙태는 개인의 결단이기도 하지만 아이를 낳아서 기를 수 없는 어려운 환경이나 원하지 않는 임신, 선천적인 질병의 의심 혹은 아직도 남아 있는 남아 선호사상이 상당한 원인이 되기도 합니다.

제 아내가 둘째 아이를 임신했을 때 병원에 가서 검사를 했는데 이상 징후가 보인다는 말을 들었습니다. 정밀 검사를 권유받았을 때 저는 태아의 질병을 정확하게 밝혀낼 확률이 얼마인지 물어보았습니다. 그러자 담당 의사가 약 80% 정도 선천적인 질병을 밝혀낼 수 있다고 대답을 했습니다. 저는 잠시 동안 가슴이 덜컥 내려앉았지만 나머지 20%의 가능성을 믿고 검사를 하지 않았습니다. 아이를 출산할 때가 거의 다 되었을 때, 아이의 머리가 크다면서 혹시 모르니까 부모가 함께 상담할 것을 권유받았고 저는 다시 병원엘 갔습니다. 그런데 의사 선생님이 저를 보더니 "아, 아빠의 머리가 크시군요" 하면서 웃었습니다. 다행히도

저의 아이는 무사히 건강하게 태어나 주었고 지금까지 잘 성장하고 있습니다만, 선천적인 질병을 가지고 태어나는 아이의 부모가 당하는 고통을 잠시 느껴 보았습니다.

낙태 가운데 미성년자와 미혼모의 낙태는 개인의 잘못이기도 하지만 동시에 사회적으로 함께 풀어 나가야 할 문제이기도 합니다. 흔히들 페미니스트 등 진보적인 사람들은 임신 중절을 여성의 선택권으로 생각하고(Pro-Choice), 가톨릭이나 기독교 등 보수적인 사람들은 태아의 생명을 소중히 여기는 편입니다(Pro-Life). 그러나 조금만 생각해 보면 이런 식으로 보수와 진보가 대립해서는 해결책이 나오지 않습니다.

만일 보수주의자가 진정으로 낙태를 반대한다면 그는 진보적인 사회정책을 취할 것입니다. 세상에 자기 아이를 지우고 싶어하는 여성은 별로 없을 것입니다. 낳아서 기를 수 있는 환경만 주어지면 낳는 것이 인간의 본능입니다. 아이를 낳아서 잘 기를 수 있도록 부부의 주거와 직업이 안정되고 사교육비 걱정이 없는 살기 좋은 대한민국 사회를 만드는 것이 낙태를 줄이는 가장 좋은 방법입니다. 성행위를 쉽게 생각하는 풍조가 없어져야 한다는 보수주의자의 주장과 미혼모에 대한 사회적 편견이 없어져야 한다는 진보주의자들의 주장이 서로 대립되는 것이 아닙니다.

자살과 안락사

성경은 자살을 명백히 금하고 있습니다. 자살에 관한 이야기는 구약에 세 번, 신약에 한 번 기록되어 있는데 하나님의 뜻을 어긴 사람들의 최후가 얼마나 비참했는지를 잘 보여 주고 있는 사례들입니다.

자살은 개인적인 결단으로 행해지는 죄악 된 행위입니다. 그러나 우울증과 같은 정신적 질병으로 인해 자살이 이루어지기도 하기 때문에 “자살한 사람은 지옥 간다”고 단정지어서 말할 수는 없습니다. 또한 자살은 개인적 차원을 넘어서서 사회적 원인을 가지기도 합니다. 성적(成績)을 비관해서 죽음을 택한 아이들이 있는데 우리는 그 아이들에게만 잘못과 비난을 돌릴 수 없습니다. 성적으로 인간을 평가하려는 이 세상에도 큰 문제가 있기 때문입니다. 흔히들 자실을 ‘사회적 타살’이라고 하는 데는 이유가 있습니다.

안락사는 중한 질병에 걸려서 살 가능성이 없을 때 극심한 고통을 면하기 위해 죽음을 택하는 것입니다. 미국의 경우 안락사를 도와주는 의사도 있습니다. 그러나 아무리 현실이 고통스럽다고 할지라도 하나님이 주신 생명은 그 자체로 고귀한 가치를 지니고 있으며 자신을 포함해서 누구도 마음대로 그 생명을 끊을 권리는 없습니다.

만약에 안락사를 쉽게 허용한다면 조그마한 고통과 외로움에도 의사의 도움을 받아 죄의식 없이 목숨을 끊는 일이 많아지게 될 것입니다. 외롭고 고통스럽다고 목숨을 끊어서는 안 됩니다. 그런 의미에서 고통스런 사람과 함께 하는 호스피스는 정말 귀한 사역이라고 여겨집니다.

그렇다고 무조건 생명을 연장시키는 것도 능사는 아닐 것입니다. 우리 그리스도인들은 죽음도 삶의 일부로 받아들이는 사람들입니다. 죽는 것이 인생에서 가장 나쁜 것은 아닙니다. 죽음은 자연스러운 것이고 자는 것과 같으며, 하나님이 이 세상의 모든 아픔과 슬픔에서 우리를 해방시키시는 과정이기도 합니다. 그러므로 기운이 다하고 천수를 누린 어르신들을 잘 보내어 드리는 것도 우리가 드려야 할 하나의 효도입니다.

분노와 욕설

예수님과 사도들은 직접적인 행동이 아니더라도 말과 생각으로 저지르는 살인죄도 있다고 가르치고 있습니다. 하나님은 살인이라는 드러난 행동만큼이나 드러나지 않은 마음의 동기를 중요하게 생각하십니다. 성경에는 자기 동생을 죽인 최초의 살인범인 가인의 이야기가 기록되어 있습니다. 하나님은 가인의 마음을 들여다보시고 이렇게 말씀하셨습니다.

> 여호와께서 가인에게 이르시되, 네가 분하여 함은 어찌 됨이며 안색이 변함은 어찌 됨이냐? (창 4:6)

모든 살인은 마음속에 자리 잡고 있는 분노에서부터 시작됩니다. 세상의 윤리는 모두 드러난 행동에 처벌을 가하지만 하나님은 마음의 동기부터 살피시는 분입니다. 성경은 또 형제를 미워하는 자도 살인자라고 말합니다.

> 그 형제를 미워하는 자마다 살인하는 자니, 살인하는 자마다 영생이 그 속에 거하지 아니하는 것을 너희가 아는 바라. (요일 3:15)

살인의 근본이 되는 분노는 또한 욕설을 만들어 냅니다. 욕설에 관한 예수님의 말씀입니다.

> 나는 너희에게 이르노니 형제에게 노하는 자마다 심판을 받게 되고, 형제를 대하여 라가라 하는 자는 공회에 잡혀가게 되고, 미련한 놈이라 하는 자는 지옥 불에 들어가게 되리라. (마 5:22)

예수님은 형제에게 노하는 자는 살인자와 마찬가지라고 말씀하셨습니다. 형제에게 '라가'라고 부르는 사람도 마찬가지인데, '라가'라는 말은 "텅 비었다"는 뜻입니다. 즉, 라가는 '머리가 빈 놈아', '이 멍청한 놈아'와 같은 욕설입니다. 형제를 가리켜 '미련한 놈'이라고 하는 자도 살인죄를 저지른 것과 마찬가지이며 지옥 불에 들어가게 된다고 말씀하셨습니다.

우리는 잘 이해가 되지 않습니다. 마음에서 생겨나는 분노의 감정과 입으로 사람을 욕하는 것이 어떻게 사람을 죽이는 것과 같다는 것일까요? 사람의 말은 참 이상한 힘을 가지고 있습니다. 어떤 말은 우리의 귓가에서 빙빙 돌면서 잊혀지지 않습니다. 그리고 시간이 지나면서 우리 가슴에 내려와 묵직하게 얹혀 있다가 뱃속 깊은 데로 내려가서 결국은 열매를 맺게 됩니다.

탈옥수 신창원

신창원이라는 이름을 기억하시는지요? 90년대 말 탈주범으로 유명한 사람입니다. 떡 벌어진 어깨에 몸매가 멋지고 얼굴도 잘생긴 사람이었습니다. 그는 시골에서 불우한 환경에서 자랐는데 먹을 것이 없어서 물건을 훔치다가 소년원을 들락거리게 되었습니다. 나이가 들면서 무작정 서울에 올라와 막노동으로 전전하다가 너무 힘들어서 절도죄를 저지르게 됩니다. 이렇게 시작한 절도가 점점 더 과감해져서 결국 남의 집에 강도질하러 들어갔다가 그만 사람을 죽였고, 무기징역을 선고받았습니다.

그는 부산교도소 화장실 쇠창살을 쇠톱으로 절단하고 탈출하였습니다. 탈주해서 잡히기까지 907일 동안 그는 전국을 오가면서 절도와 강도 행각을 계속했습니다. 100여 차례 범죄에 자그마치 9억 8천만 원을 훔쳤습니다. 경찰이 그를 잡으려고 애를 많이 썼지만, 13번이나 빠져나갔습니다. 그 일로 징계를 받거나 경찰복을 벗은 사람이 한두 사람이 아닙니다. 그는 총에 맞아서 부상을 당했을 때도 경찰의 추격을 따돌릴 정도로 신출귀몰(神出鬼沒)한 사람이었습니다.

젊은이들 사이에서는 그를 가리켜 의적(義賊)이라고 여기며 영웅시하려는 사람들도 있었습니다. 2년 반 만에 그가 검거될 때 입었던 티셔츠가 젊은이들 사이에서 불티나게 팔렸다고 합니다. 그는 검거된 후 22년 6개월의 형을 더 받았습니다. 원래 무기징역인데 22년 6개월 형을 추가로 받아서 지금까지 교도소에 있으며, 그의 나이는 이제 50대 중반이 되었습니다.

그의 변호사였던 사람이 『신창원 907일의 고백』이라는 책을 썼습니다.[18] 그의 가정환경, 성장 배경, 무기수가 되기까지의 과정, 교도소 안에서 겪은 일 등을 포함하여 탈주에서부터 검거까지 907일 동안의 행

18 엄상익, 『신창원 907일의 고백』 (서울: 제이피유비, 1999)

적을 자세하게 썼습니다. 신창원은 살의에 가까운 증오심을 항상 품고 있었는데 특별히 정치인들을 싫어했다고 합니다. 그들의 목록을 가지고 다니면서 언젠가는 그들을 죽여야 된다고 생각했답니다. 그가 한번은 이런 고백을 했습니다.

> 지금 나를 잡으려고 군대까지 동원하고 엄청난 돈을 쓰는데 나 같은 놈이 태어나지 않는 방법이 있다. 내가 초등학교 때 선생님이 "너 착한 놈이다" 하고 머리 한 번만 쓸어 주었으면 여기까지 오지 않았을 것이다. 5학년 때 선생님이 "쌍놈의 새끼야 돈 안 가져 왔는데 뭐 하러 학교 와. 빨리 꺼져" 하고 소리쳤는데 그때부터 마음속에 악마가 생겼다.

선생님의 따뜻한 한마디가 없어서 그의 영혼은 파괴되었습니다. 그를 둘러싼 많은 사람들의 저주 섞인 욕설이 그의 생명을 죽였습니다. 초등학교 5학년 때의 그 욕설로 그는 이미 씻을 수 없는 상처를 받았고, 마음 깊이 심겨진 분노가 사람을 죽이게 만들었습니다.

신창원의 이야기는 예수님의 말씀과 일치합니다. 마음에서 분노가 일어 입으로 욕설을 퍼붓는 것은 그 사람을 죽이는 행위입니다. 오늘 저와 여러분은 성경의 엄중한 이 말씀을 기억하며 마음과 입으로 죄짓지 않도록 하여야 할 것입니다.

미안하다고 말하기가 그렇게 어려웠나요?

한 가지 이야기를 더 해드릴까요? 2000년 5월 이 아무개라는 청년이 자신의 어머니와 아버지를 망치로 쳐서 살해하고 시체를 유기한 충격적인 사건이 있었습니다. 한국 사회를 경악하게 했던 사건입니다. 이 청년은 당시 25살이었고 명문대인 K대학교에 다니고 있었습니다. 어떻게 이럴 수가 있을까요? 그가 남긴 일기와 면담을 통하여 그를 키웠던 가정과 학교, 사회를 조명한 책이 출판되었습니다.[19]

이 군의 아버지는 군인 출신으로서 무뚝뚝하고 엄격하였으며, 어머니는 욕구가 강하였으나 성취하지 못하였기 때문에 히스테리가 심하였다고 합니다. 불행한 사실은 어머니가 기독교에 심취하여 신학교를 졸업하고 전도사 자격증까지 딴 사람입니다. 이 군은 어머니로부터 가혹한 체벌을 자주 받았고, 머리는 좋으나 키가 작아 열등감을 가지고 있었습니다. 군대에서 부모로부터는 벗어날 수 있었지만, 집단 따돌림을 당하고 후임병에게도 놀림을 받았습니다. 점차로 폭력적인 소설과 영화에 심취하였습니다.

성격이 온순하였던 그가 오랜 세월 참았는데 어머니와 대화 중 폭발하고 말았습니다. 어머니에게 형만 위해 주고 자기에게 관심을 보이지 않는다고 따지고 물었습니다. 어릴 적 체벌을 가한 것들을 하나하나 말하였습니다. 이때 어머니가 "미안하다" 한마디만 했으면 마음을 가라앉혔을 텐데, 어머니는 펄쩍 뛰면서 저녁에 남편에게 일러바쳤습니다. 다음 날 아버지에게 크게 야단을 맞았지요. 자기 방에 6일 동안 홀로 있으면서 분노의 감정이 증폭되고 머릿속으로 그려왔던 범행을 실행하

19 이훈구, 『미안하다고 말하기가 그렇게 어려웠나요』 (파주: 이야기, 2001)

게 된 것입니다.

어떻습니까? 미움과 분노와 욕설이 살인과 크게 다르지 않다고 하는 성경의 가르침을 이해할 수 있겠습니까? 살인을 저지르지 않았다고 해도 형제를 미워하고 질투하는 마음이 이미 감옥과 같습니다. 분노가 가득한 마음은 지옥과 같고, 욕설이 흘러나오는 입은 열린 무덤입니다. 그 입에서 나오는 말들이 사람에게 상처를 입히고 영혼을 죽입니다.

2. 제6계명이 허용하는 것

살인은 하나님이 금하시는 법이지만 경우에 따라서는 사람을 죽이는 것이 허용되는 때도 있습니다.

정당방위와 과실치사

정당방위나 과실치사는 살인죄에 해당되지 않습니다. 부당한 침해를 막기 위해서 어쩔 수 없이 취하는 행위이기 때문입니다. 또 과실로 인해서 사람을 사망이나 상해에 이르게 하는 경우도 성경은 살인죄에서 면해 주었습니다. 성경에 나오는 한두 가지 예를 보겠습니다.

> 도둑이 뚫고 들어오는 것을 보고 그를 쳐 죽이면 피 흘린 죄가 없으나.
> (출 22:2)

> 누구든지 본래 원한이 없이 부지중에 그의 이웃을 죽인 일, 가령 사람이 그 이웃과 함께 벌목하러 삼림에 들어가서 손에 도끼를 들고 벌목하려고 찍을 때에 도끼가 자루에서 빠져 그의 이웃을 맞춰 그를 죽게 함과 같은 것이라. 이런 사람은 그 성읍 중 하나로 도피하여 생명을 보존할 것이니라. (신 19:4하–5)

사형 제도

사형 제도도 제6계명이 허용하는 것 중 하나입니다. 성경은 국가가 정당한 재판 절차를 거쳐서 극악한 범죄자, 즉 살인자를 죽이는 것을 허용할 뿐 아니라 강하게 명령하고 있습니다.

> 다른 사람의 피를 흘리면 그 사람의 피도 흘릴 것이니, 이는 하나님이 자기 형상대로 사람을 지으셨음이니라. (창 9:6)

성경에서 사형제를 허용하는 것은 사형당하는 사람의 생명을 소홀히 여기기 때문이 아니라, 살해당한 사람의 생명을 소중히 여기기 때문입니다. 어떤 사람들은 범죄자에게도 인권이 있음을 주장하며 사형 제도를 폐지하자고 합니다. 그러나 피해자의 인권도 중요합니다. 물론 사형은 신중하게 결정해야 합니다. 무고한 사람을 사형시킬 가능성이 있고, 혹은 권력자의 덫에 걸려 사형을 당하는 경우도 있기 때문입니다.

정당한 전쟁(Just War)

전쟁은 국가의 이름으로 사람을 죽이는 행위입니다. 우리 그리스도인들은 "살인하지 말라"는 계명을 가지고 있습니다. 그렇다면 대량살상이 이루어지는 '전쟁'에 대해서 어떻게 생각해야 할까요? 그리스도인들 가운데 많은 사람들이 십계명이나 산상수훈에 나타난 원수 사랑의 말씀을 글자 그대로 적용하여 전쟁을 반대합니다. 그러나 실상 성경에서는 여러 가지 이유로 전쟁을 허용하고 있습니다. 전쟁은 인류가 저지르고 있는 가장 악한 살인 행위이지만 더 큰 악을 막기 위한 불가피한 경우의 전쟁도 있습니다. 그래서 성경은 전쟁을 무조건 반대하지 않고 소위 '정당한 전쟁'(Just War)을 허용합니다.

만약에 제2차 세계대전 때 연합군이 대항하지 않고, "우린 기독교 국가로서 평화하라는 예수님의 명령에 따라 전쟁을 하지 않겠다"라고 했다면 어떻게 되었을까요? 세계는 파시스트(Fascists)에게 정복되었을지도 모릅니다. 스탈린이 전 세계를 집어삼키려고 세력을 확장할 때 그것을 막지 않았으면 어떻게 되었을까요? 북한이 남침을 할 때 우리가 전쟁을 하지 않고 가만히 있었으면 어떻게 되었을까요? 그런 생각들을 해보면 비록 전쟁이 악한 것이지만 더 큰 악을 막기 위해 불가피하게 싸워야 하는 경우도 있습니다. 그래서 성경을 연구하는 신학자들이 성경은 전쟁을 무조건 반대하지는 않으며, 다음과 같은 전쟁을 허용한다는 결론을 내렸습니다. 소위 '정당한 전쟁 이론'(Just War Theory)입니다.

– 적법한 통치 권한을 가진 자들이 선포한 전쟁
– 다른 나라의 침략으로부터 국민을 방어하려는 목적을 가진 전쟁
– 마지막 수단으로서의 전쟁
– 민간인을 해치지 않는 전쟁

적법한 통치 권한을 가진 사람이 전쟁을 선포하지 않고 몇 명의 사람이 당을 지어 무력을 행사하면 그것은 정당한 전쟁이 아니라 테러리즘(terrorism)입니다. 전쟁은 국가의 행정부가 국회의 동의를 얻어 선포할 때 정당성을 부여받습니다. 또 전쟁의 목적이 다른 나라를 침략하는 것이 아니라 타국의 침략으로부터 방어하는 정당방위의 성격을 지닌 전쟁이어야 합니다. 그리고 전쟁은 마지막 수단이어야 합니다.

먼저 대화를 통해 협상과 타협을 하고, 그것이 잘 이루어지지 않으면 경제적인 제제를 가하고, 그래도 안 되면 마지막 수단으로서 전쟁을 선포해야 합니다. 또 불가피하게 전쟁이 일어났을 경우, 정당한 전쟁이 되려면 민간인을 해치지 않아야 하며 포로들을 정당하게 대우해야 합니다.

'정당한 전쟁 이론'에 대한 반론도 만만치 않습니다. 적법한 국가와 테러분자를 구분하는 것이 쉽지 않습니다. 안중근 의사는 일제의 입장에서는 테러리스트로 분류되었겠지만 실은 위대한 독립투사인 것처럼, 아랍의 지하드 테러리스트들은 자신들을 위대한 전사(戰士)로 생각할 것입니다. 오늘날은 정치 · 경제 · 종교가 복잡하게 얽혀 있고, 침략과 방어의 한계가 불분명한 시대입니다. 특별히 핵무기의 발달로 인해 인류의 위기를 느끼고 있는 상황에서는 세계 평화를 위하여 예수님

의 원수 사랑 이념을 적용해야 한다는 평화주의(Pacifism)가 설득력을 얻고 있습니다.[20] 전쟁의 후유증은 너무나도 큽니다. 우리나라도 한국전쟁이 지난 지 70년이 다 되어 가지만 아직도 상처가 깊고 원한이 풀리지 않았습니다.

우리가 사는 세상은 간단하지가 않습니다. 하나님은 분명하게 "살인하지 말라"고 하셨지만 불가피한 필요악이 많은 곳이 우리가 사는 세상입니다. 그러므로 우리는 무엇이 살인이고 무엇이 살인이 아닌지를 판단하기에 앞서, 살인하지 말라고 하신 하나님의 마음이 어떤지를 살펴봄으로써 불가피하다고 생각하는 필요악을 줄여나갈 수 있어야 합니다.

3. 제6계명을 주신 하나님의 마음

사람의 생명을 귀중히 여기라

인간은 하나님의 형상을 따라 만들어졌고(창 1:26; 약 3:9), 하나님께서 귀중하게 여기시는 존재입니다. 그러므로 우리도 사람들을 귀중히 여겨야 합니다.

> 참새 다섯 마리가 두 앗사리온에 팔리는 것이 아니냐? 그러나 하나님 앞에는 그 하나도 잊어버리시는 바 되지 아니하는도다. 너희에게는 심지어 머리털까지도 다 세신 바 되었나니 두려워하지 말라. 너희는 많은

20 평화주의의 고전은 존 하워드 요더, 신원하 외 역, 『예수의 정치학』(서울: IVP, 2007)을 참고하시오. 평화주의에 대한 반론으로는 앞에서 언급한 적이 있는 니이버가 있습니다. 라인홀드 니이버, 이병섭 역, 『도덕적 인간과 비도덕적 사회』(서울: 현대사상사, 1972).

참새보다 더 귀하니라. (눅 12:6-7)

지금은 바깥에서 참새를 찾아보기 힘들지만 제가 어릴 때는 수십 마리씩 날아다니는 참새를 흔하게 볼 수 있었습니다. 사람들은 작은 참새에게 돌을 던지거나 산탄총을 쏴서 잡았는데, 그걸 구워 먹기도 하고 팔기도 했습니다. 옛날 이스라엘 사람들도 참새를 사고팔았는데 두 마리를 동전 한 닢에 팔았습니다. 동전 두 닢을 주면 참새 다섯 마리를 살 수 있었습니다. 한 마리는 덤으로 얹어 준 것이겠지요. 참새는 그렇게 하찮은 것입니다. 그런데 성경 말씀에 따르면 그 참새 한 마리가 떨어지는 것도 하나님이 마음을 쓰고 계시다고 합니다. 우리 사람들은 참새들보다 비교가 안될 만큼 귀중한 존재라고 말씀하고 있습니다.

사람은 그가 가진 능력이나 업적이나 가능성 때문이 아니라 생명 그 자체로 소중한 존재입니다. 하나님이 그렇게 만드셨습니다. 어린아이, 노인, 장애인, 다른 인종, 불신자들도 모두 하나님 앞에서는 소중한 존재입니다. 우리가 사는 세상은 사람보다 돈을 앞세우는 경우가 많습니다. 사람을 돈 벌어 주는 기계 부품처럼 볼트와 너트(bolt and nut)로 생각하는 것입니다. 직원들을 장기판의 졸(卒)로 여깁니다. 교육 현장에서는 선생님들이 예쁘고, 공부 잘하고, 성실하고, 가능성 있는 아이들에게 눈길을 더 줍니다. 그러나 그런 마음과 행동은 성경의 뜻에 맞지 않습니다. 성경은 단지 사람이라는 이유 때문에, 하나님의 형상이라는 이유 때문에, 하나님이 귀중히 여긴다는 이유 때문에 사람을 소중히 여기라고 가르치고 있습니다.

서로 사랑하라

살인하지 말라는 명령을 주신 하나님의 마음은 사람들이 분노와 증오, 원한을 버리고 서로 사랑하는 것입니다. 생명의 정수(精髓)는 사랑이고, 사랑은 생명을 가진 자라는 증거입니다. 하나님은 살인하지 말라는 명령을 하실 때 서로 사랑하며 살라는 의도를 품고 계셨습니다. 성경 말씀이 그것을 보여 줍니다.

> 그 형제를 미워하는 자마다 살인하는 자니 살인하는 자마다 영생이 그 속에 거하지 아니하는 것을 너희가 아는 바라. 그가 우리를 위하여 목숨을 버리셨으니 우리가 이로써 사랑을 알고 우리도 형제들을 위하여 목숨을 버리는 것이 마땅하니라. (요일 3:15-16)

15절 말씀은 형제를 미워하는 자마다 살인했다고 말하고, 이어 16절에서는 우리가 예수님을 본받아서 사랑해야 된다고 말합니다. 살인하지 말라는 말과 사랑해야 된다는 말이 서로 앞뒤에 붙어 있습니다. 이것이 하나님의 마음입니다. "살인하지 말라"는 계명 속에는 분노와 증오와 원한을 버리고, 서로 사랑하며 살라는 하나님의 기대가 있습니다. 원수 갚는 것은 하나님께 맡길 일입니다. 사람은 그저 하나님의 뜻을 따라 사람을 사랑하며 살아가야 할 책임만이 있을 뿐입니다. 15절 후반부의 "살인하는 자마다(즉, 미워하는 자마다) 영생이 그 속에 있지 아니한다"는 말은 미워하면 지옥에 간다는 말이 아니라, 미워하는 그 순간 그리스도의 생명이 사라져서 그 힘을 발휘하지 못한다는 뜻입니다.

화해와 평화의 사람이 되어라

하나님은 다툼과 분열과 전쟁이 가득한 세상에서 우리가 화해와 평화의 사람이 되기를 원하십니다. 가능하면 모든 사람과 다툼 없이 지내고 선을 도모하며, 사람들 사이를 화목하게 하는 사람이 되는 것이 하나님의 마음입니다. 예수님도 사람과 화해하는 것은 물론이고 평화로운 세상을 만들기 위해 노력하라고 가르치고 계십니다.

> 너를 고발하는 자와 함께 길에 있을 때에 급히 사화(=화해)하라. 그 고발하는 자가 너를 재판관에게 내어 주고 재판관이 옥리에게 내어 주어 옥에 가둘까 염려하라. (마 5:25)

일본의 '평화헌법'

각 나라 헌법의 본문 앞에는 헌법의 전문(前文)이라는 것이 있습니다. 헌법 전문에는 헌법이 생기게 된 역사적 배경과 헌법의 근본정신이 무엇인지를 기록하고 있습니다. 다음은 일본 헌법 전문의 일부입니다.

> 일본 국민은 항구적 평화를 염원하며, 인간 상호관계를 지배하는 숭고한 이상을 깊이 자각하고, 평화를 사랑하는 만국민의 공정과 신의를 신뢰하여 우리들의 안전과 생존을 유지하고자 결의하였다. 우리들은 평화를 유지하고 전제와 예종, 압박과 편협을 지상으로부터 영원히 제거하고자 노력함으로써 국제 사회에서 명예로운 지위를 점하고자 한다.

이 가운데 가장 눈에 띄는 단어는 '평화'라는 단어입니다. 이 짧은 글 안에는 '평화'라는 단어가 세 번 들어 있습니다. 그리고 일본 헌법 제9조는 이렇게 되어 있습니다.

> 전쟁과 무력에 의한 위협 또는 무력의 행사는 국제 분쟁을 해결하는 수단으로서는 영구히 이를 포기한다. 이러한 목적을 성취하기 위해 육해공군 및 기타의 전력을 보유하지 않고, 국가의 교전권 역시 인정치 않는다.

일본 헌법을 일명 '평화헌법'이라고 부릅니다. 헌법 전문에서 평화라는 단어가 핵심 가치이며, 헌법 제9조에서는 "전쟁을 하지 않는다, 군대도 두지 않는다, 무력행사는 국제 분쟁을 해결하는 방법이 아니다"라고 한 것을 보면 그런 별칭이 어울립니다.

일본 헌법은 일본이 패전한지 2년이 지난 1947년에 공포되었습니다. 물론 승전국이었던 미국의 강요에 의한 것이었지만, 그 배후에는 위대한 일본인 사상가들이 있었습니다. 그들 대다수가 그리스도인이거나 기독교의 영향을 받은 사람들입니다. 니토베 이나조(新渡戸稲造)라는 사람은 국제 연맹 사무차장으로 활동하였고 30년대에 반전(反戰) 운동을 했던 사람입니다. 야나이하라 다다오(矢内原忠雄)라는 사람은 동경대 경제학 교수인데 1937년 중일전쟁을 비판한 사람입니다.

가장 위대한 사람은 가가와 도요히코(賀川豊彦, 1888-1960)입니다. 가가와는 20세기 초 일본이 낳은 가장 위대한 사상가이며 사회운동가입니다. 그는 일본의 개혁파교회 목사로서 예수님의 정신과 하나님의 마음을 실천하려는 평화주의자였습니다. 그는 제2차 세계대전 중에 반전(反戰) 운동 혐의로 헌병대에 감금되는 등 탄압을 받았고, 일본인으로서는 처음으로 일본의 한국 침략에 대해 사죄한 사람입니다.

가가와는 패전 전부터 가난한 사람을 위해서 많은 노력을 했습니다. 그는 그의 나이 30대 초반인 1921년에 노동조합 일을 하다가 감옥에 갇혔습니다. 그가 석방되어 감옥에서 나오자 수많은 노동자들이 손에 돌과 몽둥이를 들고 운집하여 공장을 향해 행진하였습니다. 경찰과 용역들이 공단을 지키기 위해 총칼로 무장을 하고 있었기 때문에 자칫 유혈 폭동이 일어나 사람들이 죽고 피가 난무하는 사태가 벌어지기 일보 직전이었습니다. 노동자들이 다리 하나를 건너 막 공장에 다다르려던 찰나였습니다. 그 다리 위에 가가와가 우뚝 서서 눈물을 흘리며 "하나님 평화를 주세요"라고 기도하였습니다. 그때 사람들은 기적적으로 돌과 몽둥이를 내려놓고 흩어졌습니다. 그를 일본의 간디라고 부를 수 있겠습니다.

1937년 일본은 중국과 전쟁을 시작하였고, 1941년엔 미국과의 전쟁을 시작하려고 했습니다. 가가와 도요히코는 미국과 일본을 오가며 전쟁이 일어나지 않도록 많은 노력을 기울였습니다. 그러나 그의 그런 노력에도 불구하고 1941년에 일본은 미국 하와이의 진주만을 기습 공격하여 태평양 전쟁을 일으켰습니다. 그는 전쟁 중에도 멈추지 않고 평화를 외쳤습니다. 사람들에게 가가와는 이적 행위를 하는 배신자요, 매국노로 비춰졌습니다. 일본 정부에서는 그의 입을 막았고 그를 모든 공직에서 몰아냈으며, 어떤 활동도 하지 못하도록 금지시켰고 모든 책을 판매 금지했습니다. 심지어는 그를 죽이려는 군인들을 피해 숲속에서

5개월 동안 숨어 산 적도 있었습니다.

그러나 전쟁에서 패한 후 일본은 변화되었습니다. 사람들은 더 이상 천황이 신이 아니라는 사실을 알았습니다. 천황은 가가와에게 도움을 청했습니다. 그는 천황에게 민주주의 도입을 건의하였고 섬김만이 평화를 가져온다고 조언을 했습니다. 그는 평화와 비폭력에 근거한 나라를 건설하기 위해서 평화헌법의 기초를 만드는 데 큰 역할을 감당했습니다.

이 사람들이 일본의 그리스도인들입니다. 지금 아베 정부는 평화헌법을 개정해서 전쟁할 수 있는 나라로 만들려고 합니다. 그런데 방송을 보면 그 헌법 개정에 반대하여 시위를 하는 사람들이 등장하지요? 그들이 바로 일본의 기독교인들입니다. 일본의 기독교인들은 야스쿠니신사(靖國神社)에 참배하는 것을 반대하고, 일본의 우경화를 적극적으로 저지하려 합니다. 일본의 기독교인들은 전 인구의 0.1%에 불과하지만, 평화를 원하는 하나님의 마음을 이해하고 있습니다.

지금 한반도 주변의 정세는 한미일과 북중러 대립의 신(新)냉전 구도로 회귀하고 있습니다. 북한은 핵과 미사일 개발을 멈출 의도가 전혀 없습니다. 만약 미국이 북핵을 인정하고 조약을 맺는다면 전 세계가 핵개발 러시를 이루어 국제 질서가 완전히 무너질 것입니다. 반대로 미국이 북한에 폭격을 가하면 우리는 그동안 이루어 놓은 모든 것을 잃게 됩니다. 중국은 궁극적으로 미국을 능가하는 군사적 · 경제적 최강대국이 되기 위한 목표를 가지고 있습니다. 일본은 자기 운명을 자기가 결정하여 전쟁하는 국가가 되기 위해 노력합니다. 우리 대한민국이 그

틈바구니에 끼여 있습니다.

우리는 지금 어떻게 해야 할지 갈피를 잡지 못하고 있습니다. 중국에 붙어야 하나, 영원한 동맹인 미국과 함께 가야 하나, 균형자 역할을 해야 하나 고민하고 있습니다. 과거 120년 전 친일파, 친청파, 친러파로 대립하던 대한제국 시대로 다시 돌아간 것 같습니다. 단 하나 우리가 아는 것은, 하나님께서 우리를 사랑하시고 우리가 평화롭기를 원하신다는 사실입니다. 그거 한 가지 밖에는 우리가 아는 것도 없고, 의지할 데도 없습니다.

"주여, 우리에게 평화를 주소서!"(Dona nobis pacem!)

슬퍼하시는 하나님

저는 "살인하지 말라"는 명령에서 하나님의 두 얼굴을 봅니다. 하나는 정의롭고 엄격한 통치자 · 재판장으로서 준엄하게 명령하시는 얼굴입니다. 다른 하나는 따뜻하고 자애로운 아버지, 슬픔에 잠겨 있는 어머니의 얼굴입니다. 하나님은 세상을 창조하시고 사랑과 평화로 가득 채우셨습니다. 인간이 타락했을 때는 그 아들을 죽음의 자리로 보내면서까지 한없는 사랑의 마음을 보여 주셨습니다. 그런데 어떻게 인간들이 살인과 낙태와 자살이 가득한 세상을 만들었는지 하나님의 얼굴이 온통 슬픔에 잠겨 버렸습니다. 어쩌다가 이렇게 군비경쟁과 위협과 선전포고가 난무하는 세상이 되어 버렸을까요!

하나님의 슬픈 얼굴은 그리스도인들의 나눠진 교파 싸움을 바라보고 있습니다. 어찌하여 너희들은 보수와 진보로 갈라져서 서로를 악마처럼 생각하고 있는가? 기독교인들이 모여 있는 예배당 안에서 왜 미움을 끊어내지 못하는가? 예수님을 주라고 시인하는 사람들의 마음속에 예수님의 생명이 왜 거할 수 없는가? 우리 주님은 지금도 안타까워하시면서 슬퍼하고 계십니다.

우리는 우리의 아버지와 어머니이신 하나님의 슬픈 눈물을 기억해야 합니다. 그리고 기독교가 서로 나눠지고 헐뜯고 비난하는 잘못을 뛰어 넘어 하나가 되는 일을 위해 내가 어떤 일을 감당할 수 있는지 고민해야 합니다.

너무 거창한 것을 하려고 하지 않아도 됩니다. 가장 먼저 내 주변에 있는 가장 가까운 사람들에게 다시는 폭력적인 말을 쏟지 않는 것부터 시작해야 합니다. 분노 섞인 욕설로 그들의 영혼을 죽이는 어리석음부터 벗어나야 합니다.

【 기도 】 prayer

사랑의 하나님, 고맙습니다. 우리 주님께서 세상에 사랑과 평화가 가득하도록 창조하시고, 우리에게 생명을 주셔서 활력을 가지고 건강하고 행복하게 살라고 복을 주셨는데, 우리가 축복의 그릇을 뒤집어엎고 전쟁과 테러와 다툼과 분열이 그치지 않는 세상으로 만들었습니다. 세상은 너무나 타락하여서 하나님이 주신 귀한 생명을 여러 가지 이유를 핑계 삼아 낙태하고, 고통스런 현실을 외면하기 위해 스스로 목숨을 끊는 사람들이 많이 있습니다.

우리는 지금 그런 세상에 살고 있습니다. 주님, 우리 모두가 하나님의 두 얼굴을 볼 수 있도록 우리를 은혜 가운데로 이끌어 주옵소서. 그리하여 주님의 엄위하신 심판의 메시지를 두려워하게 하시고, 우리를 향해 넘치는 사랑 때문에 슬퍼하시는 주님의 그 아픔을 보게 하옵소서. 그리하여 우리가 사람들 안에, 이 사회 안에, 이 나라 안에 평화를 만드는 사람들로 살아가도록 도와주시옵소서. 예수님의 이름으로 기도하옵나이다. 아멘.

간음하지 말라

(출 20:14)

또 간음하지 말라 하였다는 것을 너희가 들었으나, 나는 너희에게 이르노니
음욕을 품고 여자를 보는 자마다 마음에 이미 간음하였느니라
만일 네 오른 눈이 너로 실족하게 하거든 빼어 내버리라
네 백체 중 하나가 없어지고 온몸이 지옥에 던져지지 않는 것이 유익하며
또한 만일 네 오른손이 너로 실족하게 하거든 찍어 내버리라
네 백체 중 하나가 없어지고 온몸이 지옥에 던져지지 않는 것이 유익하니라
또 일렀으되 누구든지 아내를 버리려거든 이혼 증서를 줄 것이라 하였으나
나는 너희에게 이르노니 누구든지 음행한 이유 없이 아내를 버리면
이는 그로 간음하게 함이요 또 누구든지 버림받은 여자에게
장가드는 자도 간음함이니라

(마 5:27-32)

7
간음하지 말라

성매매특별법 vs 공창제(公娼制)

2004년 9월부터 우리나라에 성매매특별법이라는 것이 시행되었습니다. 성매매 여성들, 구입하는 남자들, 알선하는 사람들 모두 벌금을 물리고 감옥에 집어넣는 법입니다. 2000년과 2002년 군산의 성매매집결지에서 화재가 나서 십 수 명의 성매매 여성들이 불에 타 죽은 사건이 있었고, 사회적으로 성매매의 심각성에 대한 경각심이 일었습니다. 서울 장안동에서 성매매 단속을 시작하여 전국적으로 퍼져 나가고 있습니다. 성매매 여성을 잡아들이고, 업소 주인들을 잡아가고, 손님들에게 망신을 줍니다.

과연 실효가 있을까 많은 사람이 의문을 제기합니다. 소위 '풍선효과'라는 것이 있습니다. 풍선 한쪽을 누르면 다른 쪽으로 튀어나가는 것처럼, 장안동에서 단속을 하면 안양으로 가고, 안양을 단속하면 강남으로 가는 것이지요. 집창촌을 단속하면 주택가로, 오피스텔로 스며들고, 신종 · 변종 성매매가 창궐한다고 합니다.

또한 성(性)이라는 것이 남자의 자연스런 욕망이고 본능인데, 어떻게 이것을 억제할 수 있느냐 하는 반론도 있습니다. 음성적으로 영업을 하다 보면 비싸지기만 할 뿐이라고 합니다. 또 성매매 종사자들이 착취를 당할 수도 있으니 이들의 인권도 생각해 주어야 한다고 말하기도 합니다. 그래서 과거 일제 강점기 때처럼 공창제를 부활시켜야 한다는 목소리가 큽니다. 성매매를 근절하는 것이 불가능하니 양성화시키자는 것이지요. 국가가 관리 감독을 하고, 세금도 내게 하고, 여성들이 건강검진을 받고 정당한 대가를 주자는 것입니다.

아마 김강자라는 이름을 기억하는 사람들이 있을지 모르겠습니다. 2000년도에 종암경찰서장으로 부임하면서 종암동의 속칭 '미아리텍사스'를 대대적으로 단속하여 화제를 불러일으켰습니다. 이후 성매매가 주요 사회적 이슈로 떠올랐고, 특별법이 제정되기에 이르렀습니다. 그러나 김강자 서장 자신은 제한적인 공창제를 주장하였습니다. 경찰서장으로서 성매매 여성을 단속하던 중 많은 사람을 만나 대화를 하였는데, 살기 어려워서 이 길로 들어선 사람들이 많았다는 것입니다. 그래서 그는 무조건 단속을 하고 폐업을 하라고 하는 대신 다른 방법을 생각하였습니다. 인권유린을 하지 않고 포주와 성매매 여성이 화대를 절반씩 나누어 갖도록 하고, 밖에서 잠그는 자물쇠를 없애고 휴일을 의무화하였다고 합니다. 이런 단속 방법이 하나의 지침처럼 되어서, 현재는 성매매특별법이 있기는 하지만 '근절'이 불가능하니 '관리'에 중점을 두고 있습니다.

그러나 성매매를 합법화하는 것이 해법인가에 대한 반론도 많습니다. 이미 성매매를 합법화한 나라들의 예를 살펴보면 좋겠지요. 2008

년 한 여성단체에서 외국의 전문가들을 초빙하여 세미나를 열었습니다. 실라 제프리라고 하는 호주의 멜버른 대학 교수는, 이미 성매매를 합법화한 호주의 예를 들려주었습니다. 1984년 성매매가 합법화된 이후 성매매 영업이 급증하였고, 여성인권도 더 열악해졌다고 합니다. 우선 성 '산업'의 규모가 확장되었습니다. 이전에는 개인이 은밀하게 몇 명 데리고 운영했었는데, 지금 호주 멜버른에는 150명을 고용한 대규모 회사도 있다고 합니다. 정상적으로 세금을 내면서 영업을 하니 정부에서도 좋아합니다. 호텔, 항공사, 택시 운전기사, 주차원, 술집 등이 성매매 업소와 연결되어 있습니다. 성접대가 뇌물의 수단이 되기도 하고, 연말 보너스로 티켓을 주고 기업회원권도 판매합니다. 뉴질랜드도 성매매가 합법화된 나라인데, 학교 선생님이 방과 후 성매매 부업을 해도 막을 수 없습니다.

그러면 불법적인 영업이 없어졌을까요? 그렇지 않다고 합니다. 합법적인 업소 주변에 몇 배가 되는 불법 업소가 자리 잡습니다. 호주 빅토리아 주에 93개의 합법적인 업소가 있는데 그 주변에 400개의 불법 업소가 있다고 합니다. 길거리 성매매가 계속 늘고, 부패한 경찰과의 연계가 끊어지지 않으며, 범죄조직과 마약업자들이 불법 업소의 이권을 가지고 있는 것으로 조사되었습니다. 성매매 여성이 더 안전해지지도 않았습니다. 기본적으로 성매매는 여성의 몸을 이용해서 돈을 버는 것이기 때문에 폭력과 임신과 같은 문제로부터 절대 자유로울 수 없습니다.

성매매를 합법화하니 남성들의 죄의식이 없어지고 그 숫자가 증가합니다. 그리고 그런 식으로 여성들을 이용하는 남자들은 여자들을 성적 만족의 대상으로 보게 됩니다. 직장의 여성 동료나 자신의 배우자들을 이런 식으로 취급한다는 것입니다.

이것이 성매매를 억제하지 않았을 때 생기는 일들입니다. 우리 사회의 오피니언 리더 지식인들 가운데 많은 사람들이 주장합니다. '성'(性)이라는 것은 지극히 개인적인 일인데, '성인'(成人)이 합의 하에 관계를 갖는 것을 어떻게 법으로 금지할 수 있느냐고 말합니다. 굉장히 일리가 있는 것 같은데요, 그게 바로 나라가 망하는 길입니다! 성 문제를 법으로 억제하지 않고 개인의 자유에 맡겨 개방하게 되면 반드시 방종을 낳습니다. 인간이 그렇게 의지가 강한 존재가 아닙니다. 죄악에 노출되면 죄를 짓게 되어 있는 존재입니다. 죄는 억누르고 단속하여 사회적으로 용인이 안 되도록 해야 됩니다.

물론 단속만 한다고 능사가 아닙니다. 단속할 것만이 아니라 재활의 길을 열어 주어야 합니다. 우리나라에 성매매로 돈을 버는 여성이 얼마나 될 것 같습니까? 통계를 내는 사람들마다 차이가 많이 납니다만, 2007년 여성가족부의 통계에 따르면, 성매매 관련 산업에서 활동하는 성매매 여성 수는 약 27만 명으로 추정된다고 합니다. 이는 2,30대 여성 인구의 3.5%를 차지하며, 같은 연령대 취업여성 인구의 약 6.3%에 해당하는 규모라고 합니다.

앞서 말한 김강자 서장의 말에 따르면 이 여성들 가운데 줄잡아 약 30% 정도는 생계형이라고 합니다. 이 일을 하지 않으면 생계를 유지할 수가 없다는 말입니다. 그러나 나머지 70%는 유족한 가정에서 성장했으면서도 명품 가방 사고 얼굴과 가슴을 고치기 위하여, TV에 나오는 연예인 같은 삶을 위하여, 이 길로 들어선 것입니다. 사회 전체의 분위기가 물질주의, 쾌락주의로 가는데 이 여성들이 그 대열에 들어서서 혜택을 받기도 하고, 그런 분위기를 조장하기도 합니다. 수요가 있으니 공급이 생기는 것이고, 공급이 많아지면서 수요를 창출하는 구조입니다.

그렇다면 이제 수요의 측면을 생각해 봅시다. 서울대학교 사회발전연구소에서 '2010 성매수 실태조사 보고서'라는 것을 발표하였습니다. 이 보고서에 따르면 한국 남자 37.9%가, 즉 10명 중 4명이 그 해에 성 구매를 하였다고 합니다. 개인별 지출을 모두 합하면 약 1조 3천억 원이 넘습니다. (실제로 산업별 조사에 따르면 성 산업의 매출액은 6조 6천억 원이 넘습니다. 아마 조사에 응답한 사람들이 수치를 줄여서 말한 것이 아닌가 합니다.) 군대 가기 전에 친구들과 어울려서 경험을 하기도 하고, 친구관계를 위하여 동료와 후배들과 함께 성을 사기도 하고, 접대를 위하여 이용하기도 합니다. 대다수의 성 구매가 다른 남성과 모임을 갖는 과정에서 이루어지는 것입니다. 학력이 높고 경제력이 높을수록 더 많이 구매합니다. 물론 이해할 만한 경우도 있습니다. 나이가 많이 들었는데도 결혼을 하지 못하여서 성적인 본능을 해결하지 못하는 경우도 만나보았습니다. 다른 나라와 비교하면 더욱 놀랍습니다. 우리보다 성적으로 개방되었다고 하는 미국은 일 년에 성 구매한 사람이 4% 정도 밖에 되지 않습니다. 우리의 1/10 수준입니다.

십계명의 일곱 번째 계명인 "간음하지 말라'는 말씀을 상고하려 합니다. 일곱 번째 계명을 마주하는 사람들의 마음엔 두 가지 정도의 생각이 들 수 있습니다. '이 계명은 나와 별 상관이 없다' 하는 생각을 가지거나 혹 간음의 경험이나 그런 사건과 연루되어 있는 사람들은 '성경에서 이런 이야기까지 하다니 참 껄끄럽구나' 하는 생각을 가질 것입니다.

그러나 하나님의 말씀은 우리에게 필요 없는 것이 없습니다. 나에게는 해당되지 않을 것 같은 이 말씀도 실은 우리 모두와 밀접한 관계에 놓여 있습니다. 혹 이 계명이 부담스럽고 껄끄러운 사람이 있다면 이 말씀을 통해 하나님의 뜻을 알고 자기를 돌아볼 수 있으면 좋겠습니다.

1. 제7계명이 금하는 것

음행의 죄

좁은 의미에서의 '간음'은 결혼한 사람이 자기의 남편이나 아내 외에 다른 사람과 성적인 관계를 갖는 것을 말합니다. 그러나 성경에서는 모든 종류의 성적인 범죄를 '음행'(淫行)이라 규정짓고 넓은 의미의 간음에 포함시킵니다.

– 성매매(출 23:17)
– 강간, 성폭력, 성희롱
– 근친상간(레 18:6)
– 도착증(출 22:19)
– 소아 성애증
– 결혼 전 동거와 임신(출 22:16)
– 동성애(신 23:18; 창 19:5; 삿 19:22; 롬 1:26–27)

돈으로 성(性)을 사고파는 행위는 사는 자나 파는 자 모두에게 죄악입니다. 자신이 가진 힘을 이용해서 성적 욕망을 채우는 행위도 죄입니다. 성경에도 근친상간은 있습니다. 아브라함, 이삭, 야곱과 같은 사람들을 포함해서 구약성경의 많은 사람들이 자기의 친자매나 혹은 사촌들과 결혼을 했습니다. 그러나 이런 관계는 인구가 적었던 잠시 동안만 하나님께서 허용하신 것이며, 모세의 율법 이후에는 근친 간의 연애나 결혼을 금지하고 있습니다.

도착증은 성적인 대상이나 그 행위가 비정상적인 것을 좋아하는 사람에게서 나타납니다. 도착증은 사디즘(sadism)이나 마조히즘(masochism), 노출증, 소아 성애(小兒性愛), 수간(獸姦) 등이 이에 속합니다. 이 가운데 특히 수간은 큰 죄악으로서 성경은 짐승과 행음하는 자를 반드시 죽이라고 명령하고 있습니다(출 22:19). 어린아이를 성적 욕구의 대상으로 삼는 소아 성애증도 심각한 도착증에 속합니다.

성경의 대전제는 남녀의 성관계는 반드시 결혼 관계라는 울타리 안에서만 행해져야 한다는 것입니다. 그러므로 결혼 전 동거와 임신도 죄입니다. 그러나 우리 인간은 약하기 때문에, 만에 하나 결혼하지 않은 처녀 총각이 동침할 수도 있습니다. 그럴 때 성경은 그 둘을 반드시 결혼시켜야 한다고 명령합니다(출 22:16; 신 22:28–29).

동성애

남자가 남자에게, 혹은 여자끼리 동성애를 하는 것은 하나님의 창조 질서를 어기는 행위로서 성경은 처음부터 끝까지 이것을 철저히 금지하고 있습니다. 남창(男娼)은 남색(男色) 파는 일을 직업으로 하는 남자를 가리킵니다. 성경은 이런 사람들을 '개'에 비유하였습니다(신 23:18). 소돔과 고모라에 남색이 만연하였고, 사사기에 나오는 기브

아도 그런 도시였는데, 모두 하나님의 심판을 받았습니다(창 19:5; 삿 19:22). 로마서는 동성애가 '부끄러운 욕심'에서부터 시작된 것이라고 지적하고 있습니다.

인간이 가진 욕구 가운데 밥을 먹고자 하는 식욕이나 수면의 욕구처럼 성적인 욕구는 부끄러운 욕심이 아닙니다. 그러나 동성애는 왜곡된 욕심에서 비롯된 것입니다. 성경에서는 자연의 순리를 거스르는 '역리'(逆理)라고 말하고 있습니다(롬 1:26–27).

어떤 사람들은 동성애는 '성적인 취향'의 문제로 인식해야 한다고 말합니다. 그렇게 접근하게 되면 동성애를 옳고 그름의 문제로 말할 수 없게 됩니다. 어떤 사람이 커피를 좋아한다거나 콜라를 좋아하는 취향을 가지고 있다고 해서 그 사람을 좋다, 나쁘다 이야기 할 수는 없습니다. 이와 비슷하게 어떤 사람은 태어날 때부터 이성을 좋아하고, 어떤 사람은 동성을 좋아하며, 어떤 사람은 양쪽 다 좋아할 수 있으므로 어떤 특정 성향을 꼬집어 나쁜 것이라고 말할 수 없게 됩니다. 그렇게 주장하는 사람들은 동성애자들의 인권은 존중되어야 하며, 그들에게 불이익을 주어서는 안 되고, 동성 간의 결혼도 허용해야 된다고 목소리를 높입니다. 실제 몇 나라는 지역에 따라 동성끼리 결혼하는 것을 허용하거나 그런 방향으로 가려 하고 있습니다. 우리나라도 예외는 아닙니다.

그렇다면 정말 동성애는 성향의 문제로 이해해야 하는 걸까요? 앞서 성경에서 보았듯이 동성애를 접근할 때 성향의 문제로 접근해서는 안 됩니다. 백 번 양보하여 실제로 동성애의 성향을 띠고 태어난 사람이 있다고 하더라도 그것이 성향이라는 이유만으로 존중받을 수 있는 것은 아닙니다. 개인에게 콜라를 좋아하느냐, 커피를 좋아하느냐 하는 성향은 문제가 되지 않습니다. 그러나 담배를 좋아하는 성향은 다른 문제입니다. 다른 사람에게 피해를 주기 때문입니다. 성적 취향도 마찬가지입니다. 어린아이들에게 성욕을 느낀다거나, 사디즘(sadism) 혹은 마조히즘(masochism), 노출증 등은 허용될 수 있는 종류의 성향이 아닙니다.

사람은 태어날 때부터 죄악 된 속성이 있어서 누군가를 속이거나 파괴하거나 미워하는 마음이 그 속에 존재합니다. 그렇다고 해서 그것을 모두 인정해 주고 존중해 주는 것은 아닙니다. 담배의 문제나 잘못된 성적 취향의 문제, 이상 인격(異常人格)의 문제는 치료를 하거나 법적 · 사회적으로 억압해야 하는 문제들입니다. 마찬가지로 동성애도 성향의 문제로 취급할 것이 아니라 치료를 하거나 억압하고 다스려야 하는 문제입니다.

그렇다면 그런 성향을 가진 사람들에 대한 우리의 태도는 어떠해야 할까요? 교회는 예수님의 사랑을 가지고 동성애의 '성향'을 가진 사람들을 불쌍히 여기며 감싸 안아야 합니다. 그러나 더욱 적극적인 도움은 그들이 치료받고 변화되거나 스스로 억제할 수 있는 힘을 가질 수 있도록 돕고 기도하는 것입니다.

중혼과 이혼

중혼(重婚)은 아내나 남편이 있는 사람이 다른 사람과 다시 혼인하는 것을 말합니다. 조선 시대에 여러 명의 아내를 거느리고 살 수 있게 한 축첩(蓄妾) 제도는 남성들이 자기의 사회적인 지위를 과시하기 위해 만든 제도입니다. 이는 봉건 제도가 낳은 죄악에 속합니다.

그런데 구약성경은 믿음의 조상들 가운데서 한 남편이 여러 명의 아내와 살았다는 것을 숨기지 않고 그대로 보여 줍니다. 그래서 사람들은 중혼을 하나님이 허용하신 제도로 오해합니다. 그러나 하나님은 중혼을 기뻐하시지 않습니다. 다만 시대의 변천에 따라서 어떤 법을 더 중요하게 생각하거나 어떤 법은 잠시 침묵하며 허용할 때가 있을 뿐입니다. 하나님이 침묵하고 허용하신다고 해서 그것을 하나님이 기뻐하시는 것은 아닙니다.

예를 들어, 야곱은 네 명의 아내를 통해서 모두 열두 명의 아들을 얻었습니다. 그 결과가 어떠했습니까? 아내들의 질투 때문에 자식들이 서로를 팔아먹고, 미워하고 죽이려 했습니다. 다윗도 여러 명의 아내로부터 아이들을 낳았습니다. 그 결과 자녀들 사이에 강간과 살인이 일어나고, 왕위 쟁탈전 때문에 여러 사람이 죽고, 나라가 나뉘어져야 했습니다. 야곱은 아내들의 질투 때문에, 다윗은 배다른 자식들 간의 왕위 쟁탈전 때문에 한시도 편할 날이 없었습니다. 그들은 불행한 인생을 살았습니다. 중혼은 결코 하나님이 기뻐하시는 제도가 아닙니다(말 2:14-15 참고).

하나님은 이혼도 기뻐하시지 않습니다(말 2:16). 성경에서 이혼을 허용하는 경우는 두 가지입니다. 배우자 가운데 어느 한 편이 간음을 행했을 때(마 5:32)와 불신 배우자가 '신앙이 다르기 때문에 갈라서자'고 이야기할 때(고전 7:15)입니다. 부부는 하나님이 짝지어 주신 인연입니다. 그러므로 사람이 마음대로 이혼하지 않는 것이 원칙입니다.

성경은, 특히 구약성경은 매우 현실적인 책입니다. 구약성경에서는 위에서 말한 두 가지 외에도 '수치되는 일'이라는 범주가 있습니다.

> 사람이 아내를 맞이하여 데려온 후에 그에게 수치되는 일이 있음을 발견하고 그를 기뻐하지 아니하면, 이혼 증서를 써서 그의 손에 주고 그를 자기 집에서 내보낼 것이요. (신 24:1)

'수치되는 일'로 갈라서게 될 때는 반드시 합법적으로 이혼을 해서 상대가 새로운 삶을 살도록 도와주어야 합니다. 과연 '수치되는 일'이 무엇일까요? 엄격하게 해석하자면, 생명에 위협을 느끼거나 정신적인 질병 때문에 가족들이 모두 힘들게 되는 경우를 생각할 수 있을 것입니다. 음식을 못 만든다거나, 시부모와의 사이가 안 좋다거나, 아이를 낳지 못한다는 이유 등은 여기에 해당되지 않습니다. 아이를 낳지 못한다면 입양 등의 방법으로 얼마든지 자녀를 얻을 수 있습니다.

음욕을 품는 자마다

예수님은 산상수훈에서 간음에 대해 이렇게 재해석해 주셨습니다.

> 또 간음하지 말라 하였다는 것을 너희가 들었으나, 나는 너희에게 이르노니 음욕을 품고 여자를 보는 자마다 마음에 이미 간음하였느니라. (마5:27-28)

예수님은 항상 행동보다 그 행동을 일으키는 마음의 동기를 중요하게 보십니다. 그래서 '살인'의 개념만 보더라도 형제를 미워하고, 욕하고, 분노하는 것이 모두 살인의 범주에 있는 것이라고 재해석하셨습니다. '음행'도 마찬가지입니다. 예수님은 직접적으로 남의 아내를 범하는 죄를 짓지 않았다고 하더라도 여인을 보고 음욕을 품은 마음으로 대하는 사람도 이미 간음한 것이라고 말씀하고 있습니다.

저는 젊었을 때 이 말씀을 어떻게 받아들여야 될 것인지에 대해 오랜 세월 고민했습니다. 예수님께서 이 말씀 뒤에 곧이어 "만일 네 오른 눈이 너로 실족하게 하거든 빼어 내버리라"(마 5:29)라고 하셨기 때문입니다. 예수님은 계속해서 "몸의 한 부분을 잃는 것이 온몸이 지옥에 던져지는 것보다 낫다"고 하시면서 "오른손이 너를 실족하게 하거든 찍어 내버리라"(마 5:30)고 하셨습니다. 이 말씀은 제게 많은 혼란을 주었습니다. 가령 '텔레비전에 나오는 예쁜 탤런트를 보면서 예쁘다고 하거나, 남자들이 상의를 벗고 근육을 자랑할 때 멋있다고 하면 안 되는 건가?' 하는 질문을 갖게 되었습니다.

종교개혁자 마틴 루터(Martin Luther)가 아주 유명한 말을 남겼습니다. "새가 머리 위로 날아가는 것은 어쩔 수 없지만, 머리 위에 둥지를 트는 것은 막을 수 있다." 예쁘고 멋있는 사람을 보면서 좋다는 감정을 느끼는 것은 어쩔 수 없습니다. 그러나 그것을 계속 마음에 품고 즐기는 것은 주의해야 합니다. 음란한 서적이나 영화를 탐닉하다 보면 그것들이 마음에 둥지를 틀게 됩니다. 음란한 농담에 길들여지고, 술 취하고, 섹시 댄스를 즐기다 보면 언젠가는 간음의 죄를 짓게 될 것입니다.

2. 제7계명의 특징

사실 십계명은 "간음하지 말라"고 간단하게 말씀하고 있지만 성경 전체를 살펴보면 음행은 매우 다양한 관점에서 다루어지고 있습니다. 저는 십계명의 일곱 번째 계명에 관하여 성경을 연구하고, 많은 사람들의 글과 우리 사회의 사상적 흐름을 보면서 그 특징을 다음과 같이 정리해 보았습니다.

본성으로부터 시작된 죄

제7계명의 첫 번째 특징은, (다른 계명들도 마찬가지이기는 하지만) 인간의 가장 깊은 본성으로부터 시작된다는 것입니다. 하나님이 자신의 형상대로 사람을 만드실 때 선물을 주셨습니다. 우리는 그것을 본성이라고 부릅니다. 음식을 먹으면서 만족을 느끼고, 아름다운 것을 보면서 즐거워하는 것 등입니다. '성욕'(性慾)은 바로 그 본성 가운데 가장 좋은 것입니다. 성욕은 자녀를 낳기 위한 동물적 본능에서 비롯된 것이거나, 우월한 유전자를 남기기 위한 유전자의 계략이 아닙니다. 하나님은 사람을 영혼과 육체로 만드시고, 부부가 사랑을 할 때 영혼과 육체가 함께 작용하도록 만드셨습니다.

어떤 사람은 육체적 사랑을 비하하고 대신 관념적이고 순수한 정신적 사랑을 고귀하게 생각하는 플라토닉 러브(platonic love)를 추구합니다. 그러나 정신적인 사랑으로는 부족합니다. 남녀 간 사랑의 완성은 부부관계입니다. 정신만으로 사랑을 나누다가 결혼을 하게 되면 성적인 관계를 통해서 그 사랑을 완성시키는 것입니다. 육체적인 사랑은 다시 정신적인 사랑의 발전소가 됩니다.

사람은 하나님이 주신 모든 좋은 선물들을 악취 나는 배설물로 만드는 데에 아주 비상한 재주를 가지고 있습니다. 좋은 것일수록 더 나쁘게 사용하는 것이 타락한 인간입니다. 사람들은 하나님이 주신 성행위의 기쁨을 육체적 쾌락의 도구로 전락시켰습니다. 영혼의 결합 없이 육체적 쾌락을 위한 도구로 전락한 성행위는 의미가 없기 때문에 쉽게 싫증이 납니다. 그러다 보니 사람들은 더 자극적이고, 더 짜릿한 것을 찾게 되었습니다. 마침내 사람들은 성행위의 만족을 위해 법적 한계를 넘어서게 되고, 심지어 병적인 것을 찾는 데까지 이르게 되었습니다.

얼마 전 언론을 통해 재벌 회장의 사생활이 공개된 적이 있습니다. 여러 명의 젊은 아가씨들을 한 번에 불러 놓고, 일인당 오백만 원씩을 건네주면서 성매매를 한 영상물입니다. 처음에는 어이가 없고 우습기도 하고, 하루 벌어서 하루 먹고사는 노동자들을 생각하면서 화도 났지만, 나중에는 슬퍼졌습니다. '아, 인생이 이런 것인가? 남자에게 성적 욕망이란 것이 이렇게도 끈질긴 것인가?' 하는 마음이 들었기 때문입니다.

왜 남자가 특별히 이렇게 성적 욕망에 취약한 것일까요? 성적 욕망이 남자들의 다른 욕구들과 결합되어 있기 때문입니다. 하나님께서 주신 남성성(男性性) 가운데 지배욕과 권력욕이 있습니다. 지배욕과 권력욕 자체는 나쁜 것이 아닙니다. 하나님은 사람을 만드시고 온 천하에 충만할 것과 다스리고 정복할 것을 명령하셨습니다. 그래서 그런지 남자 아이들은 누가 가르쳐 주지 않아도 태어나면서부터 총 쏘기(shoot)를 좋아합니다. 총은 밖으로 발산하고 자신을 확장하는 장난감이기 때문입니다. 농구공 던지는 것(shoot)과 사진 찍는 것(shoot)을 좋아합니다. 역시 자아를 확장하는 도구이지요. 그런데 그러한 본능이 성욕과 결합되게 되면 여자를 정복하고 새로운 여자를 탐색하려는 마음을 갖게 됩니다.

여성에게는 취약점이 없을까요? "하나님, 왜 남자들에게 이런 본능을 주시고 또 그 본능을 억제하라는 계명을 주셔서 이렇게 괴롭히십니까? 여자들은 사랑하지 않으면 성욕을 느끼지 않는다는데, 왜 남자들은 짐승으로 만드셨나요?" 하고 질문하였습니다. 그런데 여자들에게도 약점이 있습니다. 바로 '안전의 욕구'입니다. 자녀를 낳고 보호해야 하기 때문에 여성들은 자연스럽게 안정된 것을 좋아합니다. 그래서 여성들의 귀에 대고 사랑한다, 예쁘다고 하면서 안심을 시키면 여성은 그 남자에게 쉽게 넘어갑니다. 물질이 주는 안정감에 쉽게 속습니다. 남성들이 보석이나 돈으로 유혹하면 현혹되어 몸을 허용합니다.

사람에게는 누구나 외로움을 견디지 못하는 관계에의 갈망이 있습니다. 외로움을 견디기 어려운 사람이 돈을 주고 성(性)을 삽니다. 사사기에 '삼손'이라는 사람이 등장합니다. 그는 강력한 대적을 만나 홀로 싸워야 했던 외로운 영웅이었습니다. 들릴라는 돈을 목적으로 삼손에게 접근했지만, 그는 들릴라를 사랑했습니다. 외로움의 도피처로서 성적인 관계를 선택한 것입니다.

음행은 정복욕, 안전의 욕구, 관계의 갈망 등, 인간의 가장 기본적인 욕망과 관계되어 있는 아주 뿌리 깊은 죄악입니다. 음행은 전 인류 역사 가운데 한 번도 문제되지 않은 적이 없으며, 전 세계에 만연해 있습니다. 바울서신에 자주 등장하는 '정욕'이라는 헬라어 단어는 '에피튀미아'(ἐπιθυμία)입니다. 원래는 재물, 권력, 방탕, 성적 욕망 등 모든 종류의 욕심을 가리키는 단어인데, 성적 욕망을 주로 가리키게 되었습니다.

무서운 파괴력

음행의 두 번째 특징은 무서운 파괴력을 가진다는 것입니다. 음행에 대한 성경말씀입니다.

> 음행을 피하라. 사람이 범하는 죄마다 몸 밖에 있거니와 음행하는 자는 자기 몸에 죄를 범하느니라. (고전 6:18)

음행은 자신의 몸에다 죄를 짓는 행위입니다. 몸에 죄를 짓다 보니 그 죄가 몸에 새겨지게 됩니다. 음행의 죄를 저지르고 나면 우리의 온 몸과 영혼이 어둠과 더러움에 사로잡히게 됩니다. 비누 거품을 풀어서 씻어 내려고 해도 씻어지지 않고, 지저분한 죄책감이 오랫동안 지속됩니다. 몸이 성적인 쾌락을 기억해 내어 또다시 그리로 끌려가게 됩니다. 정신이 산란해지기 때문에 성실하고 진실하게 하나님을 섬기지 못하게 됩니다. 음행은 우리의 몸 안에 짓는 죄로서 우리의 몸과 영혼을 파괴시킵니다.

또한 음행은 가정을 파괴시킵니다. 모두가 그런 것은 아니겠지만, 바람피운 아버지 밑에서 자란 자녀들에게는 미움과 분노라는 씻겨지기 어려운 상처가 남아 있습니다. 그래서 결국 자신도 불성실한 남편이나 아내가 되는 경우가 많습니다.

더 나아가서 음행은 사회를 파괴시킵니다. 어떤 사람들은 이렇게 말합니다. "남녀 간의 문제는 사적이고 은밀한 것이다. 그러므로 위력이

나 강압에 의하지 않고 서로 간의 동의하에 성관계를 가진다면 그것은 허용돼야 한다." 그들은 묻습니다. "과연 그렇게 해서 손해 보는 사람이 누구인가? 성인이 자기 스스로 결정을 해서 관계를 가졌기 때문에 아무도 손해 보는 사람이 없다." 그러므로 합의된 성관계는 사회에서 허용되어야 한다는 것입니다. 언뜻 보면 상당히 일리가 있는 것 같습니다. 그런 논리를 근거로 간통죄가 폐지되었습니다.

그런데 정말 그럴까요? 그렇지 않습니다. 간음은 사회를 파괴시킵니다. 2001년도에 '엔론 사태'라는 것이 있었습니다. '엔론'(Enron)은 설립 15년 만에 미국과 유럽 에너지 거래량의 20%를 담당하는 당시 미국에서 일곱 번째로 큰 거대 기업으로 성장했습니다. 미국의 비즈니스 잡지인 포춘(Fortune)은 엔론을 1996년부터 2001년까지 6년 연속 '미국의 가장 혁신적인 회사'로 선정하기도 했습니다. 그러나 엔론은 사실 자금 융통을 원활히 하기 위해 고의로 빚을 감추고 이익을 부풀리는 방식의 분식회계(粉飾會計)를 하고 있었습니다. 그러다가 결국 2001년 파산신청을 하고 맙니다.

엔론의 파산으로 수많은 실업자가 생기고, 투자자들은 손해를 보았습니다. 많은 투자자들이 자살을 하기도 했습니다. 미국 종합 일간지인 'USA투데이'(USA Today)에서 엔론사의 파산을 집중적으로 탐사하였습니다. 깊이 파고들어가 보니 엔론 사태 뒤에는 윤리적인 문제가 있었다는 것을 알게 되었습니다. 겉으로 보면 합법적 정치자금이 오간 것과 외부 감사인(監査人)들이 회계 부정을 알고도 묵인한 일이 큰 문제였지만, 그보다 더 근본적인 문제는 엔론 고위 임원들의 심각한 윤리적 타락이었습니다. 고위 임원들이 자기 비서들 혹은 젊은 직원들과 관계를 가졌고, 아내에게 들켜서 이혼 당한 사람들이 많았습니다. 심야 회의가 끝나면 사무실에서는 음란한 술 파티가 벌어지고 부적절한 행동들이 오갔습니다. 사내 불륜이 만연하고, 고위 임원의 이혼이 전염병처럼 유행했던 엔론의 윤리적 타락을 마주하게 된 USA투데이 기자는 맨 마지막에 이런 결론을 내렸습니다. "부인을 저버린 최고 경영자는 회계 감사나 주주도 배반한다." 자신과 가장 가까운 아내를 속이고 거짓말을 한다면 회사 동료나 혹은 감독 기관에게 거짓말을 할 가능성은 훨씬 크다는 것입니다.

음행의 문제는 아주 개인적이고 은밀하며 아무에게도 손해를 끼치지 않는 것 같지만 결코 그렇지 않습니다. 음행의 문제는 사람의 영혼을 파괴시키고 가정을 파괴시켜서 청소년을 방황하게 만들고 나아가 이 사회를 병들게 한다는 사실을 우리는 반드시 기억해야 합니다.

끊기 어려운 죄

셋째, 음행의 죄는 끊기 어렵습니다. 죄 가운데 쉽게 끊을 수 있는 건 아무것도 없지만, 음행의 죄는 더욱 끊기 어렵습니다. 왜냐하면 음행의 죄는 우리 몸에 지어서 그 흔적을 남기며, 또한 습관적인 속성을 가지기 때문입니다. 더욱이 음행의 죄는 내가 끊고자 해도 세상이 도와주질 않습니다. 우리가 살고 있는 이 사회는 음란의 영이 득실거리기 때문에 도처에서 그 유혹이 끊이지 않습니다.

누구든 약간의 돈만 있으면 성(性)을 살 수 있습니다. 27만 명의 여성이 밤마다 외로운 남자들을 기다립니다. '성 사업'(sex business)에서 한 걸음 더 나아가 '성 산업'(sex industry)이 되었습니다. 비즈니스가 산업이 되면서 우리 사회의 하나의 시스템으로 확고하게 자리 잡았습니다.

뉴스에서는 하루도 빠짐없이 성폭력과 성희롱에 대해서 이야기합니다. 학교, 기관, 군대 등에서 일어나는 성폭력과 성희롱 문제를 추악한 범죄라고 규정짓지만 뉴스가 끝난 뒤에 드라마나 혹은 예능 프로그램을 보십시오. 거의 대부분의 프로그램들에서 선정성이 극대화된 것을 볼 수 있습니다. 한쪽에서는 성적인 범죄를 극악무도하게 취급하고 있지만, 뉴스가 끝나고 나면 곧바로 성적인 욕망들을 부추기고 자극하는 내용들이 쏟아져 나옵니다.

대중 문화계에 가끔씩 천재적 재능을 가진 사람들이 등장합니다. 그런데 그들이 그 천재적인 능력을 가지고 음란을 조장하는 음악을 만듭니다. 마치 섹스가 스포츠인 것처럼 인식하게 만들고, 성인이 되었으니 이제는 사랑한다면 내 몸을 가져도 좋다는 식으로 가사를 씁니다. 걸그룹은 나이 어린 가수들로 구성되어 있습니다. 그런데 걸그룹이 다리와 가슴을 선정적으로 드러내고 섹슈얼(sexual)한 춤을 추는 것을 대중들은 '한류'라 부르며 자부심을 느끼고 '국익'의 이름으로 자랑합니다. 자랑할 것이 없어서 그걸 자랑하는지 참 안타깝습니다.

이 사회의 지도층 인사와 전문인들은 한두 명씩 애인을 데리고 있고, 부인들도 권태로운 삶을 쾌락으로 달랩니다. 그들이 받은 고액의 뇌물이나 고액의 수임료 혹은 부동산을 통한 불로소득이 고급 요릿집, 룸살롱, 호텔 등의 성 산업을 먹여 살립니다. 그런 사람들은 주로 밀실 회의를 통해 이 나라를 움직입니다. 여자들을 끼고 밀실에서 회의할 때 나라를 사랑하는 마음으로 회의를 하겠습니까?

학자들은 "간통은 더 이상 죄가 아니다"라고 목소리를 높입니다. '표현의 자유'(freedom of speech 혹은 freedom of expression)라는 캐치프레이즈 뒤에 포르노가 숨을 수 있는 환경이 만들어집니다. 결혼 제도라고 하는 것은 봉건 시대 가부장제의 유물이라고 주장하면서 성(性) 개방을 주장합니다. 앞서가는 학자일수록 더욱 목소리를 높입니다.

현재 우리나라는 여러 가지 문제와 직면해 있습니다. 특히 북한의 핵과 미사일 문제, 미국 트럼프 대통령의 이어지는 말 폭탄 등 국제적인 정세 안에서 어려움을 겪고 있습니다. 구약성경을 보면 이스라엘 백성이 망한 이유에 대해서 이사야서와 예레미야서 등의 예언서가 자세히 기록하고 있습니다. 우리는 흔히 큰 나라인 애굽, 앗수르, 바벨론, 페르시아, 로마 등이 이스라엘을 멸망시켰다고 하지만, 사실 이스라엘에게 진짜 위협이 된 것은 그런 대제국들이 아니었습니다. 이스라엘의 진짜 위협은 그 사회 내부에서 이루어지고 있는 불의와 음란의 결합이었습니다. 그 모습을 보고 견딜 수 없었던 하나님께서 대제국 앗수르와 바벨론을 진노의 몽둥이로 사용하신 것뿐입니다.

지금은 하나님 앞에서 나라를 위해 눈물을 흘리며 기도할 때입니다. 그런데 우리나라를 위협하는 몽둥이에 대해서만 기도하지 말고 그 근본 원인이 제거되기를 기도해야 합니다. 김정은을 멸망시키고, 미국을 진정시키는 기도도 필요하지만 그것은 몽둥이를 잠시 자제시키는 것에 불과합니다.

우리나라를 움직이는 분은 하나님이십니다. 그리고 그 하나님의 마음을 움직이는 것은 우리가 하나님 앞에서 거룩하게 사는 길밖에 없습니다. 우리 예수 믿는 사람들만이라도, 아니 우리 교회 성도들만이라도 모든 성적인 죄악으로부터 깨끗하게 되고 하나님 앞에서 순결한 삶을 살게 된다면, 하나님께서 우리 민족을 보전시키실 거라고 믿습니다. 소돔과 고모라가 왜 멸망했습니까? 외적의 침입 때문입니까? 소돔과 고모라는 내부적인 죄악 때문에 무너지게 되었습니다. 그 성들을 살릴 의인 열 사람이 없어서 망한 것입니다. 오늘 우리가 나라를 살리는 의인들이 되기로 결심하기를 간절히 바랍니다.

3. 육체의 정욕을 이기려면

육체의 정욕은 인간의 본성에 뿌리박고 있기 때문에 이기기 힘듭니다. 또한 정욕은 내 육체 가운데 흔적을 남기고 온 사회에 만연되어 있기 때문에 끊기도 힘듭니다. 그렇다면 육체의 정욕을 이길 방법은 없는 것일까요?

성(性)을 주신 원래의 목적

하나님이 제정하신 성(性)의 원래의 목적으로 돌아가면 됩니다. 하나님은 성을 가정 안에서 사용하도록 하셨습니다.

> 네 헛된 평생의 모든 날 곧 하나님이 해 아래에서 네게 주신 모든 헛된 날에 네가 사랑하는 아내와 함께 즐겁게 살지어다. 그것이 네가 평생에 해 아래에서 수고하고 얻은 네 몫이니라. (전 9:9)

성경은 우리 일생을 '네 헛된 평생의 모든 날'이라고 표현하고 있습니다. 인생이 얼마나 허무한 것인지를 표현하는 말입니다. 그런 인생들의 수고를 위해 하나님께서 상(賞)을 하나 주셨는데 그것은 사랑하는 아내와 함께 즐겁게 사는 것입니다. 또 다른 성경은 이렇게 이야기합니다.

> 음행을 피하기 위하여 남자마다 자기 아내를 두고 여자마다 자기 남편을 두라. 남편은 그 아내에 대한 의무를 다하고 아내도 그 남편에게 그렇게 할지라. (고전 7:2-3)

음행을 피하기 위한 길은 소극적으로는 결혼을 하는 것이고 적극적으로는 사랑하는 아내와 즐기는 것입니다. 이 구절에서 남편이 아내에게 의무를 다하라는 말은 돈을 벌어다 주라는 말이 아니라 그 아내를 사랑해 주라는 말입니다. 그리고 아내도 남편에게 그렇게 할 것을 명령하고 있습니다.

하루 종일 수고하고 저녁에 집에 들어와서 가족이 식탁에 둘러 앉아 서로의 눈을 마주보며 대화하는 것은 큰 기쁨입니다. 일주일에 한 번, 주일날 온 가족이 예배를 하고 운동도 하고 산책도 하고 맛있는 음식을 먹는 일은 인생의 큰 행복입니다. 일 년에 한 차례 가족들과 휴가를 보내면서 서로의 사랑을 확인하고 알아가는 일은 우리 인생의 큰 힘입니다. 그렇게 인생을 살다가 생애를 마칠 때, 남편과 아내와 가족들이 손을 맞잡고 "우리 인생이 허무한 것이지만 당신을 만나서 의미가 있었습니다. 나 같은 사람과 살아줘서 참으로 고맙습니다"라고 고백하는 것, 그것이 하나님이 인생에게 주신 즐거움입니다.

사랑하는 자매들에게 이야기합니다. 가정을 따뜻하게 만들면 좋겠습니다. 남편이 일찍 들어오고 싶고, 자녀들이 집을 생각하면서 안정을 느낄 수 있는 가정을 만들 의무가 아내들에게 있습니다. 사랑하는 남편들에게 이야기합니다. 수신제가(修身齊家) 후에 치국평천하(治國平天下)입니다. 가장 가까운 가족들에게 인정을 받지 못하면서 알지도 못하는 수만 명에게 인정을 받으려 하는 사람은 미련한 사람입니다.

우리는 결혼 서약을 할 때 이렇게 맹세합니다. "가난할 때나 부유할 때, 건강할 때나 병들었을 때, 성공할 때나 실패할 때 지금 곁에 선 사람을 아내와 남편으로 맞아 일평생 일정한 부부의 정조와 대의를 지킬 것을 서약합니다." 남편이 부족할 때도 인정하고 사랑해 주십시오. 부부관계를 거부하지 말고 사랑의 원천으로 삼으십시오.

친정 부모님도 도와주세요. 시집 간 딸이 울면서 하소연하면 친정 부모님은 "거 봐라 내가 뭐랬니? 그 사람하고 결혼하면 고생한다고 하지 않았니. 지금이라도 갈라서라!"라고 말씀하지 마십시오. 시어머니들도 만만치 않습니다. '내가 어떻게 키운 자식인데……. 내 아들이 어디가 못나서 저런 못된 애를 만나 고생을 하는구나!'라고 생각합니다. 이 땅의 모든 친정 부모님과 시부모들이여, 자녀의 푸념 앞에 "어려움이 있더라도 서로 사랑하고 잘 돌봐주어라. 내가 기도로 도울게"라고 말할 수 있는 부모들이 되기를 바랍니다.

우리 교회에도 어려움을 겪고 있는 분들이 많습니다. 때로는 그 고난의 크기가 아주 큰 것일 때도 있습니다. 그런데 고난을 겪는 가정은 두 부류로 나누어집니다. 한 가정은 고난을 통해 파괴되는 가정이고, 한 가정은 오히려 더 단단해지는 가정입니다. 저는 고난을 만났을 때 단합하는 가정은 별로 걱정하지 않습니다. 그런 가정은 서로를 위하여 기도와 격려를 아끼지 않으며 예배를 소홀히 하지 않고 더욱 서로를 신회합니다. 언젠가는 다시 일어설 것을 서로 믿기 때문입니다.

웨스트민스터 대요리 문답 제138문(問)은 이렇게 기록하고 있습니다.

> 문: 제7계명에서 명하는 의무는 무엇입니까?
>
> 답: 제7계명에서 명하는 의무는 몸과 마음과 정서와 말과 행위의 순결과, 우리 자신 및 다른 사람들의 순결을 보존하는 것과, 눈과 그 외의 모든 감각에 대하여 깨어 있는 것과, 절제함과, 순결한 친구와 사귀는 것과, 단정한 복장과, 독신의 은사가 없는 자들의 결혼과 부부 간의 사랑과 동거이며, 우리의 사명에 부지런히 노력하는 것과, 모든 경우의 부정을 피하고, 부정으로 향하게 하는 일체의 유혹을 물리치는 것입니다.

말과 행동과 생각에서 절제하고, 보고 듣는 것을 주의하며, 믿음의 친구들과 사귀고, 사치와 방종을 멀리하고, 근면하게 일해야 하는 삶은 하나님이 우리에게 요구하시는 심플 라이프입니다. 근면하게 일하여 얻은 재물을 어떻게 음행하는 일에 쉽게 사용할 수 있겠습니까? 웨스트민스터 대요리 문답 제138문은 우리를 하나님이 제정하신 성(性)의 처음 목적으로 돌아가게 합니다. 그런 삶을 통해 행복한 가정을 이루게 될 때 음행의 죄는 극복될 것입니다.

하나님을 의지하라

육체의 정욕을 이길 두 번째 방법은 우리에게 죄를 이길 힘을 주시는 하나님을 의지하는 것입니다. 찬송가 268장의 2절 가사는 "육체의 정욕을 이길 힘은 보혈의 능력, 주의 보혈"이라고 노래합니다. 우리 스스로는 육체의 정욕을 이길 힘이 없어서 가정을 아름답게 이루고 절제하며 살기 어렵습니다. 내 몸에 새겨져 있는 정욕의 흔적이 나를 다시 악한 죄로 몰고 갑니다. 우리 주변의 매스컴과 책과 사상들이 음란을 부추깁니다. 이런 환경에서는 우리가 스스로를 제어할 수 없습니다.

육체의 정욕을 이길 힘은 우리에게서 비롯되는 것이 아니라 하나님으로부터 오는 것입니다. 하나님은 우리의 연약함을 아시고 우리에게 새로운 힘을 주시는 분입니다. 그 하나님을 의지해야 우리가 육체의 정욕으로부터 자유로울 수 있습니다.

매일 우리는 차를 탈 때마다 습관적으로 내비게이션을 켭니다. 그런데 저는 내비게이션을 켤 때마다 은혜를 받습니다. 제가 길을 잘못 들 때마다 내비게이션은 이렇게 말합니다. "경로를 벗어났습니다. 경로를 다시 요청합니다." 옆에 타고 있는 사람은 '내가 그쪽으로 가지 말라고 했는데 왜 그쪽으로 가느냐'고 타박하지만, 내비게이션은 화를 내지 않습니다. "경로를 벗어났구나! 다시 요청해 줄게." 그러니 제가 어떻게 은혜 받지 않을 수 있겠습니까.

혹시 우리 가운데 깨어진 가정이 있습니까? 너무 두려워하지 마십시오. 깨어진 그 자리에서부터 새롭게 시작할 수 있습니다. 하나님께는 언제나 세컨드 찬스(second chance)가 있고, 플랜 B(plan B)가 있습니다. 내 속에 음란함이 깃들어 있어서 죄를 짓고 실패했다 할지라도, 하나님을 의지하고 보혈의 능력을 바라보는 사람은 하나님이 새 힘을 주셔서 극복할 수 있도록 하십니다.

과거 족장들의 삶을 보십시오. 그들은 모두 깨어진 가정에서 살았습니다. 이스라엘의 왕인 다윗의 가정이나 이스라엘의 위대한 사사요 선지자인 사무엘의 가정도 마찬가지였습니다. 예수님의 족보에는 네 명의 여인이 등장합니다.

유다의 며느리 다말은 자신의 시아버지와 관계를 갖고 자식을 낳았습니다. 여리고 성(城)의 라합은 기생이었습니다. 다윗의 증조모 룻은 모압 여인으로서 개가(改嫁)한 사람입니다. 솔로몬의 어머니는 우리야의 아내였던 밧세바인데, 다윗이 그의 남편을 죽이고 탈취한 여인입니다. 예수님의 족보에 굳이 이 네 명의 여성을 끼워 넣은 이유가 있지 않겠습니까?

예수님은 창기를 정죄하는 사람들을 향해 “죄 없는 자가 먼저 돌로 치라”고 말씀하셨습니다. 예수님은 세리와 창기와 죄인의 친구이고 그들과 늘 함께 먹고 마셨습니다.

예수님이 파괴된 세상에 살고 있는 우리들에게 다가오셔서 우리를 일으키시며 말씀하십니다. “넘어졌으나 포기하지 마라. 내가 너를 다시 일으켜 세울 것이다!” 그리고 지금 있는 그 자리에서부터 새롭게 시작해서 경건하고 순결하게, 그리고 거룩하게 살아가는 신앙인과 신앙인의 가문 되기를 축복합니다.

【 기도 】 prayer

사랑의 하나님 아버지 고맙습니다. 아버지께서 주신 모든 좋은 것들을 냄새나는 쓰레기와 배설물로 만든 우리들이지만 포기하지 않으시고 우리를 다시 일으키시는 은혜를 베푸시니 감사합니다. 예수 믿는 사람들이 온전한 믿음과 경건과 절제와 거룩한 삶을 통해 하나님의 진노를 면할 수 있도록 은총을 내려주옵소서. 혹 우리 가운데 깨어진 가정이 있다면 하나님 아버지께서 불쌍히 여기시고 도와주셔서 낙심하지 않고 새로운 힘을 얻을 수 있도록 은혜를 베풀어 주옵소서. 하나님이 함께하시면 깨어진 가정에서도 장미가 피는 것을 저희는 믿습니다. 그들이 힘을 얻어 거룩한 삶을 살 수 있도록 붙드시고 그들에게서 경건한 신앙의 후손들을 일으켜 주옵소서. 또한 우리의 가정을 튼튼하게 하시고, 우리 삶의 패턴이 건전하도록 지키시며, 절제와 근면으로 살아가는 우리가 되도록 우리를 주장하여 주옵소서. 예수님의 이름으로 기도하옵나이다. 아멘.

도둑질하지 말라

(출 20:15)

구하라 그리하면 너희에게 주실 것이요

찾으라 그리하면 찾아낼 것이요

문을 두드리라 그리하면 너희에게 열릴 것이니

구하는 이마다 받을 것이요

찾는 이는 찾아낼 것이요

두드리는 이에게는 열릴 것이니라

(마 7:7–8)

8
도둑질하지 말라

학창시절 에피소드

혹시 학창시절 시험 볼 때 부정행위를 해 본 적이 있나요? 저는 초등학교 5학년 때 부정행위를 한 적이 있습니다. 무슨 과목인지는 기억이 나질 않지만 맨 마지막 문제가 어려웠었습니다. 사지선다형이었는데 1번과 4번이 답이 아니라는 것은 분명하게 알았지만 2번인지 3번인지 매우 헷갈렸습니다. 맨 뒷자리에 앉았던 저는 고민을 하다가 2번이라고 적고 시험지를 걷기 시작했습니다. 앞쪽으로 시험지를 한 장씩 걷어 가면서 '공부 잘하는 애들은 몇 번이라고 썼을까?' 싶어서 시험지를 훔쳐보았습니다. 대부분의 아이들이 '3번'이라고 썼는데 순간 저는 '아차 내가 오답을 썼구나!' 하는 것을 알았습니다. 선생님이 다른 곳을 보고 있는 것을 확인하고 숫자 '2'의 꼬리에 아래로 선을 그어 '3'자로 수정하여 시험지를 제출했습니다.

걸렸을까요? 다행히 선생님에게 들키진 않았습니다. 그러나 저의 그런 행동을 한 친구가 보고 있었습니다. 쉬는 시간에 저에게 다가와서

"난 네가 한 일을 다 알고 있다"고 하였습니다. 주근깨가 나고 콧물을 늘 흘려 다른 아이들이 싫어하는 친구였고, 저도 평소 어울리지 않았었습니다. 그 친구는 자기와 함께 놀아줄 것을 요구했습니다. 방과 후 자기 집에 데리고 가서, 관심도 없던 음악도 들려주고 아이스크림도 만들어 주었습니다. 저는 그 친구와 무려 사흘 동안 놀아줘야 했습니다. 그동안 얼마나 마음이 불편했던지! 그때 그 일로 저는 다시는 부정행위를 하지 않겠다는 결심을 했고 지금까지 지키고 있습니다.

우리가 흔히 '도둑'이라고 하면 어두컴컴한 밤에 마스크와 모자를 쓰고 큰 보따리를 어깨에 메고 남의 집 담을 넘는 사람을 상상할 것입니다. 도둑질은 나와는 별 상관이 없다고 생각하시겠지요. 그러나 성경을 자세히 살피고 현대인의 삶의 정황을 알게 된다면 도둑질은 우리 생각보다 훨씬 더 가까운 곳에 있음을 알게 될 것입니다. 이번 장에서는 우선 '도둑질이란 무엇인가?' 하는 것을 이야기한 후, '어떻게 하면 도둑질하지 않을 수 있는가?'를 생각해 보겠습니다.

1. 무엇이 도둑질인가?

우리는 살면서 평소 도둑질이라는 것을 하지 않고 살기 때문에 도둑질은 어떤 특정한 사람들의 일이며 누구나 쉽게 할 수 있는 일은 아니라고 생각합니다. 그러나 알고 보면 도둑질은 너무나 쉬운 일이며, 우리 주변에서 흔히 일어나는 일입니다. 도둑질은 남에게 속한 것을 내 것으로 취하는 행위입니다. 유형의 것이든 무형의 것이든 다른 사람에게 속한 것을 훔치거나 빼앗거나 속이는 모든 행위는 도둑질에 속합니다. 성경은 도둑질에 다양한 유형이 있다고 이야기하고 있습니다.

– 타인의 재산을 훔치는 행위(출 22:1)

– 속여서 빼앗는 행위(레 6:2)

– 경계석을 옮기는 행위(신 19:14)

– 상인들이 불공정한 저울로 속이는 행위(레 19:35–36)

경계석(땅의 경계를 나타내기 위하여 세운 돌, 지계석이라고도 함)을 옮기는 것이 무엇일까요? 이스라엘 열두 지파에게 땅이 골고루 분배되었습니다. 모든 가족이 다 땅을 가지도록 한 것입니다. 그런데 밤에 몰래 경계석을 옮겨서 땅을 더 넓히려는 사람이 있었던 모양입니다. 혹은 권세를 가진 사람이 땅을 강압적으로 땅을 빼앗은 경우도 있습니다. 북 이스라엘의 아합왕이 나봇의 포도원을 빼앗은 것이 대표적인 예이고(왕상 21장), 남 유다에도 그런 권력자들이 있었습니다(미 2:2).

오늘날은 어떨까요? 오늘날은 유형의 것을 훔치는 것보다 무형의 것을 속이고 빼앗는 경우가 더 많습니다. 예를 들어 학생들이 시험을 볼 때 부정행위를 하는 것, 소프트웨어를 몰래 베끼는 것, 공들여 준비한 다른 사람의 디자인과 똑같은 것을 출시하는 것, 논문을 표절하는 것 등등. 이런 것들이 모두 오늘날의 도둑질에 해당될 것입니다.

큰 도둑

그런데 성경은 앞서 이야기한 유형의 것들보다 더 무서운 도둑질이 있다고 이야기합니다. 이런 도둑질은 권력을 가진 사람들이 제도를 악용해서 가난한 자들을 압제하거나 빼앗는 행위를 말합니다.

- 일을 시키고 품삯을 주지 않는 행위(렘 22:13; 암 8:4–6; 약 5:4)
- 성전에서 장사하는 행위(마 21:13)
- 하나님의 말씀을 도둑질하는 행위(렘 23:30)

남 유다 왕국의 '여호야김'이라는 왕은 자기의 왕궁을 짓기 위해 백성들을 부역에 동원시켰지만 품삯을 주지 않았습니다. 부자들이 자기들의 밭에서 일한 가난한 자들에게 품삯을 주지 않아서, 부르짖는 소리가 하나님의 귀에까지 들린다고 합니다. 구약성경 예레미야서에서는 하나님의 말씀을 도둑질하는 선지자들이 있었습니다. 그들은 마치 하나님이 자기들에게 무슨 말씀이라도 한 것처럼 그들의 혀를 놀려 가난한 사람들로부터 복채를 받고 그들의 귀에 달콤한 말을 들려주었습니다. 예수님 당시 성전에서는 제사장들과 사두개인들이 자기들의 배를 불리기 위해 하나님의 이름을 팔았습니다. 그래서 예수님이 채찍을 만들어 그들을 모두 쫓아내신 것입니다.

화이트칼라 범죄

오늘날도 이런 유형의 도둑질은 여전합니다. 이른바 '화이트칼라 범죄'라는 것이 있습니다. 블루칼라는 현장에서 일하는 가난한 노동자이고, 화이트칼라는 주로 사업가, 고위층 공직자, 부유한 엘리트를 가리킵니다. 화이트칼라는 대체로 사회의 리더들입니다. 블루칼라들의 도둑질은 노상 범죄(street crime)가 대부분입니다. 그러나 화이트칼라의 도둑질은 훨씬 더 큽니다. 그들은 자기의 지위를 이용해서 횡령과 배임, 직권 남용, 조직적 탈세, 뇌물, 담합, 공정거래법 위반 등의 범죄를 저지릅니다. 그 피해 규모가 굉장히 커서 노상 범죄의 몇 백 배, 몇 천 배가 됩니다. 화이트칼라 범죄는 시장 질서를 어지럽히고 정부에 대한 불신을 가져오며, 국민들의 사기를 떨어뜨려 서민들의 삶의 의지를 꺾는 커다란 사회악입니다.

화이트칼라 범죄의 특징은 도둑질을 해도 큰 죄책감을 느끼지 않는다는 데 있습니다. 불특정 다수를 상대로 도둑질을 하기 때문에 양심의 가책을 느낄 대상이 눈에 보이지 않기 때문입니다. 화이트칼라는 명석한 두뇌로 계획적이고 교묘한 방법으로 법망을 피하기 때문에 잘 잡히지 않습니다. 잡힌다 해도 위법과 합법의 경계선에서 죄를 짓기 때문에 입건되기 어렵고, 범죄를 입증할 증거를 잘 남기지 않으며, 실력 있는 변호사를 선임하기 때문에 기소되지 않는 경우가 많습니다. 설령 재판을 받는다 해도 집행유예, 병보석, 사면 등으로 풀려납니다.

대한민국 제19대 대통령으로 당선된 문재인 대통령은 대선 후보 시절에 '5대 인사 원칙'을 밝힌 바 있습니다. '병역면탈, 부동산투기, 세금탈루, 위장전입, 논문표절'의 문제가 있는 사람은 고위 공직자로 임용하지 않겠다는 원칙입니다. 모두 화이트칼라 범죄에 해당됩니다. 고위공직에 오를 만한 인사들 가운데 이런 죄를 짓지 않은 사람을 찾기 어렵습니다. 우리 사회에 도둑질이 얼마나 만연해 있는 지를 보여 주는 단면이라고도 할 수 있겠습니다. 애국심이나 국가와 시민에 대한 봉사정신 같은 것은 약에 쓰려 해도 찾기 어렵습니다. 우리나라가 망한다면 이런 죄악이 만연했기 때문일 것입니다.

자본주의의 두 기둥

우리나라의 체제를 '자본주의'(capitalism)라 부릅니다. 근대 자본주의를 설계한 위대한 사람들이 있습니다. 애덤 스미스(Adam Smith)나 알프레드 마셜(Alfred Marshall)과 같은 고전적 시장경제주의자라든지 혹은 이들의 정신적 지주였던 청교도들이 이를 설계한 사람들입니다. 자본주의를 건강하게 유지하기 위해서는 두 개의 기둥이 있어야 합니다. 하나는 '효용성의 법칙'이고, 하나는 '도덕성'입니다.

'효용성의 법칙'이란 생산자 편에서 보면 생산 단가를 낮춰 최소의 비용으로 좋은 생산물을 만드는 것입니다. 반대로 소비자 편에서는 최소의 비용으로 최대의 효과를 얻는 것입니다. 생산자가 최소한의 비용과 노동을 들여 최대의 생산을 하고, 소비자가 최소의 비용으로 최대한 '가성비'가 높은 쪽을 선택하는 것입니다. 그런데 자본주의가 올바른 기능을 하려면 또 다른 기둥인 '도덕성'이 있어야 합니다. 자본주의를 뒷받침하는 도덕성은 세 가지인데, 첫째는 근면이고, 둘째는 금욕이며, 셋째는 가난한 사람들을 구제하는 것입니다.

그런데 이 두 가지 기둥 가운데 '도덕성'이라는 기둥이 흔들리고 있습니다. 아니 뿌리째 뽑히고 말았습니다. 노동자들은 어떻게 해서든지 일을 적게 하고 많은 돈을 받고 싶어하는 도덕적 해이에 빠져 있습니다. 기업은 기업대로 자기들의 이익만을 생각합니다. 노동자를 언제든지 갈아치울 수 있는 볼트와 너트 정도로 생각합니다. 기업주는 기업의 가치나 사회적 책임에는 관심이 없고 지분과 세습에만 관심이 있습니다. 상상을 초월하는 방식으로 세금을 탈루하고, 법망을 요리조리 피하기 위해 돈으로 경찰과 검찰과 법관까지 매수하며, 언론까지 자기편으로 끌어들입니다. 잘나가는 것 같지만 이런 사람들이 판을 치는 사회는 결국 무너질 수밖에 없습니다.

마음을 훔치는 도둑

성경은 참 재미있고도 놀라운 책입니다. 도둑질의 대상 가운데 사람의 마음도 있다고 합니다. 사람의 마음을 훔치다니요! 그 예가 바로 압살롬입니다. 압살롬은 다윗 왕의 아들, 왕자였습니다. 태어날 때부터 외모가 출중한 그를 사람들은 좋아했을 것입니다. 그러나 왕자 압살롬과 아버지 다윗 왕의 사이가 좋지 않았습니다. 압살롬이 아버지와 권력을 놓고 다툼을 벌였습니다. 성경은 압살롬이 이런 일을 했다고 기록하고 있습니다.

> 이스라엘 무리 중에 왕께 재판을 청하러 오는 자들마다 압살롬의 행함이 이와 같아서 이스라엘 사람의 마음을 압살롬이 훔치니라. (삼하 15:6)

압살롬이 백성들의 마음을 도둑질하는 방법은 이렇습니다. 아침마다 일찍 일어나서 성문으로 통하는 길목에 서 있다가 왕께 재판을 청하러 오는 사람이 있으면 그 사람을 붙잡았습니다. 그가 어디서 온 누구인지를 묻고 이렇게 말하곤 했습니다. "내가 보기에 당신 말이 옳습니다. 그러나 왕은 당신을 정당하게 재판해 주지 않을 것이요." 고의적으로 왕에 대하여 악의적 소문을 퍼트립니다. 그리고 또 이렇게 이야기를 합니다. "누가 나를 이 나라의 재판관으로 세워 주기만 한다면 누구든지 소송 문제가 있을 때 공정한 판결을 받을 수 있게 할 것입니다. 이 나라에 억울한 사람이 없도록 하겠습니다." 또 누구든지 왕자인 자기에게 와서 절을 하려고 하면, 손을 내저으며 달려가서 그를 일으켜 세우고 뺨에 입을 맞추곤 했습니다.

압살롬은 왕에게 재판을 받으려고 찾아오는 모든 이스라엘 사람을 이런 식으로 대하였고, 사람들의 환심을 샀습니다. 그렇게 압살롬은 백성의 마음을 훔쳤고, 자기의 세력을 모아 결국 반란을 일으켰습니다. 압살롬은 '왕'이라는 자리가 어떻게 하나님으로부터 주어지는 것이며, 어떤 소명 의식으로 감당해야 하는 자리인지 알지 못했습니다. 그는 욕심에 눈이 멀어 단지 그 자리를 차지해야겠다는 생각에만 사로잡혀 있었습니다. 성경은 다른 사람이 가진 인기나 자리가 욕심나서 사람들의 환심을 사려고 하는 것을 사람의 마음을 훔치는 도둑질이라고 말씀합니다.

포퓰리즘

사람들의 환심을 사서 악용하는 도둑질은 현재도 흔히 볼 수 있는 일입니다. 선거 때만 되면 '포퓰리즘'(populism)이라 불리는 대중영합주의가 부상하는 것을 봅니다. 선심성 정책으로 대중들의 인기와 지지를 얻으려는 정치 활동을 말합니다. 야당과 여당은 서로의 정책을 비난하면서 서로 포퓰리즘에 빠졌다고 비난합니다. 자신들의 정책은 국민을 위한 것이고 상대 당의 정책은 포퓰리즘이라고 하니 누구의 말을 믿어야 할지 모르겠습니다. 포퓰리즘에 의한 정책들은 결국 장기적으로 국가의 부채를 늘리고 서민들의 고통을 가중시키며, 나라의 사정을 더 어렵게 만듭니다.

포퓰리즘은 정치가들에게만 있는 것은 아닙니다. 우리의 일상생활 속에도 있습니다. 학생들을 가르치는 선생님과 교수는 학생들이 올바른 길을 가지 않을 때 훈계하고 야단쳐야 합니다. 그런데 듣기 좋은 말만 해서 인기 좋은 선생님이 되려고 한다면, 그것이 바로 포퓰리즘입니다. 학부모의 마음과 어린아이들의 마음을 도둑질하는 것입니다. 요즘은 학생들이 교사나 교수를 평가하는 시대이기 때문에, 학생들을 훈육하거나 책망하다가 인심을 잃지 않으려는 경향이 더욱 많아졌습니다.

매스컴도 선정주의(sensationalism)로 발 빠르게 변화하고 있습니다. 매스컴의 기능은 크게 두 가지입니다. 하나는 소위 '카타르시스(katharsis)'라고 하는데, 삶에 지친 사람들에게 대리만족을 줌으로 소소한 재미와 위안을 제공하는 것입니다.[21] 다른 하나는 교육적 기능입니다. 사람들로 하여금 따라하게 하는 것입니다. 욕하면서 또 본다는 막장드라마, 관심을 집중시키기 좋은 폭력적인 사건 뉴스, 성적(性的) 본능을 야릇하게 자극하는 댄스와 개그 등은 우리 삶에 일정부분 필요한 카타르시스의 기능을 하고 있습니다. 그러나 카타르시스는 곧바로 모방심리를 자극하여, 원하건 원하지 않건 사람들의 정신 수준을 하락시키는 기능을 하게 됩니다. 매스컴이 교육적 기능을 가지고 있는 것을

21 얼마 전 작고한 고(故) 마광수는 자신의 책, 『카타르시스란 무엇인가』 (서울: 철학과현실사, 1999)에서 예술의 카타르시스적 기능을 극대화하여 설명하였습니다. 그는 예술과 외설을 넘나드는 그의 저작활동을 정당화하기 위하여 카타르시스, 즉 '대리배설'이야말로 문학의 가장 중요한 효용가치라고 하였습니다.

생각하며 책임감을 가져야 할 것입니다.

가장 무서운 것이 있다면 교회에서 목사가 설교할 때 사람들 귀에 듣기 좋은 설교만 하는 것입니다. 하나님은 높으신 분이고, 우리의 마음을 꿰뚫어 보시는 분입니다. 자연히 하나님의 말씀은 심판의 메시지로 가득 차 있습니다. 누구든지 하나님 앞에 서 있으면 두려워 떨 수밖에 없습니다. 그런 의미에서 하나님의 말씀을 전하는 '설교' 행위는 사람들의 마음을 흔들고 그들의 마음을 불편하게 만드는 일입니다. 설교자는 하나님의 말씀으로 사람들의 마음을 찔러서 생각하게 하고 고민하게 해야 합니다. 물론 위로도 있어야 하겠지만, 설교 때문에 양심의 가책도 받을 수 있어야 합니다. 그런데 목사가 설교할 때 사람들의 귀에 듣기 좋은 소리만 한다면, 목사와 성도들은 함께 멸망의 길로 가게 될 것입니다. 이런 설교는 거짓된 말씀으로 하나님의 백성의 마음을 훔치는 무서운 도둑질입니다.

양(羊) 도둑질

과거에 저에게 있었던 일입니다. 그저 한 번 듣고 잊어버리기 바랍니다. 미국에 가서 약 7년 동안 공부도 하고 목회도 하였습니다. 어떤 한인교회에 부임을 해서 중고등부 학생들을 가르쳤습니다. 첫날 중학생 한 명과 고등학생 한 명, 딱 두 명이 조그마한 예배실에 와서 앉아 있었습니다. 미국 가기 전 한국에서 전도사로 사역할 땐 중등부 학생만 300여명 있었는데, 2명이라니 참으로 단출하였습니다. 그 두 명 중에서도 한 아이는 몇 달 있으면 고등학교를 졸업하고 다른 주(州)로 갈 사람이고, 한 아이는 집에 가서 깨워서 차를 태워 나와야 하는 아이입니다.

참 황망하였지만 결심하였습니다. 작은 일도 하나님이 맡겨 주셨으니 충성해야겠다고 말입니다. 한 2~3년 동안 열심히 일하였습니다. 부모가 일하러 가서 차가 없는 아이들을 1시간 이상 걸려서 픽업해오고, 잠자는 아이들을 깨워서 데려오고, 교회에서 재미있게 놀아주었습니다. 한인 학생들이 아무래도 유색인종이다 보니까 학교에서 따돌림 받는 부분이 없지 않아 있거든요. 그런데 자기들끼리 모이면 편한 거예요. 교회에 모여서 배구도 하고 축구도 하고 스키도 타러 가고 여행도 하고 극장구경도 가고 하면서 한 2~3년 지나니까 부흥을 했는데 무려 30명이 되었습니다. 엄청난 성장입니다. 하여튼 그 아이들과 즐거운 시간을 가졌습니다.

두 해가 지나면서 제 마음속에 한 가지 걸리는 게 있었습니다. 이 아이들을 데리고 다니면서 놀고 축구하고 배구하고 뭐 이런 건 다 할 수 있는데, 수련회에 데리고 가서 은혜 받게 하는 게 안 됩니다. 제가 영어를 썩 잘하지 못하였기 때문입니다. 원고를 써서 읽으면서 설교하니 은혜가 되지 않는 거지요. 아이들이 수련회가서 캠핑하고 물놀이할 때는 신이 나지만, 예배 시간에는 하품을 합니다. 이래선 안 되겠다는 마음이 들어서 하나님께 기도하기 시작하였습니다. 한인 2세 중에서 영어 잘하고 신앙 좋고, 아이들과 호흡을 같이 할 수 있는 젊은 전도사를 보내달라고 기도했습니다.

한 일 년 쯤 되었을 때 하나님이 기도에 응답을 주셨습니다. 젊은 전도사님이 드디어 부임한 겁니다. 아이들에게 첫날 인사를 하는데, "나를 쟈니라고 불러라!"라고 말합니다. 저를 부를 때는 발음도 안 되는 '강도사님'이라고 불렀거든요. 예배 마치기가 무섭게 아직도 추운데 반

팔 반바지로 옷을 갈아입고 아이들을 데리고 운동을 합니다. 제가 아이들 데리고 농구, 배구, 야구 다 했는데, 딱 한 가지 미식축구는 못하였습니다. 미식축구는 부딪히고 넘어지는 터프한 운동입니다. 그런데 쟈니 전도사는 오자마자 미식축구부터 시작하였습니다. 하루 만에 아이들의 마음을 사로잡았습니다. 몇 주 후 드디어 수련회를 가지게 되었습니다. 쟈니 전도사가 설교하는데, 아이들이 회개하고 새사람이 되고 변화되는 모습을 보았습니다.

그런 아이들의 모습을 바라보고 있는 저의 마음이 어땠을 것 같습니까? 하나님께 감사해야 되겠지요? 기도응답을 주셨으니까. 1년 동안 기도했는데 딱 원하던 바로 그 사람이 온 거에요. 아이들이 다 은혜 받았습니다. 얼마나 기쁘고 감사해야 할 일입니까? 그런데 이상하게도 왠지 씁쓸한 마음이 들었습니다.

그때 어떤 녀석이 저에게 카드 한 장을 보냈습니다. 제임스라고 하는 중학교 2학년 아이인데 이름도 안 잊어버립니다. "강도사님, 쟈니 전도사님이 오신지 두 달도 안 되었는데, 아이들이 전부 강도사님을 배신했어요. 그리고 쟈니한테 가서 붙었어요. 그런데 저는 의리가 있는 사람이라, 절대 그에게 가서 붙지 않겠습니다. 전 강도사님만 사랑합니다." 적잖이 위안이 되었습니다. '30명 중에 그래도 한 놈은 있구나. 내 진작 너를 알아보았었다.' 그런데 두어 주 지나자 제임스도 쟈니에게 가서 붙어버렸습니다. 세상에 믿을 놈 하나 없어요!

기도하려고 앉았는데 서운한 마음이 들었습니다. '내가 3년 동안 노력한 열매를 이 친구가 와서 한두 달 만에 날로 먹고 있구나. 이 압살롬 같은 쟈니 전도사가!' 얼마나 마음이 씁쓸하고 아팠는지 모릅니다. 창

피해서 누구에게 이야기할 수도 없었습니다. 하나님께도 약간 서운한 마음이 들었습니다. 제가 괴로워하고 있을 때, 주님의 음성이 들리는 듯합니다. '쟈니 전도사가 압살롬 같이 아이들의 마음을 훔쳤다고? 혹시 네가 내 양을 훔친 것 아니냐? 네가 그 아이들 위하여 십자가를 졌느냐? 네가 겟세마네의 기도를 아느냐? 그리고 무엇보다 네가 그런 사람을 전도사로 보내달라고 기도하지 않았느냐? 난 네 기도에 응답한 죄밖에 없다.'

이후로는 다시는 그런 부끄러운 마음을 품지 않게 되었습니다. 모르겠습니다, 앞으로 어떻게 될지는……. 그러나 지금까지는 제가 목회하거나 가르치는 사람이 다른 사람에게 가서 은혜를 받는 것이 서운하지 않습니다. 우리 교회에서 은혜를 못 받고 다른 교회에 가게 되면 자책하는 마음은 들지만, 어디든지 가서 꼭 잘 적응하시라고 진심으로 기도합니다. 학생들이 다른 교수님들을 따르고, 그들이 인기를 얻는 것이 그렇게 부럽지 않습니다. 나보다 뛰어난 교수님이라면 살짝 부럽고, 학생들의 인기몰이를 하는 분 같으면 속으로 '픽' 웃고 말긴 하지만 말입니다. 나의 판단과 다르게 하나님께서 그들을 통하여 일하실 수 있기 때문입니다.

하나님의 것을 훔치는 도둑

성경은 또 사람의 것뿐 아니라 하나님의 것을 도둑질하는 경우도 보여 줍니다. 성경은 이렇게 말씀하고 있습니다.

> 사람이 어찌 하나님의 것을 도둑질하겠느냐? 그러나 너희는 나의 것을

도둑질하고도 말하기를, '우리가 어떻게 주의 것을 도둑질하였나이까?' 하는도다. 이는 곧 십일조와 봉헌물이라. 너희 곧 온 나라가 나의 것을 도둑질하였으므로 너희가 저주를 받았느니라. (말 3:8-9)

말라기는 '십일조'를 하나님의 것이라고 단호하게 말씀합니다. 십일조가 무엇입니까? 십일조는 소득의 십분의 일을 하나님께 바치는 것입니다. 십일조의 정신은 모든 것이 하나님으로부터 온 것임을 인정하는 데서부터 출발합니다. 재물과 생명과 시간과 자녀들과 모든 재능이 전부 하나님으로부터 온 것입니다. 그러므로 우리에게 먹고 입고 쓰고 누릴 것을 주신 하나님께 맨 첫 번째 것인 십일조를 바치는 것은 하나님을 향한 신앙입니다. 십일조를 드리는 것은 하나님을 하나님으로 인정하는 행위입니다.

하나님의 것을 도둑질하지 않는 사람이 다른 사람의 것도 도둑질하지 않습니다. 이 두 가지는 서로 연결되어 있습니다. 하나님이 말씀하셨습니다.

너희의 온전한 십일조를 창고에 들여 나의 집에 양식이 있게 하고 그것으로 나를 시험하여 내가 하늘 문을 열고 너희에게 복을 쌓을 곳이 없도록 붓지 아니하나 보라. (말 3:10)

여기 하나님의 약속을 주목해 봅시다. "복을 쌓을 곳이 없도록 부어주리라"고 하셨습니다. 십일조를 하나님께 드리지 않는 사람은 결코 그의 창고가 가득 찰 수 없다는 말입니다. 그 이유는 단지 하나님이 주지 않아서가 아닙니다. 하나님을 신뢰하지 않고 십일조를 드리지 않는 사람은 그의 창고가 결코 가득차지 않을 것입니다. 왜냐하면 창고가 찰 때쯤이면, 그는 더 큰 창고를 지을 것이기 때문입니다. 하나님의 약속을 신뢰하는 사람이 십일조를 드릴 수 있고, 십일조를 드리는 사람만이 그 영혼의 충만함을 누릴 수 있는 이유가 이것입니다.

앞서 살펴본 대로 도둑질의 범위는 매우 넓습니다. 도둑질은 생각보다 우리의 삶 가까이에 있고, 때론 나도 거기에 연루되어 있는 경우가 많습니다. 한 가정의 아내와 자녀들이 돈 걱정 없이 사는 이유가 화이트칼라 범죄자 아버지를 둔 덕분일 수 있습니다. 큰 회사의 말단 사원들은 자기도 모르는 사이에 중소기업의 목을 죄고 있을 수 있습니다. 오늘도 숫자를 보며 열심히 일하는 금융회사의 직원들은 저 멀리 약소국 수만 명의 목숨이 달린 공장의 문을 클릭 하나로 닫아버리고 있습니다. 승소율을 최고의 가치로 여기는 변호사는 살충제로 피해를 본 사람들의 보상금을 깎기 위하여 논리를 개발하고 있습니다.

그렇다면 우리는 왜 도둑질을 하는 것일까요?

2. 왜 도둑질을 할까?

가난해서

도둑질의 이유는 우선 '가난'을 꼽을 수 있습니다(잠 6:30; 30:9 참고). 먹을 것이 없으니 어쩔 수 없이 남의 것에 손을 대는 것입니다. 지금은 우리나라가 풍요한 나라가 되었다고 하지만 아직도 우리 사회의 구석구석에는 가난한 사람들이 많이 있습니다. 그들은 지금도 아이의 분유 값과 기저귀 값이 없어서 훔칩니다. 전국의 구치소와 교도소에는 수만 명의 '잡범'들이 감금되어 있습니다. 그러나 모든 사람이 가난 때문에만 도둑질을 하는 것은 아닙니다.[22]

억울해서

도둑질의 이유에는 '피해자 의식'도 한몫합니다. 피해자 의식은 과거에 피해를 입은 데 대한 억울한 감정 때문에 다른 사람에게 해를 끼치는 것을 정당하게 생각하는 정서를 말합니다. 슬픔에 찬 야곱은 "하나같이 다 나를 괴롭힐 뿐이로구나!"(창 42:36, 표준새번역, Everything is against me! NIV)라고 탄식하였습니다. 두려움으로 가득 찬 사울은 "너희가 다 공모하여 나를 대적한다"(삼상 22:8)고 하였고, 아버지를 대적한 압살롬은 자신의 이름을 전할 아들이 없음을 한탄하며 비석을 세웠습니다(삼하 18:18). 이들 모두는 엄청난 특권을 누리던 사람들로서, 자신들이 다른 사람을 괴롭히면서 자신을 피해자로 생각하고 있습니다.

피해자 의식으로 가득 찬 사람은 다음과 같은 생각을 품고 있습니다.

– 나는 노력한 만큼 충분히 받지 못했어!

22 가난의 현상과 그 원인에 대하여 제가 읽은 가장 알기 쉬운 책은, 장 지글러, 유영미 역, 『왜 세계의 절반은 굶주리는가?』(서울: 갈라파고스, 2016); 양영란 역, 『탐욕의 시대: 누가 세계를 더 가난하게 만드는가?』(서울: 갈라파고스, 2008)를 추천하고 싶습니다. 우리 시대 청년들의 빈곤을 다룬 책은 많이 있습니다. '청년'이라는 주제로 쓴 책은 거의 모두 청년의 가난한 삶을 다루고 있는 것 같습니다. 아무 책이나 한 권 집어 들고 읽어 보면 좋겠습니다. 최서윤 외, 『미운 청년새끼: 망가진 나라의 청년 생존법』(서울: 미래의 창, 2017); 최태섭, 『잉여사회: 남아도는 인생들을 위한 사회학』(서울: 웅진 지식하우스, 2014); 제정임 외, 『벼랑에 선 사람들』(파주: 오월의 봄, 2015); 경향신문 특별취재팀, 『부들부들 청년』(서울: 후마니타스, 2017)

– 다른 사람들은 더 나쁜 일을 많이 하는데, 이 정도는 아무것도 아니지!

– 과거에 너무 어려웠기 때문에 이제는 욕심 좀 부려도 돼!

– 우리는 못 먹고 자랐지만 자식들에게 배고픔을 물려줄 수는 없잖아!

– 내가 당한 것을 생각하면 백 배는 더 갚아 주어도 돼!

나만 억울하게 당하고 있다는 생각이 나를 지배하고 있습니다. 그러니 다른 사람에게 좀 해를 끼치고, 다른 사람의 것을 내가 가져도 괜찮다고 생각하는 것입니다. 2008년 2월 숭례문 화재 사건을 기억하십니까? 숭례(崇禮)라는 것은 예를 숭상한다는 의미입니다. '예'(禮)는 유교의 사단(四端) 곧 사람의 4가지 본성인 인의예지(仁義禮智) 중 세 번째 본성이며, 그 뜻은 사양지심(辭讓之心) 즉 양보하는 마음입니다. 우리 민족이 양보하는 본성을 잃은 지 오랩니다. 보상금을 덜 받은 한 노인의 억울함은 600년 된 국보 제1호보다 더 컸습니다. 숭례문의 기와가 주르르 흘러내릴 때 우리의 마음도 주르르 흘러내렸습니다.

우리나라에 가해자는 하나도 없고 피해자만 있는 것 같습니다. 사채에 시달리다 옥상에서 몸을 날리는 사람은 세상을 저주합니다. 죽어라 땀 흘려 일해도 집 한 칸 마련할 수 없는 서민들도 피해자이고, 그 밑에서 매를 맞는 아내들도 피해자입니다. 박사학위를 받고도 정규직에 취업하지 못한 사람도 피해자요, 일류 대학 나온 형들에게 차별당하는 지방대 나온 아들도 피해자요, 고등학교 때 나보다 공부도 못하고 얼굴도 못생겼었는데 남편 잘 만난 동창을 만나고 온 아내도 피해자입니다.

심지어 전직 대통령도 피해자요, 재벌기업 총수도 피해자요, 명문대학 총장도 피해자인 세상입니다.

어떤 사람들은 자신이 과거에 당한 것을 생각하면 되갚아 주어도 된다는 피해 의식을 가지고 있습니다. 조상들이 당했던 피해자 의식이 후손들에게 고스란히 전해지기도 합니다. 이런 현상을 '세습된 피해자 의식'(hereditary victimhood)이라고 합니다. 일본의 경우를 보십시다. 일본은 우리나라 위안부와 강제 징용된 사람들에게 충분한 사과와 배상을 하지 않고 있습니다. 왜 그럴까요? 일본 사람들과 대화를 해보면 그 이유를 알 수 있습니다. 일본 사람들은 자신들이 원폭피해자라는 의식을 가지고 있습니다. 세계 역사상 최초로, 그리고 유일하게 원자폭탄이 떨어진 곳이 일본의 히로시마와 나가사키입니다. 20만 명 이상의 사람들이 한꺼번에 죽었고, 수백만 명의 피해자가 생겼습니다. 그래서 일본인은 다른 사람이 입은 피해에 대해서 둔감한 것입니다.

이스라엘은 팔레스타인을 비롯한 주변의 아랍 국가들을 억압하고 있습니다. 박격포 한 대 공격당하면 미사일로 공격하여 수백 배 응징하지만 전혀 양심의 가책을 느끼지 않습니다. 왜 그럴까요? 홀로코스트에 대한 피해 의식 때문입니다.

그들은 2차 세계대전 중 나치 독일이 자행한 대학살을 통해 600만 명의 유태인들이 죽었다는 것을 기억하며, '이 정도는 우리가 해도 된다'는 생각이 마음 깊숙한 곳에 자리 잡고 있습니다.

불안해서

도둑질의 세 번째 이유는 염려 때문입니다. 앞으로 닥칠 일에 대한 염려는 사람들을 불안한 마음에 짓눌리게 합니다. 누가복음에 이런 말씀이 있습니다.

> 또 내가 내 영혼에게 이르되, 영혼아 여러 해 쓸 물건을 많이 쌓아 두었으니 평안히 쉬고 먹고 마시고 즐거워하자 하리라 하되. (눅 12:19)

흉년과 기근에 대한 불안함은 창고를 짓고 여러 해 동안 먹을 음식을 쌓아 두도록 만듭니다. 사람은 그 후에야 비로소 평안을 느낍니다. 그러나 사람은 금세 또다시 불안에 시달립니다. 쌓아 둔 것이 점점 소비되기 때문입니다.

제가 어렸을 적 발견한 것인데요, '세뱃돈의 역설'입니다. 우리가 어렸을 때는 돈이 귀하였습니다. 우리 집이 그렇게 못 사는 가정이 아니었음에도 불구하고 용돈을 별로 받아본 적이 없습니다. 일 년에 한 번 큰돈을 만져볼 수 있는 날이 있었는데 바로 설날입니다. 할머니에게 세배하러 오는 친척들이 많았기 때문에 세뱃돈을 많이 받았습니다. 빳빳한 백 원짜리 십 여 장에, 십 원짜리 스무나무 장, 천 원짜리를 주시는 외삼촌도 있어서, 그분이 꼭 오시기를 손꼽아 기다렸습니다.

세뱃돈을 받은 날은 너무 설레서 잠도 잘 오지 않습니다. 이 돈을 어떻게 쓸까 행복한 고민에 빠집니다. 그런데 이상한 것은 다음 날부터 불행이 시작된다는 사실입니다. 엄마가 나중에 준다고 맡기라고 해서 천 원 맡기고, (물론 다시 돌려받지는 못하고, "야, 너 때문에 돈 들어간 게 얼만데. 지난번에 책가방 산 거 네 돈으로 산거야." 야단을 맞을 뿐이었습니다.), 책 두 권 사느라고 또 얼마 나가고, 먹고 싶었던 것, 선물

해야 할 것들을 사다가 보면 돈이 빠져나갑니다. 고치에서 곶감 빼먹듯 돈이 빠져 나가는 것을 보는 것은 참으로 참담하고 불행한 일입니다. 세뱃돈과 함께 행복이 솔솔 빠져나갑니다.

어린 나이에 득도한 것일까요? 돈이 어쩌다가 조금 생길 때는 기쁨과 행복이 넘치지만, 설날과 같이 돈이 많이 생기면 오히려 행복감이 없어진다는 사실을 깨달았습니다. 그 후 이 세뱃돈의 역설이 모든 인간사에 적용될 수 있다는 것을 발견했습니다. 예를 들어, 어쩌다가 하루 공휴일이 생기면 우리 직장인들 얼마나 좋습니까? 2017년 10월에는 무려 열흘 간의 휴일이 주어졌습니다. 휴가를 맞이한 지 한 이틀이 지나면서부터 행복이 줄어듭니다. 긴 휴가가 오히려 우리를 불행하게 만듭니다. 아이들을 키울 때도 그렇습니다. 공부를 잘 못하는 아이였는데 한 번 시험 잘 보면 엄마는 희망에 부풀어 행복합니다. 그런데 몇 번 계속 잘하게 되면 그 다음부터는 그 아이의 성적이 떨어질까 조바심합니다.

지금 우리 사회를 '불안 사회'라고 이름 붙일 수 있는데요, 70,80년대 우리 어렸을 적과 사뭇 다른 분위기입니다. 이전에는 고도성장을 유지하면서 앞으로 더 잘 살게 될 것이라는 희망으로 행복도가 높았습니다. 선진국의 대열에 올라서면서부터는 모든 사람들이 이제 내리막길로 들어섰다는 불안감에 불행합니다. 이미 생활수준을 한껏 올려놓았는데, 미래에 더 어렵게 살까 봐 불안합니다. 이미 올라간 사람은 떨어지지 않으려고 안간힘을 쓰고, 아직 못 올라간 사람은 진입장벽이 너무 높아 좌절합니다.

떨어질지 모른다는 불안감! 올라간 성적이 떨어질까, 올라간 지위에서 미끄러질까, 가지고 있던 권력을 빼앗길까, 조기 레임덕이 올까, 내

대까지 유지되던 우리 가문의 사회적 지위가 다음 대에서 무너질까, 우리 교회 성도들의 숫자가 줄어들까, 직장을 잃을 염려, 우리 동네에 대형마트가 들어와서 가게 문을 닫을 염려, 청년실업을 보면서 우리 자녀 세대를 위하여 뭐라도 마련해야 할 것 같은 노심초사, 노후를 위한 불안 등 이런 것들이 우리를 불행하게 만듭니다. 불안한 마음이 전염병처럼 우리 사회에 퍼져 있습니다. 남의 것을 취해서라도 여러 대(代), 아니 여러 해 동안이라도 먹을 것을 쌓아 놓으려는 마음이 우리를 지배하게 되는 것입니다.

3. 어떻게 하면 도둑질하지 않을 수 있는가?

"도둑질하지 말라!"는 계명은 매우 단순해서 우리가 마음만 먹으면 지킬 수 있는 것이라고 생각했는데, 살펴보니 꼭 그렇지만은 않다는 것을 알게 되었습니다. 그리고 우리 사회 속에 도둑질이라는 죄가 만연해 있다는 것도 알았습니다. 뿐만 아니라 우리의 마음속에도 피해 의식이나 염려와 불안으로 인해 도둑질하는 것을 정당하게 생각하려는 성향이 있음도 알았습니다. 우리는 도둑질을 피하기 어려운 세상 속에 살고 있습니다.

과연 우리는 "도둑질하지 말라"는 명령을 지켜낼 수 있을까요? 그 문제를 해결하기 위해 제8계명이 적극적으로 명령하는 것이 무엇인지 살펴보도록 하겠습니다. 하나님의 마음을 알면 그 안에 해결책이 있습니다.

근면, 금욕, 구제

부모들이 자녀를 기르면서 입버릇처럼 말하는 것들이 있습니다. “열심히 공부해라, 돈과 시간을 아껴 써라, 친구와 싸우지 말고 사이좋게 나누어라.” 이는 모든 부모들이 자녀들에게 가르치는 삶의 방식이며, 모든 인류가 여러 역사를 거쳐 오면서 쌓아 온 지혜입니다. “근면하게 일하고, 금욕적으로 살고, 나누어 주라!” 이것은 곧 하나님의 명령이고 인간사회가 유지되기 위한 대원칙입니다.

하나님께서 온 세상 사람들이 먹고 쓰고 남을 정도로 풍성하게 주셨습니다. 후하신 하나님께서 세상을 궁핍하게 만드셨을 리가 없습니다. 전 세계에서 나는 곡물의 양은 전체 인구가 두 번을 먹어도 남는 양입니다. 그러나 인간들의 탐욕 때문에 세상이 어렵게 된 것입니다. 에베소서에서는 이렇게 가르치고 있습니다.

> 도둑질하는 자는 다시 도둑질하지 말고, 돌이켜 가난한 자에게 구제할 수 있도록 자기 손으로 수고하여 선한 일을 하라. (엡 4:28)

어쩌면 ‘근면과 금욕과 구제’의 이야기는 어릴 적부터 익숙하게 들어온 이야기이기 때문에 둔감해져서 오히려 마음에 와 닿지 않을 수 있습니다. 그것을 가지고 세상을 바꿀 수 있다는 생각도 들지 않을 수 있습니다. 그것을 가지고 어떻게 우리의 불안을 떨칠 수 있겠냐고 의심할 수도 있습니다. 그러나 이 대원칙이 도둑질하지 않는 방법의 첫 번째 해답입니다.

제 고등학교 때 친구 한 명이 있었습니다. 고등학교 시절에는 예수를 안 믿었는데 대학에 들어간 후 전도를 받아 예수를 믿게 되었습니다. 전도를 강조하는 한 선교단체에 나가면서 매우 적극적인 크리스천이 되었습니다. 한번은 그 친구가 저를 만나서 자신은 매일 한 명씩 전도하기로 결심하였고 그렇게 실행한다고 하였습니다. 목사가 되려고 하였던 저에게 큰 도전이 되었습니다.

한두 해 정도 신앙생활을 잘하던 그 친구가 3학년이 되었을 때 소위 '운동권'이 되었습니다. 운동권 학생들은 칼 마르크스와 레닌의 혁명이론을 공부하고 세상을 뒤엎으려는 '의식화 교육'을 받습니다. 그 친구가 다시 저를 만났을 때 이번에는 이렇게 이야기했습니다. "나 이제 교회에 안 나간다. 그리고 세상이 바뀌게 되면 내가 가장 먼저 교회를 접수하겠다!" 친구의 '접수하겠다!'는 말에 섬뜩한 생각이 들어 가슴이 철렁 내려앉았습니다.

저는 그 친구에게 교회가 뭘 그렇게 잘못했기에 교회를 싫어하게 되었느냐고 물었습니다. 그러자 친구는 교회가 공산주의 혁명을 가로막는 걸림돌이라고 대답했습니다. 공산주의 혁명은 가진 자들이 더 많이 가지고 가지지 못한 자들은 더 빈곤해져서 빈부 격차가 심해질 때 일어나기 쉬운 법인데, 교회에서는 이 사회를 평등하게 만들지도 못하면서, 찔끔찔끔 자선사업 조금씩 해서 혁명의 기운을 약화시킨다는 것입니다. 그 말을 듣고 '아 그럴 수도 있겠구나!' 생각하였습니다.

그 후 그의 말을 곱씹어 보았습니다. 그의 말을 뒤집어보면 이런 뜻입니다. 우리나라에 공산주의 혁명이 일어나지 않는 이유는 나누어 주는 사람, 남을 위해 손해 보는 사람들이 있기 때문이라는 것입니다. 교회의 가르침은 '열심과 금욕과 구제'입니다. 대다수의 그리스도인들이 열심히 살고 소수의 그리스도인은 금욕적으로 살지만, 구제에 적극적인 사람을 저는 많이 보지 못하였습니다. 그러나 찔끔찔끔이라도 억지로 나누어 주는 것이라도 있어서 우리 사회가 망하지 않은 것입니다. 만약 교회가 그것이라도 가르치지 않았다면 이 사회가 양극화되어 진작 무너졌겠구나 하는 생각을 갖게 되었습니다. 근면과 금욕과 구제, 너무 당연한 가르침이 우리 사회가 무너지지 않도록 하는 기둥이 되는 것입니다.

사람의 생명은 소유의 넉넉함에 있지 않다

어떻게 하면 도둑질하지 않을 수 있는가? 그 두 번째 성경적 답변은 재물을 주신 목적과 한계에 대해 분명히 알라는 것입니다.

> 그들에게 이르시되, 삼가 모든 탐심을 물리치라. 사람의 생명이 그 소유의 넉넉한 데 있지 아니하니라. (눅 12:15)

재물이 우리에게 필요하다는 것은 분명한 사실입니다. 그러나 재물 그 자체가 우리의 생명을 결정하거나, 우리 인생의 목적과 소망이 될 수는 없습니다. 성경은 재물이 많다고 자랑하거나 안심할 것도 아니며, 재물이 부족하다고 가진 사람을 부러워하거나 불안해할 것도 아니라고 말합니다.

아기가 아장아장 걷기 시작하면 그들에게 꼭 필요한 것이 있는데 바로 유모차입니다. 그런데 요즘 젊은 부모들 사이에서는 유모차를 두고 경쟁을 한다고 합니다. 영국의 축구 선수 베컴의 아기가 타고 다니는 유모차는 유모차계의 벤츠라고 불리는데, 한 대에 삼백만 원을 호가합니다. '장윤정 유모차'도 그보다는 못하지만 꽤 비쌀 것입니다. 최저임금을 받으며 일하는 사람은 한 달 봉급을 다 모아야 유모차 한 대를 살 수 있습니다. 어찔합니다. 그런데 생각해 봅시다. 이 비싼 새 유모차에 탄 아기와 바퀴가 자꾸 빠지는 남이 쓰던 유모차에 탄 아기, 둘 중 어느 아기가 부모에게 주는 기쁨이 크겠습니까? 사실 기쁨의 크기는 많이 다르지 않습니다. 부모의 허영심을 만족시킬 수 있을지 몰라도, 백화점에서 비싼 옷만 사서 입히는 아이를 통해 얻는 기쁨이나 남의 옷 얻어 입혀 키우는 아이가 주는 기쁨이나 큰 차이가 없습니다. 가난한 사람이 부자를 쫓아가려면 가랑이가 찢어집니다. 백 년이 지나도 따라가지 못합니다. 따라가지 말고 무시하는 전략을 사용하십시오.

명품 좋아하시지요? 명품이 질기고 오래 가기 때문에 좋아하는 사람도 있을 것입니다. 그러나 다른 사람이 보고 알아 주기를 원하는 마음으로 명품을 사용하는 경우가 대부분입니다. 이전에는 명품 브랜드의 로고를 대문짝만하게 붙이고 다녔습니다. 그런데 요새는 아주 작게 붙여서 알아보는 눈이 있는 사람만 알아볼 수 있게 만듭니다. "어머, 베르사체 신상이네요." "알아보시다니 안목이 꽤 높으시군요." 이런 대화를 즐깁니다. 그러나 만일 그 신상을 아무도 알아보는 사람이 없다면 어떨까요? 제풀에 지칠 것입니다. 그렇게 하자는 것입니다.

문재인 정부에서 아파트 값을 잡는다고 노력하고 있지만, 과거 참여정부 때 아파트 값을 잡지 못해서 강남에 사는 사람의 경우 일 년에 일억 이상의 차익을 보는 사람들이 많았습니다. 일억이라는 돈은 열심히 일하는 억대 연봉자가 숨만 쉬고 살면서 일 년 동안 모아야 하는 돈입니다. 서민들은 꿈도 꾸지 못하는 큰돈입니다. 그런데 강남에 아파트 한 채가 있으면 쉽게 일억이라는 돈이 생기니, 너도나도 대출을 받아서 아파트를 사곤 했습니다. 수십억 나가는 아파트에 사는 사람이 있는가 하면, 전셋집이나 사글셋방에 사는 사람이 있습니다.

이들의 행복에 차이가 있을까요? 조금 차이가 있지만 행복의 크기와 집의 크기는 비례하지 않습니다. 오히려 넓은 집에 사는 사람보다 좁은 집에 사는 사람들의 금슬이 더 좋을 것 같습니다. 백 평짜리 고급 빌라에 사는 부부가 싸우면 서로 말을 하지 않고도 여러 날 갈 수 있습니다. 십리는 떨어져 있기 때문이지요. 그러나 단칸방에 사는 부부는 심하게 싸웠어도, 밤에는 할 수 없이 한 방에서 자야 합니다. 같이 자다가 보면 역사가 일어나지 않겠습니까?

한참 전 이야기인데요, 한 대기업의 회장이 70세에 암에 걸렸습니다. 우리나라에서 고치지 못하자 유명한 의사를 찾아 미국 필라델피아까지 갔습니다. 그리고 고침을 받았습니다. 진료비만 한 1억 정도 들었고, 체재비를 포함해서 전체 치료를 하는데 수억이 들어갔다고 합니다. 심지어 고쳐준 의사가 너무 고마워서 한국에 초청해서 여행까지 시켜주었습니다. 그렇게 해서 그 회장은 무려 17년을 더 살았고 87세의 나이가 되었을 때 사망했습니다. 참으로 돈의 위력은 대단합니다. 생명을 연장시켜 줍니다. 그러나 이렇게 생각해 봅시다. 70세에 하나님 품으로 가든지 87세에 하나님 품으로 가든지, 그게 그리 큰 차이인가요? 결국은 모두 죽는 것인데, 17년 덜 고생하고 좀 빨리 갈 뿐이지요. 사람의 생명은 그 소유의 넉넉한 데 있지 않습니다. 그것을 아는 것이 도둑질을 하지 않을 수 있는 지혜입니다.

구하라, 주실 것이요

우리는 지금 제8계명을 지키고 사는 법에 대하여 공부하고 있습니다. 근면하게 살고, 금욕적으로 살고, 구제하고, 재물의 한계를 알면 된다고 말씀드렸습니다. 그런데 문제가 있습니다. 이런 가르침이 그럴듯하기는 한데, 실제적으로 그렇게 하기가 쉽지 않다는 것입니다. 늘 부족하고 마음에 염려가 끊이질 않는데 어떻게 나누어 줄 수 있겠습니까? 돈의 위력이 눈에 보이는데 어떻게 현실을 외면하고 살 수 있겠습니까? 어떻게 그 좋은 가르침들을 실천하며 살 수 있을까요? 역시 성경이 그 답을 가르쳐주고 있습니다.

> 너희는 욕심을 내어도 얻지 못하여 살인하며 시기하여도 능히 취하지 못하므로 다투고 싸우는도다. 너희가 얻지 못함은 구하지 아니하기 때문이요. (약 4:2)

욕심 때문에 살인까지 한다고 해도 얻고자 하는 것이 얻어지지는 않습니다. 또 얻기 위해서 시기하고 다투어도 소용이 없습니다. 성경은 말합니다. "얻기 위해서 애먼 것에 힘쓰지 말고 하나님께 구하라!"

> 구하라 그리하면 너희에게 주실 것이요, 찾으라 그리하면 찾아낼 것이요, 문을 두드리라 그리하면 너희에게 열릴 것이니. (마 7:7)

우리가 너무 잘 아는 말씀입니다. 성경은 우리에게 분명하게 약속합니다. 구하면 줄 것이고, 찾으면 찾아질 것이고, 두드리면 열릴 것입니다. 믿는 사람이 도둑질하지 않을 수 있는 방법은 하나님의 약속의 말씀을 붙들고 하나님께 간구하는 것입니다. 달리 말하자면 사람의 것을 취하려고 온갖 술수를 부리고, 사람의 마음을 도둑질하고, 시기하면서 사는 구차한 삶을 살 필요가 없다는 것입니다. 말은 쉽지만 정말 그렇게 사는 사람은 적습니다. "인자가 올 때에 세상에서 믿음을 보겠느냐!"(눅18:8)는 예수님의 탄식이 새삼 사무칩니다.

때를 따라 돕는 은혜

미국에서 있었던 일 한 가지 더 말씀드리겠습니다. 1989년 미국에 간 지 몇 달 만에 드디어 자동차가 생겼습니다. 10년 된 구형 GM차인데, 배기량이 무려 4,300cc에 달하는 엄청나게 큰 탱크와 같은 차였습니다. 단돈 500달러를 주고 구입하였습니다. 전 주인이 사슴을 받아서 운전석 쪽 앞 모서리에 커다란 구멍이 나 있고, 헤드라이트도 없습니다. 뒷 범퍼는 옛날 큰 차들이 다 그렇지만 강철 쇠붙이가 5cm 정도의 간격을 두고 튀어나와 있는데, 사슴을 치면서 앞쪽에서 뒤로 범퍼가 휘어져 있었습니다. 이런 못생긴 차였지만 그동안 남들에게 아쉬운 소리 하면서 얻어 탄 때를 생각하면 천하를 얻은 것 같았습니다.

한국에서 가져온 약간의 돈은 한 학기가 지나니 다 써버렸습니다. 교회에서 받는 사례금과 아내가 고생해서 번 '와이프 장학금'까지 보태면 겨우 생활할 수 있었습니다. 일 년이 지나고 9월이면 등록을 해야 하는데 돈이 모자란 겁니다. 어떻게 해야 하나 고민하며 기도하였습니다.

8월의 어느 무더운 여름날이었습니다. 낮에 윗도리를 다 벗고 러닝셔츠에 반바지 차림으로 2층 제 방에서 공부를 하고 있는데, 밖에서 쾅

하는 큰 소리가 났습니다. 불길한 예감이 들어 얼른 밖으로 뛰어나갔습니다. 아니나 다를까 차 사고가 났습니다. 다름 아닌 제 차가 받힌 것입니다. 길 가 코너에 세워두었는데, 예순은 되어 보이는 미국인 부인이 좌회전 하다가 너무 넓게 도는 바람에 제 차의 범퍼를 들이받았습니다. 얼른 뛰어가서 제 차를 여기저기 살펴보았습니다. 비록 500불밖에 안 되지만 애지중지하던 하나밖에 없는 애마였기 때문에 화도 나고, 이거 없으면 큰일이다 싶어서 안절부절 못하고 왔다갔다 하고 있었습니다.

그 부인은 차에서 내리지도 못하고 벌벌 떨고 있었습니다. 왜일까요? 어떤 큰 차를 받아서 엄청나게 큰 소리가 났는데, 잠시 후 러닝셔츠에 반바지만 입은 웬 동양 남자가 뛰어나와서 얼굴이 붉게 상기된 채로 이리저리 뛰어다닙니다. 동양인, 특히 한국인은 모두 태권도의 고수라고 하는데 이 사람의 차를 받았으니 큰일이다 싶었던 모양입니다. 저도 그때는 젊고 배도 안 나오고 근육도 조금 있었지요.

제가 그 부인의 차로 다가가니 창문을 열고는 벌벌 떨면서 수리비를 줄 테니 견적을 내오라고 합니다. 카센터에 가서 견적을 내니 한 500달러면 범퍼를 교체할 수 있다고 하였습니다. 그 부인에게서 현금으로 500달러를 받았습니다. 차 수리를 했을까요? 물론 안 했습니다. 자동차 값이 500인데 거기다 뭣하러 돈을 들입니까? 게다가 앞에서 뒤로 휘어졌던 범퍼가 그 아주머니가 뒤에서 받았기 때문에 곱게 펴져 원상태로 돌아왔습니다. 그 500불을 보태서 그 학기 등록을 마칠 수 있었습니다. 하나님의 때를 따라 돕는 은혜를 경험하였습니다. 적절하게 타이밍을 맞추어 꼭 필요한 만큼의 돈을 주신 것입니다.

어떤 아이가 엄마와 함께 상점에 들어갔습니다. 엄마가 물건 값을 계산하려고 계산대 앞에 섰습니다. 엄마와 함께 온 아이가 계산대 옆에 잔뜩 쌓아 놓은 사탕을 계속 뚫어져라 쳐다봅니다. 사탕을 먹고 싶다는 뜻이겠지요. 계산을 하던 주인 아주머니가 말했습니다. “얘야, 너 먹고 싶은 만큼 집어 먹어라.” 아이는 주머니에 손을 넣고 사탕을 쳐다보기만 봅니다. 아주머니가 또 말했습니다. “먹어도 괜찮아.” 여전히 아이는 꿈쩍도 하지 않습니다. 옆에서 엄마가 거들었습니다. “아주머니가 주시는 거니까 ‘감사합니다!’ 하고 먹어라.” 그런데도 이 아이는 사탕에 손을 대지 않습니다. 보다 못한 주인 아주머니가 사탕을 한 움큼 집어서 아이에게 주었습니다. 그제야 그 아이는 사탕을 받고 “고맙습니다!” 하면서 가게를 나갔습니다.

가게에서 나온 후 엄마가 물었습니다. 주인 아주머니가 사탕을 먹어도 좋다고 했을 때 왜 사탕을 손으로 집지 않았느냐고 말입니다. 그때 이 아이가 이렇게 대답을 했습니다. “내가 집으면 조금밖에 못 집는데, 주인 아주머니가 집어 주면 많이 줄 거니까요.” 아이의 말에 진리가 있습니다.

우리가 사람의 것을 가지려고 아등바등해봐야 얼마나 움켜쥘 수 있을까요? 노력하고 최선을 다하고 욕심을 내면 얼마는 더 갖겠지요. 그런데 하나님의 손은 큰 손입니다. 하나님이 주실 때는 내가 그렇게 욕심을 내어도 갖지 못하던 것을 한 번에 주십니다. 사람과 싸워서 취하는 것은 힘든 일입니다. 그러나 하나님은 후히 주십니다. 사람의 것을 취하게 되면 먹어도 뒤가 켕깁니다. 돈 준 사람에게 종속되기 마련입니다. 그러나 하나님이 주신 것은 아무 탈이 없습니다.

우리가 얻지 못함은 구하지 않기 때문이라는 말씀을 새기십시오. 구하면 주신다는 하나님의 약속을 믿으십시오. 하나님은 우리가 구하기를 기다리고 계시는 분입니다. 그 하나님을 믿지 못하고 사람의 방법으로 얻으려 하면 자칫 도둑질이 될 수 있습니다. 우리 모두 하나님의 전능하신 손을 바라보고, 그 하나님께서 우리에게 큰 손으로 베푸실 은혜를 사모하며 살아가는 복된 자가 되기를 축복합니다.

【기도】 prayer

하나님 그동안 물질 때문에 몸 달아 하고 괴로워하고 불안해했습니다. 내 삶이 너무 억울하다고만 생각했습니다. 때론 양심에 화인 맞은 자처럼 다른 사람의 아픔을 돌아보지도 않고 내가 가진 것만 자랑하였습니다. 우리의 믿음 없음을 용서하여 주옵소서. 이제는 구할 때마다 큰 손으로 베푸실 하나님의 약속을 믿고 살아가도록 우리에게 큰 믿음을 허락하여 주옵소서. 사람의 것을 바라보지 않게 하시고, 사람이 가진 것을 탐내지 않도록 우리의 마음을 붙들어 주옵소서. 신앙인으로 살아가면서 양심이 무뎌지는 잘못을 범하지 않도록 도와주시고 최선을 다해서 열심히 일하며, 겸손한 마음으로 금욕적으로 살며, 그리고 내게 있는 것으로 다른 사람들에게 나누고 베풀 수 있는 사람이 되도록 우리의 마음을 주장하여 주옵소서. 무엇보다 구차한 마음을 가지고 살지 않게 하시고, 하나님의 자녀답게 모든 것을 하나님께 간구하는 큰 믿음의 소유자들 되게 하옵소서. 예수님의 이름으로 기도하옵나이다. 아멘.

네 이웃에 대하여 거짓 증거하지 말라

(출 20:16)

거짓 선지자들을 삼가라

양의 옷을 입고 너희에게 나아오나 속에는 노략질하는 이리라

그들의 열매로 그들을 알지니

가시나무에서 포도를, 또는 엉겅퀴에서 무화과를 따겠느냐

이와 같이 좋은 나무마다 아름다운 열매를 맺고

못된 나무가 나쁜 열매를 맺나니

좋은 나무가 나쁜 열매를 맺을 수 없고

못된 나무가 아름다운 열매를 맺을 수 없느니라

아름다운 열매를 맺지 아니하는 나무마다 찍혀 불에 던져지느니라

이러므로 그들의 열매로 그들을 알리라

(마 7:15-20)

9
거짓 증거하지 말라

명품 시계 R

상당히 오래전 어떤 집사님이 저에게 시계를 하나 선물하였습니다. R자로 시작하는 명품시계입니다. 얼마나 귀한 시계인지 모르고 가격도 모르고 예의상 차고 다녔습니다. 그런데 이 시계가 잘 맞지 않는 것입니다. 일주일에 2분 정도 늦게 가서, 꼭 시계를 조정해야 했습니다. 낭패를 본 일도 있었습니다. 저는 속으로 '이 집사님이 중국을 오가며 사업을 하는 분이니, 아마 북경 뒷골목 어디에선가 짝퉁 R 시계를 사서 선물했나보다!' 생각하고 그 시계를 함부로 대하고, 아무 데나 팽개쳐 놓기도 하였습니다.

한 번은 그 시계가 잘 가지 않고 시름시름 하다가 결국 서 버리고 말았습니다. 그래서 겸사겸사해서 시계방에 가서 물어보았습니다. "이거 짝퉁이지요?" 짝퉁이라고 하면 그 자리에서 버릴 셈이었습니다. 그런데 웬걸, 주인아저씨가 "이거 진짜 R 시계입니다. 차고 다닌 지 10년이 넘어서 분해소지 한 번 하셔야 하겠습니다"라고 하는 겁니다. "그럼 시가가 얼마나 나가나요?" 하고 물어보니 제가 상상할 수도 없이 비싼 금액이고, 중고로 팔아도 수백만 원 이상 나간다는 것입니다. "그래서 진짜 R 시계라면 어째서 시간이 맞지 않는 거냐고 하니 원래 고가 수제품 시계는 조금씩 틀리다고 합니다. 그 시계 분해소지하는 데만도 30만원이 들었습니다.

그 후 저는 경건한 마음으로 시계를 대하고, 소중하게 보관하고, 시계를 찬 손으로 자랑스럽게 땀을 닦았습니다. 그러나 그렇다고 해서 일주일에 2분 늦는 것이 고쳐진 것은 아닙니다. 지금도 그 시계를 차고 있고, 주일 아침이면 시계를 맞춥니다.

그런데 왜 저는 그 시계를 그렇게 좋아하는 것일까요? 시계의 생명은 시간이 잘 맞아야 하는 것인데 말입니다. 5만 원 주고 산 전자시계는 일 년이 지나도 1초도 틀리지 않습니다. 디자인도 더 젊고 현대적입니다. 그래도 저는 일주일에 2분이 늦는 R 시계를 차고 다닙니다. 왜 그럴까요? 이유는 단 하나입니다. 바로 '진짜'이기 때문입니다. 다른 이유는 없습니다. 어떤 효용성보다 저는 진짜를 좋아합니다.

천안에 독립기념관이 있습니다. 우리나라의 역사를 소개하는 많은 역사 자료들과 유물들이 전시되어 있습니다. 여러 번 가 볼 기회가 있었습니다. 그런데 어느 날 유물들을 자세히 보다 보니, 유물을 설명하는 안내판에 'replica'라고 조그맣게 붙어 있는 것을 발견하게 되었습니다. '모조품'이라는 뜻입니다. 커다란 광개토대왕비도 있는데 역시 모조품입니다. 그 후 저는 독립기념관 유물 전시실에 다시는 가지 않습니다. 왜요? 진짜가 아니기 때문입니다. 진짜와 똑같이 복원한 것이지만, 진짜는 아닙니다.

Who Am I?

어렸을 적 '장발장'이라는 동화로 잘 알려진, 빅토르 위고(Victor Hugo)의 대하소설 '레미제라블'(Les Miserable, 불쌍한 사람들)이 뮤지컬과 영화로 만들어졌습니다. 수많은 감동적인 장면이 있는데, 그중 제가 가장 느낀 점이 많았던 부분을 소개하려 합니다. 주인공 장발장은 누이동생과 조카 일곱을 부양하던 날품팔이 노동자였고, 힘이 장사였습니다. 배고픔 끝에 빵을 훔치다가 체포되어 3년형의 선고를 받았습니다. 장발장은 남은 가족의 생계를 걱정하여 틈만 있으면 탈옥을 시도하다가 형기가 늘어 결국 19년 만에 출옥하여 사회로 나오게 됩니다. '투포식스오원'(24601)이 그의 죄수번호였습니다.

전과자의 낙인이 찍힌 그는 직업을 가질 수 없어 걸인으로 전락하였습니다. 성당 사제관 문을 두드렸고 나이 많은 사제에게 환대를 받았습니다. 사제관의 은 접시를 훔쳐 달아나다 경찰에 붙잡혔는데, 사제는 자기가 준 선물이라 증언하였습니다. 그는 장발장에게 은촛대까지 내주며 "정직하게 살아가게. 자네 영혼은 내가 사서 하느님께 바쳤다네" 라고 말합니다.

장발장은 가석방 선서를 어기고 자신의 이름을 마드렌느로 바꾸었습니다. 열심히 노력하여 커다란 공장을 경영하게 되었고 그 도시의 시장이 되었습니다. 과거 어려웠던 시절을 생각하면서, 사제의 사랑에 보답하는 마음으로 자비롭고 정의로운 시장이 되었습니다. 그 도시 전체가 혜택을 보고 많은 가난한 사람들이 도움을 받았습니다.

가석방 규정을 어기고 도망간 장발장을 쫓던 자베르 경감은 장발장을 꼭 빼닮은 어떤 사람을 잡아 그를 재판에 넘겨 감옥으로 보내려 합니다. 무고한 사람이 장발장 때문에 감옥에 갇히게 되는 것이지요. 그는 고민하기 시작했습니다. 자신이 장발장이라는 것을 밝힌다면 그는 비난을 받으며 감옥에 갇힐 것이고, 공장은 빼앗겨 수백 명의 노동자는 갈 곳이 없어지고, 도시는 다시 불의가 난무하는 도시가 될 것입니다.

그렇다고 침묵한다면 어떤 일이 벌어질까요? 자기는 공장의 사장이자 정의로운 시장으로 살아갈 수 있고, 많은 사람들에게 계속 혜택을 베풀 수 있습니다. 그러나 자신을 닮은 이 사람이 억울하게 벌을 받겠지요. 게다가 자신을 진심으로 따르는 동료들의 얼굴을 볼 수 없을 것 같습니다. 더욱이 자신의 얼굴을 볼 수 없을 것 같습니다. '내 영혼은 하나님께 속해 있는데……내가 절망에 빠졌을 때 하나님이 희망을 주셨고 삶의 여정을 계속할 수 있도록 힘을 주셨는데……. 어떻게 해야 하나?' 장발장은 노래합니다. '나는 누구인가? Who am I? 죄수 장발장인가, 자애로운 시장인가? 나는 누구인가?' 그는 결단을 내립니다. '내가 투포식스오원(24601)이요!'

자아실현이 최고의 목표이고 이를 위한 효율적인 방법을 찾는 것이 전부인 시대에, 아니 그 시대의 아들인 나에게 충격으로 다가온 장면이었습니다. 성직자, 설교자라는 가면을 쓰고 오랫동안 살다 보니, 영화 '마스크'의 짐 캐리처럼 가면이 얼굴에 딱 달라붙어 버린 것 같습니다. 내가 진정으로 원하는 것이 무엇인지, 내 속에 무엇이 있는지, 내가 어떤 잘못을 저지르고 살아가고 있는지를 모르고 살아갑니다. 천하를 얻을 수 있을지 몰라도 자기 영혼을 잃는 것입니다.

거짓말은 거짓된 자아, 거짓된 인격에서 나옵니다. 하나님 앞에서 정직한 인격을 갖지 못하면 그 입에서 나오는 말이 오염되어 거짓이 나오게 됩니다. 예수님은 이렇게 말씀하셨습니다.

> 독사의 자식들아 너희는 악하니 어떻게 선한 말을 할 수 있느냐? 이는 마음에 가득한 것을 입으로 말함이라. 선한 사람은 그 쌓은 선에서 선한 것을 내고 악한 사람은 그 쌓은 악에서 악한 것을 내느니라. (마 12:34-35)

언뜻 보면 이해가 되지 않습니다. 악한 사람이라도 정확한 말을 할 수 있고, 하나님을 잘 믿는 사람도 틀린 말을 할 수 있지 않는가? '말'을 판단하는 기준이 맞는 말(true)과 틀린 말(false)이 아니라, 선한(good) 말과 악한(evil) 말이라니, 그건 또 무슨 뜻인가? '말' 혹은 '언어'의 본질이 무엇인지를 알게 되면 예수님의 말씀을 이해할 수 있게 됩니다.

1. '말'이란 무엇인가?

과연 '말'이 무엇일까요? 인간에게 언어는 어떻게 주어졌을까요? 성경은 사람이 하나님의 형상대로 지어졌다고 말씀하는데, 그때 언어가 함께 주어졌습니다. 언어는 하나님의 형상 가운데 가장 중요한 한 부분입니다. 하나님은 짐승들에게는 언어를 주시지 않았습니다. 하나님의 형상인 사람만이 언어로서 하나님을 예배하고 사람과도 소통하게 되었습니다.

하나님은 '말'이라는 도구를 왜 우리에게 주셨을까요? 언어의 기능이 무엇일까요? 대단히 넓은 질문이지만 두 가지로 요약하자면, 첫째는 어떤 물건 혹은 사건을 묘사하는 데 사용하도록 하기 위함입니다. 예컨대, “이것은 붉은 장미이다” 혹은 “대한민국은 민주공화국이다” 등과 같이 물건과 사태를 묘사하는 기능입니다. 두 번째는 ‘말’을 통해서 사람 사이에 관계를 맺고 세상을 움직이게 하기 위함입니다. 사람은 말을 통하여 소통할 뿐 아니라 하나님의 통치권을 대신 행사합니다.

말의 힘

아름다운 연인이 있습니다. 호숫가의 한적한 레스토랑에서 남자가 여자에게 말했습니다. “사랑합니다. 제 남은 삶을 당신과 함께 하고 싶습니다. 저와 결혼해 주시겠습니까?” 남자의 말을 듣는 순간 여자의 눈에서 눈물이 흐르고, 온몸에서 열이 나고, 가슴은 온 세상을 다 얻은 것같이 부풀어 오릅니다. 그 한 마디로 그들의 삶에 새로운 의미가 생겼고, 그들의 삶은 변화되었습니다. 결국 두 사람은 그 말에 이끌려서 서로에게 서로의 인생을 맡기게 되었습니다.

결혼식에서 가장 중요한 것이 무엇일까요? 신부에게는 ‘스드메’가 중요하다고 합니다. 일생에 한 번 있는 일이니 스튜디오 촬영, 드레스, 메이크업을 잘해야 할 것입니다. 어떤 사람은 엄숙한 예배의 분위기나 축가를 중요하게 생각하기도 하고, 하객들은 주로 그날 음식 맛을 화제로 삼고, 어떤 이상한 집에서는 혼수가 적었다고 타박합니다. 그러나 사실 결혼식에서 가장 중요한 것은 ‘성혼 선언’입니다. “신랑 아무개 군과 신부 아무개 양이 부부가 된 것을 공포합니다.” 이 말이 떨어지는 그 순간부터 비로소 그들은 부부가 되는 것입니다. 이 한 마디 말을 듣는 것이 결혼식의 가장 큰 목적입니다. 장황한 예식이라든지, 비싼 돈 들여서 한 모든 준비가 결국 이 한 마디를 듣기 위해서 필요했던 것입니다.

2017년 3월 10일은 우리나라 헌정 사상 중요한 사건이 일어난 날입니다. 헌법재판소 전원일치의 판결로 대통령 탄핵심판이 가결되었습니다. 이정미 헌재소장 권한대행이 침착하고 담담한 목소리로 판결문의 결론을 말하였습니다. "주문, 피청구인 대통령 박근혜를 파면한다." 이 한 문장은 90일 동안의 재판과정의 결말이고, 긴 겨울 촛불집회의 승리일 뿐 아니라 향후 대한민국의 미래를 결정짓는 판결이었습니다. 어떤 사람들에게는 샴페인을 터뜨리며 기뻐해야 할 일이었고, 어떤 사람들에게는 소망을 잃고 통곡할 수밖에 없는 사건이었습니다. 2017년 3월 10일 오전 11시 21분 27초! 판결문의 마지막 단어가 재판관 입에서 떨어지는 바로 그 순간부터 박근혜는 대한민국 대통령이 아닌 것입니다. 이게 말의 힘입니다. 인간은 말을 통하여 사태를 정의하고, 새로운 상황을 창조해냅니다.

원래 하나님의 말씀이 그런 힘을 가지고 있습니다. 하나님은 말씀으로 세상을 창조하셨고, 말씀으로 세상을 붙들고 계십니다(히 1:3). 하나님은 자신의 말씀의 힘에 대하여 이렇게 이야기하십니다.

> 이는 비와 눈이 하늘로부터 내려서 그리로 되돌아가지 아니하고 땅을 적셔서 소출이 나게 하며 싹이 나게 하여 파종하는 자에게는 종자를 주며 먹는 자에게는 양식을 줌과 같이, 내 입에서 나가는 말도 이와 같이 헛되이 내게로 되돌아오지 아니하고 나의 기뻐하는 뜻을 이루며 내가

보낸 일에 형통함이니라. (사 55:10-11)

하나님의 입에서 나가는 말씀은 내용으로 꽉 차 있고 또한 힘이 있어 공허하게 울리다가 사라지는 법이 없습니다. 하나님은 비록 하나님의 말씀에 종속되지만, 사람의 말에도 하나님의 말씀과 같은 능력을 부여해 주셨습니다. 때로 사람의 말에도 신비한 능력이 있습니다. 하나님께서 힘을 실어주시면 말한 것이 그대로 실현됩니다. 예수님이 말씀하셨습니다.

또 그 집에 들어가면서 평안하기를 빌라. 그 집이 이에 합당하면 너희 빈 평안이 거기 임할 것이요, 만일 합당하지 아니하면 그 평안이 너희에게 돌아올 것이니라. (마 10:12-13)

사람은 말을 통하여 관계를 맺고 소통을 할 뿐만 아니라 새로운 세계를 만들기도 하고 변화시키기도 합니다.

사람의 타락, 말의 타락

에덴동산에서 인류의 조상이 타락할 때, 하나님이 주신 모든 선물들도 같이 타락하였습니다. 좋은 선물일수록 더 악하게 변질되었습니다. 하나님이 주신 '말'의 기능은 그대로인데, 그 말을 사용하는 사람이 악하게 됨으로 말도 자연히 악하게 사용됩니다. 말의 기능이 두 가지인 것처럼, 말의 타락도 두 가지 방향으로 나타났습니다.

첫째는 '거짓'입니다. 거짓은 사실을 정확하게 표현하지 않고 속이거나 꾸미는 것을 말합니다. 하나님이 처음 인류를 창조하셨을 때는 거짓말이라는 개념 자체가 없었는데, 인간이 타락하면서 거짓말이 생겨났습니다. 둘째는 인간과 함께 타락한 '말'은 그 힘으로 이웃에게 해를 끼치게 되었습니다. 우리는 십계명의 아홉 번째 계명인 "네 이웃에 대하여 거짓 증거하지 말라"는 말씀에서 타락의 결과를 회복시키고자 하시는 하나님의 뜻을 발견할 수 있습니다. 제9계명은 우리의 말이 진실해야 한다는 것과 ("거짓 증거하지 말라"), 말로 이웃을 해하지 말아야 한다는 ("네 이웃에 대하여") 두 가지 뜻을 가지고 있습니다. '네 이웃에 대하여'라는 말씀의 '대하여'는 영어의 'against'입니다. 이는 '맞서서, 대항하여' 등의 의미를 가지고 있습니다. "너희 이웃에게 불리한 거짓 증언을 하지 못한다"(표준새번역)고 번역하기도 합니다.

그러므로 제9계명이 명령하는 것은 두 가지입니다. 첫째는 거짓말이 아닌 진실한 말을 해야 한다는 것이고, 둘째는 말로 이웃을 해하지 않아야 한다는 것입니다. 우선 첫째부터 살펴봅시다.

법정에서의 위증

원래 네 이웃에 대하여 거짓 증거하지 말라는 제9계명은 좁은 의미에서 "법정에서 위증(僞證)하지 말라"는 뜻입니다. 이웃 간에 시비가 생겼을 때 혹은 형사 사건이 일어났을 때, 법정에 증인을 세우는 경우가 있습니다. 제9계명은 이러한 때에 증인이 위증을 함으로 이웃의 생명과 명예와 재산을 해치지 말라고 명령하고 있습니다. 법정에서의 위증은 세상 모든 거짓들의 총화라고 말할 수 있습니다. 세상의 모든 일들은 결국 법정에서 끝이 나게 되어 있으니까요.

여러분은 법정에서 거짓을 말하지 않고 진실을 말할 준비가 되어 있으십니까? 마음속으로 대답해 보기 바랍니다. 모두 '예'라고 대답하셨겠지요. 그럼 이렇게 생각해 봅시다. 한적한 지방도로를 운전하고 가다가 이렇게 적힌 현수막을 보았습니다. 'OO년 O월 O일, 오후 11시 30분 경, 오토바이와 에쿠스 승용차가 충돌한 사건을 목격하신 분, OOO-OOOO에게 연락 주십시오. 사례금 500만원.' 어떻습니까? 법정에 출두하여 의식이 없는 오토바이 운전자를 위하여 증언해 주시겠습니까? 당연히 하시겠지요? 꼭 500만원 때문이 아니라도 말입니다.

증언을 위하여 법정에 나가려 하는데 문자가 왔습니다. '그날 밤 뺑소니 친 에쿠스 승용차는 영등포 서방파 회장님의 차다. 만일 오늘 증언한다면 앞으로 밤길 조심하셔야 할 걸. 우리는 당신의 딸이 OO고등학교 1학년이라는 것도 알고 있다.'

어떤 재벌그룹의 3세가 자기 그룹의 일을 맡은 로펌의 변호사들과 술을 마시다가 뺨을 때리고 머리채를 잡는 폭행을 하였습니다. 경찰은 수사를 하고 검찰이 기소하려 하였지만, 로펌에서는 자기 회사 변호사들을 회유하여 법정에 나가지 않기로 하였답니다. 변호사들이 회사의 방침을 어기고 법정에서 증언하면 그들은 직장에서 지위를 잃을 것이고, 고소하지 않으면 승진의 기회가 주어질 것입니다. 이들이 과연 법정에서 진실을 말할까요?

거짓말은 마귀의 것

하나님께서는 법정에서의 거짓 증언만이 아니라 세상에 있는 모든 거짓말을 싫어하십니다. 거짓말은 마귀에게 속한 것입니다.

> 그는 처음부터 살인한 자요 진리가 그 속에 없으므로 진리에 서지 못하고 거짓을 말할 때마다 제 것으로 말하나니, 이는 그가 거짓말쟁이요 거짓의 아비가 되었음이라. (요 8:44하)

이 말씀은 주님께서 바리새인들을 무섭게 질책하며 퍼부은 책망의 말씀입니다. 주님은 바리새인들을 가리켜 마귀에게서 난 자들이라고 말씀하셨습니다. 그들은 스스로 하나님의 자녀라고 이야기하지만 실상은 살인을 일삼고, 진리를 말하지 않고, 입만 열면 거짓을 말하는 사람들입니다. 우리 하나님께서는 거짓은 '마귀의 일'이라고 규정하시며 모든 종류의 거짓을 매우 싫어하십니다.

- 사업가들의 거짓말입니다. "이거 팔아도 남는 것이 하나도 없습니다. 저는 손해 보고 장사합니다."
- 정치인들은 지키지 못할 걸 뻔히 알면서도 표를 얻기 위해 무분별한 공약(公約)을 내겁니다. 지키지 못할 것을 알면서 약속을 하는 것은 거짓입니다.
- 사태를 호도(糊塗)하는 언론들도 있습니다. 언론의 본분을 잊고 사적(私的)인 이익을 위해 사건을 일시적으로 감추거나 흐지부지 덮는 경우도 거짓에 해당합니다. 요즘 소위 '가짜 뉴스'들이 SNS를 타고 범람하고 있습니다. 참과 거짓을 구별할 수 없고, 끝내 진지한 뉴스를 포함한 모든 뉴스를 신뢰하지 못하게 합니다.
- 우리들도 위기를 모면하기 위해서 거짓말을 하는 경우가 종종 있는데 이를 선의의 거짓말이라고 위안을 삼거나 어쩔 수 없는 상

황이었다고 핑계대기 쉽습니다. 그러나 하나님은 그러한 거짓말도 싫어하십니다.

심지어 하나님은 다른 사람을 돕기 위한 거짓말도 싫어하십니다. 출애굽기에 이런 말씀이 있습니다.

> 다수를 따라 악을 행하지 말며, 송사에 다수를 따라 부당한 증언을 하지 말며, 가난한 자의 송사라고 해서 편벽(偏僻)되이 두둔하지 말지니라. (출 23:2-3)

하나님은 약한 사람에 대해서 특별한 애정을 가지고 계십니다. 고아와 과부, 혹은 가난한 자에게 은혜 베풀기를 기뻐하십니다. 그런데 거짓을 얼마나 싫어하시면 가난한 자의 송사라고 해서 한쪽으로 치우쳐 공평하지 못하게 그를 두둔해서는 안 된다고 하십니다.

그러나 무엇보다 하나님이 가장 싫어하시는 것은 하나님의 이름으로 하는 거짓말일 것입니다. 예수님의 말씀입니다.

> 거짓 선지자들을 삼가라 양의 옷을 입고 너희에게 나아오나 속에는 노략질하는 이리라. (마 7:15)

거짓 선지자는 하나님의 말씀을 가지고 사람들을 속이는 자를 가리킵니다. 사람들로부터 인기를 얻기 위해 좋은 말만 하는 사람은 거짓 선지자입니다. 특히 권력을 가진 자 앞에서 아첨하는 하나님의 사람은 가중한 사람입니다. 이들은 신앙이 약한 자들에게는 위협과 공포감을 조성합니다. 마치 자기들이 하나님을 대신해서 무슨 저주를 선포할 수 있는 것처럼 강대상을 통해 사람들을 위협하고 조종하려고 합니다.

맹세에 대하여

산상수훈에서 예수님은 맹세에 대하여 이런 말씀을 주셨습니다.

> 또 옛 사람에게 말한 바 헛 맹세를 하지 말고 네 맹세한 것을 주께 지키라 하였다는 것을 너희가 들었으나, 나는 너희에게 이르노니 도무지 맹세하지 말지니. (마 5:33-34상)

주님은 도무지 맹세하지 말라고 하셨지만 사람이 맹세 없이 살 수는 없습니다. 사람들은 약속한 것을 지키겠다고 확인하는 절차로서 맹세를 하곤 합니다. 결혼 서약, 증인 선서, 공직에 임할 때 하는 서약이 맹세의 일종입니다. 세례를 받을 때도 우리는 신앙생활을 잘하겠다고 손을 들고 맹세합니다. 우리가 맹세를 하지 않고 살 수 없다면, 도무지 맹세하지 말라는 주님의 말씀은 무슨 뜻일까요? 이 말의 뜻은 맹세를 할 필요가 없을 정도로 우리 입에서 나오는 모든 말은 '예'와 '아니요'가 분명해야 한다는 말입니다. 그 이상의 말은 악에서 나오는 거짓이 될 수 있다는 것입니다(마 5:37).

서로 다른 진실

우리는 흔히 진실은 하나라고 생각합니다. 그런데 때로 입장의 차이에 따라 진실이 달라지는 경우도 있습니다. "안방에 가면 시어머니 말이 옳고 부엌에 가면 며느리 말이 옳다"는 속담이 있습니다. 시어머니의 입장에서는 '내가 얼마나 귀하게 키운 자식인데……' 하는 심정이 있고, 며느리에게는 '남편 하나만 믿고 시집왔는데……' 하는 마음이 있기 때문에, 고부간에 갈등이 생기면 한 사건에 두 개의 진실이 생기게 됩니다. 입장 차이 때문에 생긴 서로 다른 진실입니다. 그때 한쪽의 진실만을 인정하게 된다면 고부간의 갈등은 더 크게 일어날 것입니다.

저는 목사로서 중재할 일을 자주 마주하게 됩니다. 부부의 문제이든 성도들 간의 문제이든 중재를 할 때 한쪽의 말을 먼저 들어보면 그 말이 100% 맞아 맞장구칩니다. "아니, 그럴 수가 있습니까?" 다른 편의 이야기도 들어보아야겠다 싶어 만나서 들어보면 그 말 또한 맞는 말이라 또 이렇게 말합니다. "아, 듣고 보니 정말 가슴 아프셨겠네요." 팩트는 한 가지인데 입장에 따라 진실이 달라지는 것입니다.

서로 다른 세대와 문화와 입장을 가진 사람들이 모여 사는 곳이 우리 사회입니다. 모든 사람이 내 말만 맞다고 고집하는 것이 우리의 문제입니다. 특히 서로 다른 입장을 가진 사람들이 각각 자신들의 주장을 대변하는 매체(신문, 방송, 인터넷 기사, 카톡방 단체 문자 등)만 본다면 그 간극을 메우기 어려워질 것입니다. 각각의 매체들은 한 사건을 놓고도 서로 다르게 해석하고, 여러 가지 팩트가 있을 때 자기 입장에 유리한 것을 부각시키고 불리한 것은 말하지 않습니다. 각 언론사들이 타깃으로 삼고 있는 그룹이 있기 때문입니다. 보수적인 사람들은 보수적인 신문만 읽고 자신의 입장을 강화하고, 진보적인 사람은 진보적인 매체에만 노출되어 상대가 하는 말을 전혀 들으려 하지 않는 것이 우리의 현실입니다. 한쪽 입장만을 진실이라고 하며 상대가 무엇을 말하려 하는지 들으려 하지 않을 때, 큰 그림의 진실에 다다르지 못할 것입니다.

위선(僞善)

위선은 겉으로만 착한 체하는 것, 혹은 그런 짓이나 일을 말합니다. 사람으로 말하자면 가르침과 행동이 일치하지 않은 사람을 가리킵니다. 위선자는 공적(公的)으로 드러나는 자기와 홀로 있을 때의 모습이 다릅니다. 예수님은 위선자들을 가장 싫어하셨습니다. 예수님은 위선자들을 가리켜 겉으로는 깨끗하고 거룩한 체하지만 그 속에는 음란과 시기와 탐욕이 가득하다고 질책하셨습니다. 거대한 악에 동참하고 있으면서 개인적으로는 정직하다고 스스로 위안한다면 그것 또한 위선입니다. 악한 세상 속에서 고통받는 사람들의 부르짖음에 귀를 막고 침묵하고 있다면 그것 역시 위선의 일종입니다.

약 15년 전쯤에 미국 텍사스에 간 적이 있습니다. 텍사스는 미국 남부의 중심 도시입니다. 우리나라도 그렇기는 하지만, 특히 미국은 땅이 넓기 때문에 지역마다 정서가 많이 다릅니다. 미국 남부 지역을 흔히들 바이블 벨트(Bible Belt)라고 부르는데 가는 데마다 큰 교회가 있고, 기독교 학교와 기독교 대학이 많고, 기독교가 막강한 영향력을 가지고 있습니다. 그곳 사람들의 50% 이상이 주일에 교회에 출석한다고 합니다. 제가 예전에 살던 미국 동부 지역의 사람들은 사무적이고 도시적이며, 사람들은 다소 불친절하였습니다. 그런데 남부 텍사스는 전혀 다른 분위기였습니다. 역시 기독교가 융성한 곳이라 그런가 보다 생각하고 기분이 좋았습니다.

저는 어떤 기독교 대학에 초청을 받아서 그곳을 방문하게 되었습니다. 맨 처음 놀란 것은 학교 입구에 환영의 현수막이 걸려 있는데, 저의 이름과 저와 함께 갔던 교수님의 이름이 쓰여 있었습니다. 저로서는 처음 받아 보는 과분한 대접이었습니다. 그곳에 있는 교수님들은 저희 일행을 환대했고, 각 부서의 담당자들이 하루 종일 자기 학교를 소개해 주었습니다. 부총장이 주재하여 간단한 점심 리셉션을 열어 주기도 하였습니다.

부총장은 저녁에 저희를 집으로까지 초대했습니다. 저는 '역시 그리스도인들이 많이 사는 곳이라 다르구나!' 생각했습니다. 제가 동부에서 여러 해 살았지만, 인간관계를 잘 못해서 그런지는 몰라도 미국인들이 자기 집으로 저를 초청한 적은 한 번도 없었습니다. 저는 그날 그분의 가족들과 함께 테이블에 앉아서 그분의 아내가 손수 준비한 식사를 맛있게 먹었습니다. 미국 영화에서나 볼 수 있는 전형적인 중산층 가정의 풍성한 저녁이었습니다.

식사 후에 디저트로 나온 아이스크림을 먹으며 TV 앞에 모여 앉아 이런저런 대화를 나누었습니다. 마침 방송되고 있던 뉴스에서 우리의 관심을 끄는 소식이 들렸습니다. 당시는 제2차 걸프 전쟁으로 불리는 이라크 전쟁이 한창인 때였습니다. 그 전쟁은 미국과 영국 연합군이 이라크의 대량살상무기 제조를 이유로 이라크를 공격한 전쟁입니다. 그러나 그들이 점령한 바그다드에 화학무기 공장은 없었습니다. 후에 밝혀진 바로는 심지어 지도부는 공격하기 전에 대량살상무기 공장이 없다는 것을 알고 있었다고 합니다. 뉴스에서 전쟁의 긴박한 상황들이 보도되고 있었습니다. 그때 부총장이 말하였습니다. "저 이라크 사람들,

다 죽어야 해요. 무슬림은 기독교의 원수이고 세상을 파괴하는 자들입니다. 하나님이 지키시는 미국이 승리할 것입니다." 그 말에 그의 아내와 자녀들도 모두 동의하는 분위기였습니다.

저는 정말 충격을 받았고 혼란스러웠습니다. 그들은 제가 지금까지 만난 어떤 미국 사람보다 더 친절하고, 온유하고, 남 대접하기를 좋아하는 사람들이었습니다. 예수님을 가장 많이 닮은 사람들이었습니다. 그들의 친절을 받다 보면 누구나 예수님을 믿고 싶어질 것 같았습니다. 그런데 어떻게 그토록 호전적(好戰的)인 생각과 인종차별적인 생각을 할 수 있는지 저는 한참 동안 혼란스러웠습니다. 그것도 하나님의 이름으로요. 그때 저는 외식(外飾)하는 서기관과 바리새인들을 향해 하신 예수님의 말씀이 생각났습니다.

"맹인 된 인도자여, 하루살이는 걸러 내고 낙타는 삼키는도다."(마 23:24)

저는 그들에게서 일종의 위선을 보았습니다. '개인적으로는 거룩하고, 경건하게 살며, 우호적인 사람들에게 친절을 베풀지만, 큰 악에 대해서는 깊은 생각이 없이 동참하고 있구나' 하는 생각이 들었습니다. 그 일은 제게 인간과 세상에 대해서 좀 더 깊이 생각하는 계기가 되었습니다.

말로 이웃을 해하지 말라

우리는 지금 제9계명의 의미에 대하여 공부하고 있습니다. 크게 두 가지인데, 하나는 우리의 말이 진실해야 한다는 것이었습니다. 이번에는 두 번째 뜻인 “말로 이웃을 해하지 말라”는 것에 관해 말하고자 합니다. 말로 이웃을 해하는 것에는 어떤 것이 있을까요? 비방과 중상, 비판, 아첨, 파당을 짓게 하는 선동 등일 것입니다.

비방과 중상(中傷)은 우리 곁에서 일어나는 흔한 일입니다. 이는 이웃을 시기해서 없는 말을 지어내는 것이고, 약점을 들추어내는 것입니다. 세상에 약점이 없는 사람이 있을까요? 그런데 비방과 중상은 고의적으로 이웃의 약점을 드러내어 사람들에게 공개하고, 그의 명예를 깎아내리기 위해 뒤에서 수군거리며 험담을 퍼트립니다.

초대 교회에도 그런 사람들이 있었습니다. 집집마다 돌아다니면서 편견에 사로잡힌 쓸데없는 이야기들로 일을 만드는 여인들이 있었습니다.

> 또 그들은 게으름을 익혀 집집으로 돌아다니고 게으를 뿐 아니라 쓸데없는 말을 하며 일을 만들며 마땅히 아니할 말을 하나니. (딤전 5:13)

남자들은 오른쪽 귀로 듣고 왼쪽 귀로 흘려버리는 게 문제고, 여자들은 양쪽 귀로 듣고 한 입으로 토해 놓는 게 문제라는 말이 있습니다. 제가 여성 비하를 하려는 것은 아니지만 초대 교회에도 그런 여인들이 문제를 일으켰던 것 같습니다. ‘구밀복검’(口蜜腹劍)이라는 사자성어가 있습니다. 입에는 꿀을 발랐지만 뱃속에 칼을 숨기고 있다는 뜻입니다. 말로는 친한 척하지만 속으로는 해칠 생각이 있을 때 하는 말입니다. 마귀는 이런 말들을 사용하여 사람을 실족시키고 가정을 파괴하며 교회를 어지럽힙니다. 하나님은 그런 가증한 것을 싫어하십니다.

또 성경에는 이런 말씀도 있습니다.

> 횃불을 던지며 화살을 쏘아서 사람을 죽이는 미친 사람이 있나니, 자기의 이웃을 속이고 말하기를 '내가 희롱하였노라' 하는 자도 그러하니라. (잠 26:18-19)

'횃불을 던지고 불화살을 쏘아 사람을 죽이는 미친 사람'은 말로 사람들을 비방하고 거짓을 퍼뜨려 그를 매장하는 사람들을 가리키는 말입니다. 이런 헛소문 때문에 수많은 약한 사람들이 영문도 모른 채 '의문의 일패'를 당하기도 하고, 죽고 싶을 만치 고통을 당하기도 하고, 사명의 자리를 박차고 떠나기도 합니다. 나중에 사실이 아닌 것으로 밝혀진 후, "아니면 말고. 농담도 못하냐?" 하는 사람은 미친 살인자와 같다는 것입니다. 상대의 사정을 잘 모를 때는 가만히 있는 것이 옳습니다. 다른 사람을 비방하는 상대와 한자리에 있을 때는, 찡그린 얼굴로 거부의 뜻을 나타내든지, 최소한 맞장구치지 말고 가만히 있어야 합니다. 나중에 내가 그 자리에 없으면 그 사람은 나를 비방할 것입니다.

특히 권력자 앞에서 의로운 사람을 모함하는 사람들을 주의해야 합니다. 권력자 주변에 간사한 사람들이 몰려 있고 권력을 가진 자가 이들을 분별할 능력이 없을 때, 한 나라나 한 조직은 그 명을 다하는 것입니다. 성경에 사울왕의 주변에 이런 사람들이 많이 있었습니다. 자신의 이익을 위하여 의로운 다윗을 모함하여 쫓아내고, 이를 안타까워하는 사람들을 조사하여 죽였습니다. 판단력이 흐려진 사울왕은 이런 간신들을 가까이하였습니다. 다윗이 지은 수많은 시편들은 이들 '간사한

혀,' '거짓된 입술,' '허망한 말,' '독사의 독'과 같은 자들에 대하여 하나님께 호소하는 기도로 가득 차 있습니다.

비판, 아첨, 선동

말로 이웃을 해하는 것에는 '비판'도 한몫을 합니다. 모든 사정과 상황을 평가하고 심판을 내릴 수 있는 분은 우리의 재판장이신 하나님밖에 없습니다. 그분만이 우리의 생각과 행동을 다 알고 계시기 때문입니다.

> 입법자와 재판관은 오직 한 분이시니, 능히 구원하기도 하시며 멸하기도 하시느니라. 너는 누구이기에 이웃을 비판하느냐? (약 4:12)

하나님만이 우리의 입법자이고 재판장이십니다. 우리는 다른 사람을 함부로 비판할 자격도 능력도 없습니다. 예수님도 "어찌하여 형제의 눈 속에 있는 티는 보고 네 눈 속에 있는 들보는 깨닫지 못하느냐?"(마 7:3)고 말씀하시며, "먼저 네 눈 속에서 들보를 빼어라. 그 후에야 밝히 보고 형제의 눈 속에서 티를 빼리라"(마 7:5)고 하셨습니다. 다른 사람이 잘못하는 것을 봤을 때는 비판을 하기보다 내게도 그런 잘못이 있지는 않은지 자신을 먼저 살펴야 할 것입니다. 그리고 그의 입장에서 이해하려고 노력하는 자세도 필요할 것입니다.

아첨도 이웃을 해하는 거짓에 속합니다. 아첨은 칭찬과는 다릅니다. 칭찬은 정당하고 솔직한 찬사로서 상대를 세워 줍니다. 칭찬은 상대를 격려하는 사랑의 표현입니다. 그러나 과장된 찬사나 아첨은 거짓입니다. 아첨은 상대를 위하는 것이 아니라 남의 환심을 사기 위해서 잘 보이려고 알랑거리는 행위입니다. 아첨은 하는 사람이나 듣는 사람 모두를 망하게 만듭니다. 함께 망하지 않으려면 과한 찬사를 받을 때는, 자신을 돌아보고 하나님께 영광을 돌려야 할 것입니다. 또한 면전(面前)에서 과장된 칭찬을 하는 사람을 멀리해야 합니다. 그런 사람은 십중팔구 간신배입니다. 어려움을 당하면 제일 먼저 배신할 사람들입니다. 사람은 그렇게 칭찬을 받을 만한 존재가 되지 못합니다.

말로 이웃을 해하는 일에는 파당을 짓는 선동(煽動)도 있습니다. 사람들의 불안 심리를 자극하고 부추겨 당파심을 조장하고 편을 가르는 언사가 선동입니다. 이런 자들은 내 편은 무조건 옳다 하고 상대편은 무조건 악하다고 폄하합니다. 우리 문화 가운데 깊이 뿌리박힌 집단 이기주의, 줄 세우기, 패거리 문화, 지역감정, 집단 따돌림, '악의 축'(軸, Axis of Evil), 'OOO 죽이기' 등이 그런 악에 속합니다. 성경은 교회 안에 당 짓는 것을 싫어하며(고후 12:20), 당 짓는 일은 육체의 일로서 하나님의 나라를 유업으로 받지 못한다고(갈 5:20) 교훈합니다.

2. 어떻게 해야 할까?

거짓의 삼위일체

우리는 십계명 가운데 제9계명은 비교적 지키기 쉬운 계명이라고 생각하기 쉽습니다. 그러나 우리가 위에서 살펴본 바에 따르면 이 계명 또한 가볍지 않으며 '거짓'이란 죄가 우리 삶에 속속들이 스며들어 있다는 것을 알 수 있었습니다.

거짓에도 삼위일체가 있습니다. 거짓을 조장하는 세상, 거짓을 좋아하는 마음, 거짓의 아비 마귀입니다. 첫째, 세상은 우리를 진실하게 살기 어렵게 합니다. 세상의 기초는 거짓이고, 세상에는 거짓이 난무합니다. 장사할 때 속이지 않기가 어렵습니다. 정권을 잡고 유지하기 위해서는 상대방을 헐뜯고 공격해야 합니다. 학자들은 자신의 학문적 업적을 부풀리기 일쑤입니다. 사람들은 세금을 덜 내기 위해서 온갖 거짓을 동원합니다. 직장인이 술자리에서 "저 이런 분위기 너무 좋아합니다" 하면서 춤추고 노래하고, 넥타이 풀어 머리에 매고 처녀 뱃사공을 부릅니다. 사람들은 과장되게 말하고 행동하는 것이 습관이 되었습니다. 세상은 온통 거짓으로 뒤덮여 있습니다.

거짓의 삼위일체 중 두 번째는 우리를 강제하는 사회보다 더 어려운 내 마음입니다. 프로이트(Freud)의 심리학은 인간에 대하여 많은 것을 가르쳐주었습니다. 그가 발견한 가장 중요한 것이 바로 '잠재의식' 혹은 '무의식'의 세계가 있다는 것입니다. 우리가 의식적으로 생각하고 행동하는 것은 빙산의 일각에 지나지 않고, 많은 생각들이 의식의 수면 아래에 잠겨 있습니다. 나도 알지 못하는 사이에 내 안에 거짓이 자리 잡고 있습니다.

무의식이 작동하는 방법의 하나로 '방어기제'(Defense Mechanism)라는 것이 있습니다. 자기를 보호하기 위해 무의식적으로 자신을 속이는 것입니다. 과거의 아픔과 상처를 억압(repression)하여 전혀 기억하지 않습니다. 상대가 나를 비난할 것이 두려워 먼저 적대적인 감정을 가지고 그 사람을 큰 소리로 비난합니다. 이를 투사(投射, projection)라고 합니다. 자신을 정당화하며 그럴 수밖에 없었다고 스스로 위로하는 자기 합리화(rationalization)도 방어기제의 하나입니다. 문제는 이런 일이 마음속 깊은 곳에서 진행되고 있는데, 정작 자신은 이를 알지 못하는 것입니다. 거짓을 말하는데 자신이 거짓말을 하는 것을 모르는 경우가 태반이라는 말입니다.

거짓의 삼위일체 중 세 번째는 마귀입니다. 마귀는 거짓의 영이고, 거짓의 아비입니다(요 8:44). 그는 큰 권세를 가지고 거짓된 세상이 지속되도록 합니다. 왕과 권력자들의 주변을 거짓으로 감싸고, 언론기관이 사실을 호도하게 만들고, 탈세와 편법을 '관행'으로 삼게 하고, 지식인들이 위선에 빠지게 만들고, 종교인들이 선과 악의 경계를 또렷하게 밝히지 못하게 합니다. 우리도 느낄 수 있습니다. 내 속마음은 원하지 않는데 입에서 거짓말이 술술 나갑니다. 가끔씩은 무엇엔가 강한 충동을 받아 거짓을 지어내기도합니다.

가시나무

제가 좋아하는 시인이자 가수이며, 목사이자 동료 교수인 하덕규목사님이 젊었을 적 지은 노래 가운데 유명한 '가시나무'라는 노래가 있습니다. 몇 년 전 가수 조성모가 리메이크해 대히트를 쳤던 곡이기도 합니다.

> 내 속엔 내가 너무도 많아 당신의 쉴 곳 없네
>
> 내 속엔 헛된 바램들로 당신의 편할 곳 없네
>
> 내 속엔 내가 어쩔 수 없는 어둠 당신의 쉴 자리를 뺏고
>
> 내 속엔 내가 이길 수 없는 슬픔 무성한 가시나무 숲 같네

바람만 불면 그 메마른 가지 서로 부대끼며 울어대고
쉴 곳을 찾아 지쳐 날아온 어린 새들도 가시에 찔려 날아가고
바람만 불면 외롭고 또 괴로워 슬픈 노래를 부르던 날이 많았는데
내 속엔 내가 너무도 많아서 당신의 쉴 곳 없네

어쩌면 그렇게 나의 마음을 잘 묘사하고 있는지……. 다른 사람으로부터 나를 감추고, 나 자신도 나를 대면하기 어렵습니다. 나를 괜찮은 사람으로 여기고 성도들에게 외치며 설교하고 제자들에게 점잖게 충고하는데 사실은 내 속에 거짓된 자아가 너무 많습니다. 때로 바람이 불면 내면을 들여다볼 기회가 있는데, 자신의 참모습이 가시가 무성한 덤불과 같음을 발견합니다.

세상과 마음과 마귀, 거짓의 삼위일체는 우리가 거짓을 말하도록 부추깁니다. 세상이 거짓으로 가득 차 있기 때문에 진실하게 살기 어렵습니다. 내 안에 어둠이 있는데, 그게 무엇인지도 모릅니다. 마귀의 영이 우리 안에서 우리를 충동질합니다. 이런 환경에 살면서 어떻게 우리가 진실하게 살 수 있을까요? 하루에도 수만 마디 말을 하는데 어떻게 실수가 없을 수 있겠습니까? 이 질문들이 바로 우리가 마주할 문제입니다. 야고보서의 말씀이 우리에게 다가옵니다.

혀는 능히 길들일 사람이 없나니, 쉬지 아니하는 악이요 죽이는 독이 가득한 것이라. (약 3:8)

그렇다면 우리는 과연 거짓의 죄를 짓지 않고 잘 살 수 있을까요? 저

는 시편 기자처럼 기도합니다.

여호와여 내 입에 파수꾼을 세우시고 내 입술의 문을 지키소서. (시141:3)

'파수꾼'은 성루(城樓) 높은 곳에 서서 적군이 쳐들어오는지를 살피는 보초입니다. 그런데 시편의 기자는 외부에서 들어오는 적군을 감시하기 위하여 파수꾼을 세워 달라는 것이 아니라, 내 입에서 나가는 '말'을 지키는 파수꾼을 세워 달라고 기도합니다. 쳐들어오는 적군보다 내 입에서 나가는 말이 더 막기 어려운 적이라는 것을 깨달은 사람의 기도입니다.

애정 가득한 눈

그렇다면 우리에게 도무지 방법이 없을까요? 있습니다. 저는 두 가지를 제시하려 합니다. 첫 번째는 사랑 가득한 마음을 품고 이웃에게 애정과 호의를 가지고 대하는 것입니다. 어린 손자 손녀를 바라보는 할아버지의 선한 눈빛엔 애정이 가득합니다. 사랑스러워서 견딜 수 없는 마음이 그 속에 가득하기 때문에 손자 손녀의 모든 행동들이 그저 예쁘고 귀엽기만 합니다. 사랑하는 연인의 눈에도 애정이 가득합니다. 그들은 사랑하는 연인의 몸짓 하나 하나에서도 사랑을 느끼며 상대방을 대할 때 상냥하고 온유한 마음을 가지게 됩니다. 애정 어린 눈의 반대말이 무엇일까요? '까칠한 눈'일 것입니다. 마음이 불편하면 비판적인 시각을 갖게 됩니다. 비판적인 시각을 가진 사람의 입에서 나가는 말은 까칠한 말입니다.

애정 어린 마음은 이런 눈으로 세상을 바라보게 합니다.

– 나보다 나은 사람에게는 존경의 눈
– 나보다 못한 이에게는 긍휼의 눈
– 권위를 가진 이에게는 신뢰를 바치는 눈
– 죄 지은 사람에게는 이해와 용납의 눈

마음에 이웃을 향한 애정이 가득하면 무슨 말을 어떻게 해야 할지 너무 많은 신경을 쓰지 않아도 자연스럽게 내 입에서 좋은 말이 나갑니다. 사랑하면 거짓말할 수 없게 되고, 내뱉은 말에 대해 약속을 지키게 되고, 오해가 있을 때 상대의 입장에서 더 많은 생각을 하게 됩니다. 아첨이 아니라 상대를 세워 주기 위해 칭찬을 하고, 때로 비판을 할 때도 상대를 넘어뜨리는 비판이 아니라 세우기 위한 책망을 합니다. 그런 사람 앞에서는 실수를 해도 만회할 수가 있습니다. 우리들의 마음속에 예수님의 사랑이 가득차서 마음이 부드러워지고 눈에서 독기가 풀리며, 거친 말이 사라지고 서로 용납하고 덮어주며, 실수를 이해할 줄 아는 사람들이 될 수 있기를 축복합니다.

하나님 앞에서 진실한 사람

말은 인격의 표현입니다. 거짓말이 그 사람을 거짓된 사람으로 만드는 것이라기보다, 그 사람이 거짓되면 거짓말이 나옵니다. 반대로 참말이 그 사람을 참된 사람으로 만드는 것이 아니라, 그 사람이 참되면 참말이 나오는 것입니다. 가시나무에서 포도를 딸 수 없고, 엉겅퀴에서 무화과를 딸 수 없습니다. 포도를 따기 위해서는 그 나무 자체가 포도나무여야 되고, 무화과를 따기 위해서는 그 나무 자체가 무화과나무여야 합니다. 우리 입술에서 남을 해하지 않는 좋은 말, 거짓말이 아닌 진실한 말이 나가기 위해서는 내 인격 자체가 진실한 인격이 되어야 하는 것입니다. 이것이 진실을 말하기 위한 두 번째 방법입니다.

다윗이 한번은 이렇게 기도했습니다.

> 하나님이여 나를 살피사 내 마음을 아시며, 나를 시험하사 내 뜻을 아옵소서. 내게 무슨 악한 행위가 있나 보시고 나를 영원한 길로 인도하소서. (시 139:23-24)

이 기도는 하나님의 사람 다윗이 성령의 감동을 따라서 하나님 앞에 한 위대한 고백입니다. 다윗이 젊어서 왕이 되었을 때 그에게는 하나님을 향한 순수한 열정이 있었습니다. 블레셋으로부터 나라를 구하고, 사울이 망쳐 놓은 나라를 정의로운 나라로 회복시키려는 열정이 있었습니다. 하나님께서 그의 열정을 사용하셨습니다. 다윗이 왕위에 오른 후, 목숨을 걸고 나라를 지켰고 나라다운 나라로 만들었습니다.

그러나 언젠가부터 나라가 커지고 권세가 강해지면서 다윗은 자신에게 변화가 생겼다는 것을 감지하게 되었습니다. 밧세바 사건이 있은 후 그는 더욱 예민해졌습니다. 스스로에게 항상 묻습니다. '혹 내가 적폐(積幣) 청산의 대상이 된 것은 아닐까? 사울 왕과 같은 왕이 되지 않겠다고 결심하였는데 이제 사울보다 더한 괴물이 된 것이 아닌가? 하나님과 나의 관계에는 문제가 없는 걸까? 내가 하는 생각과 말들은 모두 선한 동기에서 비롯되었는가?' 다윗은 누구보다 자신을 가장 잘 아는 하나님 앞에서 자신을 돌아보기 원했습니다. 깊은 기도와 묵상을 통하여 자기가 아는 모든 죄악을 낱낱이 찾아내어 고백하였습니다. 그런데 아직도 무언가 마음속에 남은 것이 있는 것 같습니다. 찜찜한 무언가가 있는데 그게 무엇인지 모르겠습니다. 그래서 그는 이렇게 기도하고 있는 것입니다. "하나님이여 내 마음을 살펴보소서. 나를 한 번 시험해 보세요. 나에게 무슨 악한 행위가 있나 알려 주세요!" 다윗의 이런 태도야말로 우리가 찾고 있는 진실한 사람이 될 수 있는 가장 중요한 방법입니다.

목회자인 저도 늘 다윗과 같은 기도를 합니다. 성도들은 제가 기도하고 있으면 성도들을 위해서 기도하는 줄 알지만 제 기도의 절반 이상은 제 자신을 돌아보는 기도입니다. 한 삼십여 년 동안 목회를 하면서 깨달은 것이 있기 때문입니다. '교회를 어렵게 만드는 것은 바로 담임목사구나!' 하는 깨달음입니다. 교회 문제의 90% 이상이 담임목사의 탐욕과 교만과 방종으로부터 시작됩니다. 그래서 나를 위해 기도하는 것이 곧 교회를 위해서 기도하는 것임을 알았던 것입니다.

예수님의 말씀 가운데 이런 말씀이 있습니다.

> 거짓 선지자들을 삼가라. 양의 옷을 입고 너희에게 나아오나 속에는 노략질하는 이리라. (마 7:15)

'거짓 선지자'는 누구일까요? 이단(異端)에 속한 사람들을 가리키는 말일 수도 있을 것입니다. 그러나 더 문제가 되는 것은 '정통'에 속해 있으면서 하나님의 이름으로 거짓을 말하는 사람입니다. 하나님의 뜻을 알고 가르친다고 하는 사람들 중에 그 속이 이리처럼 악한 동기로 가득한 자들이 있다는 것입니다. 그들은 양을 보호하는 자들이 아니라 양을 잡아먹는 자들입니다. 하나님의 말씀을 받지도 않았으면서 자기의 이익을 위해서 하나님을 파는 사람들, 혹은 하나님의 말씀을 받지도 않았으면서 받았다고 생각하는 확신범(確信犯), 모든 사회악의 정점을 찍는 거짓 선지자입니다. 이런 악한 거짓 선지자들이 설교를 잘할수록 부끄러운 일입니다. 그래서 저는 교회를 망치는 자가 되지 않도록 저를 위해서 기도합니다. 저뿐 아니라 성도들도 하나님 앞에서 자신이 진실한지 아닌지 살펴야 합니다. 그래야 거짓의 악으로부터 자유로울 수 있기 때문입니다.

그가 나를 단련하신 후에는

잘 아는 유명한 성경 구절 한 구절 소개합니다.

> 그러나 내가 가는 길을 그가 아시나니, 그가 나를 단련하신 후에는 내가 순금같이 되어 나오리라. (욥 23:10)

고난을 당할 때는 누구나 열 일 제쳐 놓고 자기 자신에게 집중할 수밖에 없습니다. 평소에는 깊은 생각을 가로막는 두꺼운 지방층 때문에 내면의 자아를 깨닫기가 어렵습니다. 그러나 칼끝이 깊숙한 곳을 찌르는 것처럼 고난이 찾아오게 되면 하나님의 말씀이 내 속을 뒤집어 놓게 됩니다. 고난은 거짓된 자아를 뚫고 내면 깊이 숨어 있는 진정한 자아를 마주하게 만드는 힘이 있습니다.

– 태풍이 바다와 강을 뒤집어 온갖 불순물들을 정화시키듯
– 겨우내 묵었던 단단해진 땅을 쟁기가 갈아엎듯
– 원광석이 용광로에서 순금으로 새로 탄생하듯

고난은 우리에게 태풍이요, 쟁기요, 용광로입니다. 인간에게 있어서 진정한 정결은 고난을 통해서 가능한 일입니다. 하나님께서 고난의 쟁기로 여러분을 갈아엎을 때 좌절과 절망의 늪에 빠지지 마십시오. 여러분은 곧 순수한 동기가 살아 있는 진실한 사람으로 거듭날 것입니다. 그리고 마침내 순금같이 되어 나오게 될 것입니다.

“네 이웃에 대하여 거짓 증거하지 말라!” 정의로운 세상을 만들고 싶어하시는 하나님의 추상같은 명령을 들을 수 있고, 동시에 내면의 진실함을 원하시는 하나님의 소박한 소원을 읽을 수 있습니다. 나이가 들고 경험이 많아지면서 세상을 알게 되면 점점 순수한 마음은 온데간데없고, 세상 풍조에 이리저리 휩쓸리기 쉽습니다. 그럴 때 매일 하나님 앞에 엎드려서 자신을 살피고 진실을 회복하기 바랍니다. 말로만 그리스도인인 모조품이 아닌 진짜 그리스도인이 되었으면 좋겠습니다.

【기도】 prayer

하나님, "네 이웃에 대하여 거짓 증거하지 말라"는 말씀을 통해 우리 가운데 가득한 거짓을 보았습니다. 간구하오니 우리 속에 가득한 모든 거짓을 제하여 주시고 하나님의 사랑으로 풍성히 채워 주소서. 그리하여 우리의 입에서 나가는 말들로 사람을 죽이는 것이 아니라 오히려 사람을 살리게 하옵소서. 우리를 거짓의 영으로부터 자유롭게 하시고 이웃을 대할 때 거짓이 아닌 사랑으로 대할 줄 알며, 하나님 앞에서는 진실한 자로 살아가게 하옵소서. 예수님의 이름으로 기도하옵나이다. 아멘.

네 이웃의 집을 탐내지 말라

네 이웃의 아내나 그의 남종이나 그의 여종이나

그의 소나 그의 나귀나 무릇 네 이웃의 소유를 탐내지 말라

(출 20:17)

10
네 이웃의 소유를 탐내지 말라

안데르센의 '빨간 구두'

덴마크의 동화작가 안데르센(Andersen)이 쓴 '빨간 구두'라는 동화가 있습니다. 우리말로는 '분홍신'으로 번역되었습니다. 어렸을 적 읽어 보았을 것입니다. 주인공 카렌이라는 여자 아이는 어릴 때부터 예뻐서 사람들에게 칭찬을 많이 받았습니다. 어머니가 일찍 돌아가시고 어떤 부자 노부인의 손에서 길러졌습니다. 세례 받을 나이가 되어 교회에 신고 갈 신을 사기 위하여 구둣방에 갔습니다. 카렌은 빨간 에나멜 구두를 보고 이 신이 너무 마음에 들었습니다. 원래 세례식에 빨간 구두를 신고 가면 안 되지만, 카렌은 눈이 잘 보이지 않는 노부인을 속이고 빨간 구두를 샀습니다.

세례식은 물론 성찬식 때도 빨간 구두를 신고 갔으며, 찬송가를 부를 때도, 기도문을 외울 때도 온통 빨간 구두 생각뿐이었습니다. 예배를 마치고 나오는데 이상한 일이 벌어졌습니다. 카렌이 의도하지도 않았는데 저절로 춤이 추어지기 시작하는 것이었습니다. 마부가 붙잡았지만 계속해서 발이 춤을 춥니다. 사람들이 달려들어 빨간 구두를 벗기자 겨우 발이 잠잠해졌습니다.

너무 무서운 나머지 집으로 돌아가서 빨간 구두를 신발장에 처박아 두었습니다. 마음 한구석에는 이 구두가 보고 싶어 견딜 수 없습니다. 마을에서 무도회가 열린다는 소식을 듣고 카렌은 이 구두를 신발장에서 꺼내 결국 신고 말았습니다. 너무 춤을 잘 추어서 사람들의 환호를 받았습니다.

그런데 문제는 춤이 멈추지 않는 것입니다. 카렌의 의도와 달리 왼쪽으로 가려 하면 오른쪽으로 돌고, 계단을 올라가려 하면 춤을 추면서 계단을 내려갑니다. 무도회장을 빠져나와 집으로 가려는데 계속 춤을 추면서 마을을 벗어났습니다. 어둠 속에서 컴컴한 숲 속으로 들어섰습니다. 카렌은 빨간 구두를 벗으려 하였지만 단단히 달라붙어서 벗겨지지 않았습니다. 산에서 들에서, 비가 오나 맑으나, 밤이나 낮이나 계속 춤을 출 수밖에 없습니다. 가시덤불에 긁혀 팔과 다리에서 피가 흘렀지만 멈출 수 없었습니다.

넓은 평야 한가운데 오막살이 집 한 채가 있었습니다. 이 집에는 사형수의 목을 치는 망나니가 살고 있습니다. 카렌은 창문을 두드리며 도움을 구하였습니다. "내가 누군지 모르는구나. 난 나쁜 인간의 목을 치는 사람이야." "제발 빨간 구두를 신고 있는 내 발을 잘라 주세요." 머리를 베는 사람은 도끼로 카렌의 발을 빨간 구두와 함께 잘랐습니다. 카렌은 발이 잘렸고 그제서야 춤이 멈추어졌습니다. 빨간 구두를 신은 발은 죽지 않고 작은 발을 단 채 계속 춤을 추면서 숲 속으로 사라졌습니다.

잔인하지요. 세례식과 성찬식 때 딴 생각하면 안 된다는 교훈을 주기 위하여 이렇게 잔인한 이야기를 만들다니 썩은 동아줄을 타고 올라가다가 떨어져서 죽은 호랑이 이야기만큼이나 잔혹한 동화입니다. 처음에는 카렌이 빨간 구두를 좋아하여 신고 춤을 추지만, 나중에는 신발이 춤을 추고 카렌은 따라갈 수밖에 없습니다. 발을 잘라도 신발은 계속 춤을 춥니다. 인간의 욕망이 얼마나 무서운 것인지를 잘 보여 주고 있습니다.

1. 제10계명의 특징

모든 죄악의 출발점

제10계명의 가장 두드러진 특징은 다른 계명과 달리 인간의 마음에 초점을 맞추고 있다는 것입니다. 하나님께서는 우리의 행동뿐 아니라 우리의 중심인 마음에 깊은 관심을 가지고 계십니다. "살인하지 말라, 간음하지 말라, 도둑질하지 말라"는 계명들은 (일차적으로는) 우리의 외적 행동에 관한 말씀입니다. 그러나 마지막 열 번째 계명은 우리의 내적인 문제에 관한 말씀입니다.

'탐심' 혹은 '욕망'은 모든 죄악의 출발점입니다. "네 이웃의 소유를 탐내지 말라"는 말씀에서 '탐내다'는 말은 '몹시 바라다, 기뻐하다, 욕망하다'는 뜻입니다. 통제할 수 없는 이기적 욕망을 묘사하는 것입니다. 마치 카렌이 빨간 구두를 보고 그 마음을 통제할 수 없었던 것과 같습니다. 이 말은 우상을 기뻐하는 사람들(신 7:25), 창기를 갈망하는 어리석은 남자들(잠 6:25), 땅을 탐내는 권력자들(미 2:2), 전리품을 탐한

아간(수 7:21)을 가리킬 때 사용되었습니다.

이웃에 대한 계명인 제5계명부터 제9계명까지는 모두 탐내는 것으로부터 시작하는 죄에 관한 것입니다. 남의 아내, 재산, 명예 등을 탐내다보니 간음과 도둑질과 살인과 거짓말을 하게 되는 것입니다. 뿐만 아니라 탐심은 하나님을 향한 계명인 제1계명부터 제4계명과도 깊은 관련이 있습니다. 에덴동산에서 아담과 하와는 탐심 때문에 선악과를 따 먹었습니다. 그들이 뱀으로부터 유혹을 받았을 때 그들의 눈에는 선악과가 먹음직도 하고 보암직도 하고 지혜롭게 할 만큼 탐스럽기도 하였습니다. 결국 그들은 그것을 먹으면 하나님처럼 될지도 모른다는 탐심으로 인해 하나님의 명령을 어기고 선악과를 먹었습니다. 그래서 탐심을 우상 숭배와 같은 죄라고 말씀합니다.

> 그러므로 땅에 있는 지체를 죽이라. 곧 음란과 부정과 사욕과 악한 정욕과 탐심이니, 탐심은 우상 숭배니라. (골 3:5)

"내 안에 거하는 죄"

바울서신에서도 '탐심'을 모든 죄의 근원으로 정의하였습니다. 탐심은 헬라어로 '에피튀미아'(ἐπιθυμία)라고 하며, '욕심,' '욕망,' '갈망' 등 다양하게 번역됩니다. 로마서 7장에서 자기 자신을 깊이 들여다보고 있는 사도 바울은 자신이 어쩔 수 없는 악한 힘이 존재하는 것을 느꼈습니다. 그는 이 힘을 의인화(擬人化)하여 "내 속에 거하는 죄"(롬 7:17)라고 이름 붙였습니다. 그 죄가 나를 충동질하여 죄로 몰아갑니다. 사실은 "내 속에 있는 죄"는 '나'의 다른 이름입니다. 낮에는 실력 있고 자애로운 의사인 지킬 박사로, 밤에는 흉악한 하이드로 이중생활을 하는 것이 우리 인간이라는 말입니다.

그 악한 힘이 인간의 육체를 통해 주로 나타나기 때문에 "육체의 욕심"(갈 5:15; 엡 2:3)이라 부릅니다. 이 욕망의 힘은 성적 욕망, 재물을 탐내는 것, 지배욕, 권력욕 등으로 나타납니다. 이 욕망의 충동에 자신을 내어 맡긴 사람은 죄의 영향력 하에 있고 결국은 악의 지배를 받게 됩니다(롬 6:12).

이 욕망을 이길 힘이 있을까요? 탐심을 이기고 하나님이 기뻐하시는 일을 할 수 있을까요? 다리를 잘라 내어도 그 다리가 뛰어다닐 정도로 욕망의 힘은 강한데 말입니다. 탐심을 제어할 수 있어야 다른 아홉 가지 계명들도 지킬 수 있을 텐데 말입니다.

2. 필요와 탐욕의 구분법

탐욕을 이기는 법을 생각하기 전에 먼저 해결해야 할 문제가 있습니다. 우리가 육신의 삶을 사는 데 반드시 있어야 하는 '필요'(necessity)와 우리 속의 죄에서 비롯된 '탐욕'(sinful desire 혹은 greed)을 어떻게 구분하느냐 하는 문제입니다. 기독교는 금욕주의가 아닙니다. 하나님께서는 우리가 쓸 모든 것을 선물로 주셨고 누리게 하셨습니다. 하나님은 우리의 영적인 것과 육적인 모든 필요를 채워 주십니다. 가정과 의식주(衣食住)뿐 아니라 직업과 우리의 안전과 건강과 물질의 복을 주십니다. 그리고 그것을 누리라고 하셨고, 부족하면 더 구하라고 하셨습니다. 그러면서 동시에 욕망과 탐심을 가지지 말고 주어진 것에 만족하라고 하셨습니다. 도대체 어디까지가 인간의 필요이고, 어디부터가 욕심입니까?

옛날 사막의 수도사들은 점토 벽돌로 된 방에 살면서 한두 벌 정도의 옷을 가졌고, 음식으로는 300g 정도의 빵과 소금, 콩, 약간의 채소를 먹었는데 해질 무렵에 한 번만 먹었다고 합니다. 어떤 사람은 반찬 한두 가지만 있어도 만족하며 사는데, 어떤 사람은 매일 영양식을 먹고 맛집을 찾아다녀도 먹을 것이 없다고 불평합니다. 어떤 사람은 옷장을 열어보면 옷이 수백 벌 있어도 입고 나갈 옷이 하나도 없다면서 불평합니다. 어찌어찌해서 옷은 마련되었는데 이번에는 구두가 안 맞고, 구두는 맞는데 가방이 매치가 안 된다고 합니다. 어떤 사람은 아주 적은 것을 가지고도 만족하고 어떤 사람은 많은 것을 가져도 더 달라고 합니다.

그렇다면 어디까지가 우리에게 주어진 선물이며 어디부터가 탐욕일까요? 필요를 구하는 기도와 욕심으로 구하는 기도는 어떻게 다를까요? 하나님이 우리 마음에 두신 소원(빌 2:13)과 우리 안의 욕망으로부터 나온 세속적인 비전은 어떻게 구분해야 하는 걸까요? 그 구분법을 네 가지 정도로 요약해 보았습니다.

하나님이 만드신 원칙에 맞는가?

첫째, 하나님이 만드신 원칙에 맞게 잘 사용하고 있는지 확인하는 것입니다. 오랜 옛날 아우구스티누스(Augustinus, 354-430)는 유명한 그의 책 『고백록』에서 수도사들의 절제를 가장 큰 덕목으로 제시하며, 세상의 것을 즐기는 것을 철저하게 반대합니다. 세상의 것을 사랑하는 것은 하나님을 덜 사랑하는 것이기 때문에 그렇다고 합니다. 꿈속에서도 육체의 유혹 때문에 기분이 좋았던 것에 슬퍼합니다. 먹고 마시는 것을 최소화하여 음식 먹는 것을 생명을 유지할 수 있을 정도로 약(藥) 먹듯이 먹었습니다. 꽃향기나 귀에 들리는 아름다운 음악도 잘못된 방법으로 감정을 고무시키기 때문에 무의식적으로 죄를 짓게 만든다고 합니다. 눈으로 보는 아름다운 형체와 부드러운 색깔에 현혹되어서도 안 된다고 합니다.[23]

그러나 이러한 금욕적인 삶은 하나님께서 원하시는 삶이 아닙니다. 하나님이 우리에게 꽃을 주신 이유는 꽃향기를 맡고 꽃을 보면서 즐기고 감상하라고 주셨습니다. 그러니 꽃향기를 맡으며 즐기는 것은 잘못이 아닙니다. 우리에게 맛있는 음식을 주신 이유는 우리가 먹고 즐기며 배부르라고 주셨습니다. 그러니 음식을 맛있게 만들어 먹는 것은 잘못이 아닙니다. 저는 여름철 가지와 초가을 찬바람 날 때 먹는 호박이 참 좋습니다. 호박을 된장찌개에 넣으면 얼마나 달고 맛있는지 모릅니다. 햇고구마 쪄서 먹는 것도 좋지요. 좀 여유가 있는 분은 수산 시장에 나가 제철 대하(大蝦)나 굴을 사다가 요리해 드시기 바랍니다. 하나님은 이런 음식들로 우리를 즐겁고 기분 좋게 하십니다. 성욕(性慾)도 하나님이 인간에게 주신 가장 고상한 선물입니다. 하나님은 이것을 부부 관계 안에서 누리라고 말씀하셨습니다.

그러나 원칙에 맞지 않고 법에 어긋난다면 탐욕입니다. 성욕을 부부 관계 내에서 사용하면 우리의 결혼을 완성시키는 가장 멋진 하나님의 선물이지만, 부부 관계를 벗어나면 그때부터 간음이요 변태입니다. 주

---

23 아우구스티누스, 원성현 등 역, 『아우구스티누스: 고백록과 신앙편람』 (서울: 두란노아카데미, 2011), 제10권 27장부터 34장까지.

식 투자는 좋은 기업을 살리고 그 기업을 통해 이윤을 나눠 가지는 것이므로 그 자체로서는 나쁜 행위가 아닙니다. 그러나 법에 어긋나도록 내부자 정보를 이용하면 그것은 탐욕입니다.

하나님과의 관계를 멀게 하는가?

필요와 탐욕을 구분하는 두 번째 방법은, 그 일이 하나님과의 관계를 돈독하게 해 주는가, 아니면 그것으로 인해 하나님으로부터 멀어지고 있는가를 확인하는 것입니다. 음식을 맛있게 만들어서 먹는 것은 좋은 일입니다. 그런데 매일 잔치를 하고 폭음과 폭식을 하게 되면 우리의 영혼이 어두워집니다. 매일 먹는 것만 밝히게 되면 경건한 삶을 잊어버립니다. 건강하기 위해서 좋은 음식을 먹고 적절한 운동을 하는 것은 좋은 일입니다. 그러나 앉기만 하면 몸에 좋은 약과 음식 이야기만 한다면 언제 우리 영혼의 건강에 대해서 신경 쓸 새가 있겠습니까?

여가를 즐기기 위해 때로 영화나 TV 드라마를 보고 대중음악을 듣거나 게임을 하는 것은 나쁜 일이 아닙니다. 그러나 그것에 심취해서 하나님을 잊어버리거나 멀리하게 된다면 그것은 욕망의 지배를 받는 것입니다. 당구를 치는 남자들은 밤에 잠을 자려고 누웠다가 천장이 당구대로 보였던 경험이 있을 것입니다. 주식 투자에 몰두하는 사람들은 기도하려고 눈을 감으면 주식 그래프가 눈앞에서 왔다 갔다 합니다. 하나님과의 관계를 방해하는 것들입니다. 모두 필요를 넘어서서 욕망으로 나아갔기 때문입니다.

저에게도 그런 경험이 있습니다. 컴퓨터로 하는 '테트리스' 게임이 그렇게 재미있더라고요. 기도를 하려면 테트리스 막대들이 위에서 내려옵니다. 하루는 결심을 하고 게임을 지워 버렸습니다. 얼마 후 이번에는 '지뢰 찾기'라는 게임에 몰두하였는데 이것도 얼마나 재미있던지 한번 시작하면 1시간도 더 하였습니다. 성경 읽을 시간도 부족한데 말입니다. 그래서 이것도 지워 버렸습니다. 게임은 여가를 즐기려고 하는 '필요'의 일종입니다. 그러나 그것이 하나님과의 관계를 멀게 한다면 그것은 인간의 육체적 필요를 넘어 욕망에서 비롯된 것입니다.

내 영혼이 젖 뗀 아이와 같다

다윗은 베들레헴이라는 농촌의 목동이었습니다. 양 몇 마리를 몰고 다니는 목동에 불과했던 그가 이스라엘 통일 왕국의 왕이 되었습니다. 목동에서 왕이 되기까지 얼마나 많은 투쟁과 전쟁을 해야 했겠습니까? 그를 박해하던 사울의 가문을 물리치고 왕이 되었습니다. 왕이 된 이후에도 일생 동안 전쟁터를 누비며 전투를 하였습니다. 수많은 전리품을 얻었으며 영토를 확장하였습니다. 그런 다윗을 보며 사람들은 다윗이 욕망이 많은 사람이라고 생각할 수 있습니다. 저도 한때는 다윗이 권력욕이 가득한 위선자가 아닐까 생각해 본 적이 있습니다. 그러나 다윗의 내면을 들여다보면 전혀 그렇지 않습니다. 시편에 기록된 다윗의 고백입니다.

> 여호와여 내 마음이 교만하지 아니하고, 내 눈이 오만하지 아니하오며, 내가 큰 일과 감당하지 못할 놀라운 일을 하려고 힘쓰지 아니하나이다. 실로 내가 내 영혼으로 고요하고 평온하게 하기를, 젖 뗀 아이가 그의 어머니 품에 있음 같게 하였나니, 내 영혼이 젖 뗀 아이와 같도다. (시

131:1-2)

다윗은 늘 하나님 앞에 나아갔습니다. 왕궁의 별실에 하나님의 언약궤를 모셔놓고 날마다 그 앞에 나가서 기도했습니다. 지금 다윗은 자신이 하고 있는 일들이 자신의 욕망에서 비롯된 것인지 하나님의 명령에 따른 것인지를 묻고 있습니다. 다윗은 세상을 정복하는 큰일을 원하지 않았고 후세에 이름을 떨칠 만한 업적을 남기려 하지 않았습니다. 그는 매일 왕이신 하나님께 엎드렸습니다. 젖 뗀 아이가 어머니 젖을 사모하는 것처럼 하나님을 사모하였습니다. 그렇게 큰일을 이룬 다윗은 후일 자신이 모은 모든 재물을 하나님께 바쳤습니다. 그리고 이렇게 고백합니다.

> 우리는 우리 조상들과 같이 주님 앞에서 이방 나그네와 거류민들이라. 세상에 있는 날이 그림자 같아서 희망이 없나이다. (대상 29:15)

가난하게도 마시고 부하게도 마시고

아굴이라는 사람은 솔로몬 시대에 살았던 지혜자로서 열네 개의 잠언을 남겼습니다. 그는 이런 기도문을 남겼습니다.

> 나를 가난하게도 마옵시고 부하게도 마옵시고 오직 필요한 양식으로 나를 먹이시옵소서. 혹 내가 배불러서 하나님을 모른다, 여호와가 누구냐 할까 하오며, 혹 내가 가난하여 도둑질하고 내 하나님의 이름을 욕되게 할까 두려워함이니이다. (잠 30:8-9)

솔로몬 시대는 이스라엘의 역사 가운데 가장 풍요롭고 번영한 시대였습니다. 솔로몬 왕을 비롯해서 당시의 높은 사람들은 부요가 지나쳐 배가 불렀습니다. 마침내 그들은 "하나님을 모른다, 여호와 누구냐?" 하는 데까지 이르게 되었습니다. 풍요의 시대지만 가난한 사람들은 언제나 있기 마련입니다. 과도한 세금과 부역에 시달렸던 것입니다. 그들은 정의롭지 못한 사회에서 바르게 살 이유를 찾지 못하고 도둑질할 기회를 엿보았습니다. '윗사람이 다 그렇게 해 먹는데 나 하나 정직하게 산다고 해서 뭐가 달라질까? 재수 없게 걸리지만 않으면 되지'라고 생각하면서 말입니다. 부자건 가난한 자건 하나님과의 관계는 점점 멀어져만 갔습니다. 풍요하지만 불행하였던 시대를 바라보며 아굴은 기도했습니다. '아굴의 기도'는 풍요의 시대를 살아가는 오늘날의 우리가 드려야 될 기도가 아닌가 생각합니다.

알래스카에서는 특이한 방법으로 늑대를 잡는다고 합니다. 눈 속에 짐승의 피를 묻힌 날카로운 칼을 숨겨 놓으면 늑대가 피 냄새를 맡고 접근하여 칼에 묻은 피를 핥아 먹습니다. 날카로운 칼에 혀를 베지만 늑대는 계속 칼에 있는 피를 핥습니다. 피의 맛에 취하여 자기의 입과 혀에 상처가 나는 줄도 모르고 계속 피를 핥아 먹던 늑대는 결국 많은 피를 흘려 쓰러져 죽게 됩니다. 현대를 사는 우리도 알래스카의 늑대와 같습니다. 자기를 죽이는 것인 줄 알지 못하고 욕망에 이리저리 끌려 다니다가 결국은 하나님을 팔아먹고 자기의 영혼과 육신을 죽이게 됩니다.

비천에 처할 줄도, 풍부에 처할 줄도

필요와 탐욕을 구분하는 세 번째 방법은 '그것이 없어졌을 때 고통받지 않을 수 있는가?' 또 반대로 '여유가 생겼을 때 남용하지 않을 수 있는가?' 하는 것을 시험해 보는 것입니다. 하나님이 우리에게 주신 좋은 것을 열심히 사용하다가 어느 순간 사라졌을 때, 우리는 우리의 마음을 알아차릴 수 있습니다. 사람이라면 가진 것이 사라졌을 때 처음 얼마간은 고통스럽고 서운할 수 있습니다. 그것은 당연한 감정이지요. 그러나 서운한 마음과 고통이 너무 오랫동안 지속되고 상처가 된다면 그것은 그때까지 탐욕을 부렸던 것임을 증명하는 것입니다.

내가 가지고 누리던 것이 없어지거나 빼앗겼을 때 "주신 분도 하나님이시고 가져가신 분도 하나님이시오니 내가 하나님께 찬송을 드립니다. 지금까지 내가 누리고 산 것만 해도 고맙습니다" 하는 고백이 있어야 합니다. 그리고 내게 주어진 남은 것들을 가지고 최선을 다해서 누리고 만족하며 살아야 합니다. 탐욕을 부리며 사는 사람은 가진 것이 없어졌을 때 견딜 수가 없습니다. 마음이 절망과 낙심으로 가득 차서 세상이 무너진 것 같습니다. 그것을 다시 얻기 위해서 조바심을 내고 안달을 합니다. 그런 상태라면 그 사람의 마음이 그동안 탐욕을 부리고 있었음을 증명하는 것입니다.

반대로 여유가 생겼을 때도 우리는 우리의 마음을 들여다보아야 합니다. 여유가 생겼을 때 방종하지 않고 절제할 수 있는가를 시험해 보는 것입니다. 바울 사도는 이렇게 고백했습니다.

나는 비천에 처할 줄도 알고 풍부에 처할 줄도 알아, 모든 일 곧 배부름과 배고픔과 풍부와 궁핍에도 처할 줄 아는 일체의 비결을 배웠노라. 내게 능력 주시는 자 안에서 내가 모든 것을 할 수 있느니라. (빌 4:12-13)

대한민국 그리스도인이 가장 사랑하는 성경 구절 베스트 3 정도에 들어가는 구절이지요. "내게 능력 주시는 자 안에서 내가 모든 것을 할 수 있느니라!" 그러나 가장 오해되는 구절 가운데 하나이기도 합니다. 여기서 "능력을 주신다"는 것은 힘이나 재능을 주신다는 말이 아닙니다. "모든 것을 할 수 있다"는 말은, 병을 고쳐 주시고, 집값을 올려 주시고, 아이들 대학에 보내 준다는 말이 아닙니다. "모든 것을 할 수 있다"는 말은 배부르거나 풍부하다고 해서 오만하지 않고, 배고프거나 궁핍하다고 해서 비굴하지 않을 수 있다는 말입니다. 사도 바울처럼 이런 마음을 가지고 있는지 확인해 보는 것이 우리의 필요와 탐욕을 구분하는 세 번째 방법입니다.

가난한 이웃과 사회를 생각하라

필요와 탐욕을 구분하는 마지막 네 번째 방법은 내가 요구하는 그것으로 이웃에게 해를 끼치거나, 이웃과 경쟁하여 불편한 사이가 되거나, 나아가 사회를 더 불의하게 만드는 것은 아닌지 살펴보는 것입니다. 하나님께서 우리에게 재물을 주신 중요한 이유 가운데 하나는 그 재물로 사람을 사서 인간관계를 원만하게 하라는 것입니다. 그런데 물질 때문에 인간관계가 어그러지고 돈 때문에 의가 상하거나 의절하게 된다면 그것은 잘못입니다. 우선순위를 바르게 해야 합니다.

옷을 잘 입어서 깨끗하고 아름답게 살아가는 것은 사람을 기분 좋게 하는 일입니다. 그러나 사치하게 입어서 곁에 있는 다른 사람을 주눅 들게 한다면 그것은 욕심이 됩니다. 부동산을 사거나 재산을 보존하고 늘리려는 것은 자연스러운 일입니다. 그러나 집 한 채도 없는 사람이 많은데 여러 채를 소유해서 부동산 시장을 교란하는 것은 탐욕입니다. 이웃에게 해를 끼치고 이 사회를 어지럽고 어둡게 만드는 일입니다.

소명(召命)으로서의 기독교인의 삶

이상에서 우리는 필요와 탐욕을 구분하는 네 가지 방법을 살펴보았습니다. 잘 이해 되었습니까? 그러나 생각이 깊은 분이라면 이 구분법이 문제를 다 해결해 주지 않는 것을 느꼈을 것입니다. 네 가지 구분법이 모두 객관적(客觀的)인 평가 기준이 아니라 주관적(主觀的)인 것들이기 때문입니다. 예컨대 하나님이 만드신 원칙에 어긋나는지를 판단하는 것은 주관적입니다. 꽃을 사람이 보기에 아름답게 만드셨으니 꽃을 보면서 감상하는 것은 탐욕이 아닐 것이고, 악기를 주셨으니 음악을 즐기는 것이 잘못이 아니겠지요. 그러나 총과 폭탄을 주셨으니 이를 사용하는 것이 합당할까요?

하나님과의 관계를 돈독하게 해 주는가, 아니면 하나님으로부터 멀어지게 하는가 하는 판단 기준도 주관적입니다. 어떤 사람은 게임을 하면서도 하나님과 멀어지지 않을 수 있고, 어떤 사람은 금세 하나님을 잊기도 할 것입니다. 세 번째 카테고리도 주관적인 판단에 달려 있습니다. 궁핍한 삶과 여유 있는 삶의 기준이 사람마다 다르기 때문입니다. 네 번째도 마찬가지입니다. 누구와 비교하느냐에 따라 달라지기 때문입니다. 부자들과 비교하면 3만 원짜리 식사는 괜찮지만, 아프리카에서 굶는 아이들을 생각하면 5천 원짜리를 식사도 과한 것입니다. 이것을 판단하는 기준이 무엇이겠습니까?

종교개혁자 칼빈(John Calvin, 1509–64)은 장로교회의 신학을 수립한 위대한 신학자로서, 그의 사상을 집대성한 것이 유명한 『기독교강요』입니다. 이 책의 제3권은 기독교인의 삶에 대하여 쓰고 있는데, 바로 이 질문을 다루고 있습니다. 죄의 욕망을 죽이며 살라는 것이 성경의 명령인데, 어디까지가 하나님이 허용하신 것이고 어디부터가 욕망인가? 라는 주제입니다. 실은 제가 위에서 말한 네 가지 판단 기준이 바로 그의 책에서 인용한 것입니다.

칼빈도 위의 네 가지 기준을 말한 후, 이 기준들이 객관적인 기준이 될 수 없다는 것을 알았습니다. 그래서 마지막으로 한 가지를 덧붙였습니다. 위의 기준들로 판단하되, 결국 각 사람의 삶의 방식은 하나님께서 사람마다 다르게 주셨다고 하면서 이를 '소명'(召命)이라고 하였습니다. 비유를 들자면 군인들을 '초소'(哨所)에 배치한 것과 같습니다. 대한민국에 수천 개의 초소가 있을 것입니다. 육군 본부에 있는 초소는 여름에는 시원하고 겨울에는 따뜻해서 근무하기 쉬울 것입니다. 반면 영하 30도를 오르내리는 산악의 GP도 있고, 칼바람을 맞아야 하는 해안초소도 있습니다. 군인들은 저마다 배치된 초소에서 밤을 보내야 합니다.[24]

우리는 자신의 형편을 살피고 사회적 상황을 고려하며, 자기 직업을 생각함으로써 필요와 탐심의 경계를 알 수 있습니다. 성령의 음성을 들으며 깊이 생각할 때 우리 마음에 떠오르는 것이 있습니다.

---

24 『기독교강요』, 제3권 10장이 이 문제를 다루고 있는데, '초소'의 비유는 6절에 있습니다.

이해를 돕기 위하여 제 이야기를 하나 해드리겠습니다. 한 10년도 더 된 일인데, 저에게 돈이 좀 생겼던 적이 있습니다. 돈이 생기니 그전에 하지 않던 고민이 생겼습니다. 이 돈을 어떻게 보전하고 가능하면 불릴 수 있을까 하는 고민입니다. 은행에 넣어 두자니 이자가 너무 싸서 몇 년 지나면 반토막 날 것 같고, 주식에 투자하자니 아무 지식이 없고, 펀드에 넣자니 위험할 것 같아 고민하니 어떤 분이 부동산이 제일 수익도 많고 안전하다고 말해 주었습니다.

이리저리 생각하고 며칠을 고민하였습니다. 그날도 고민하며 기도하는데, 하나님이 제 속에서 음성을 들려주십니다. "얘, 다른 사람은 다 부동산 해도 너는 하지 마라. 모두 부동산에 투자하는 통에 나라 경제가 휘청거린다. 그거 안 해도 너 먹고 살게 해 줄게." 제 '소명'을 깨달은 것이지요. 주식이나 부동산에 투자하는 사람을 정죄하는 것이 아닙니다. 단지 목회자인 저에게 주신 하나님의 소명입니다. 제가 그 말씀에 순종하였을까요? 저는 고민 끝에 불순종을 선택하였습니다. 결과는 어떠하였을까요? 여러분의 상상에 맡기겠습니다.

3. 어떻게 탐욕을 물리칠까?

탐욕을 부추기는 사회

'탐욕'과 '필요'를 어떻게 구분하는지 알아보았으니, 이제 탐욕을 물리치는 법을 배워야 하겠습니다. 우선 탐욕을 물리치는 것은 쉬운 일이 아니라는 것을 먼저 말씀드리도록 하겠습니다.

탐욕은 마음에서 나오는 죄악이라고 하였습니다. 행동에 관한 문제라면 남의 눈을 봐서라도 어떡하든 절제해 보려 하겠지만 마음에서부터 시작되는 것은 어떻게 할 수가 없습니다. 이른바 '지름신'(神)이 강림합니다. 어떤 이성을 보았을 때 건전한 마음으로 보는 것이 아니라, 성적 욕망의 대상으로 음심을 품고 볼 때가 있습니다. 성경에서는 이를 가리켜 "정욕이 불같이 타는 것"(고전 7:9)이라고 말합니다. 때로 어떤 꼴 보기 싫은 사람을 보는 순간, 미움과 분노와 원한이 속에서 끓어올라서 참을 수 없는 경우도 있습니다. '이 말은 하면 안 되지, 이 말을 하는 순간 관계가 파괴되지' 생각하면서도, 마음이 뜨거워지면서 무언가 확 올라오는 것을 느끼면서 그 말을 뱉어버리고 맙니다. 버럭 소리를 지름으로 그 때까지 쌓아놓았던 것들을 와르르 무너뜨립니다.

탐욕을 물리치기 어려운 것은 탐욕이 인간의 마음 깊은 곳에서 솟아나는 것이기 때문만은 아닙니다. 열 번째 계명은 우리 사회의 기본적인 가치를 거슬러야 하는 명령이기 때문에 더 어렵습니다. 우리나라, 우리 사회를 생각해 봅시다. 우리나라가 추구하는 기본적인 가치를 명문화한 것이 대한민국 헌법입니다. 헌법 제10조는 '국민'(國民)에 관해 규정하는 첫 번째 항목으로서, 이렇게 시작합니다.

> 모든 국민은 인간으로서의 존엄과 가치를 가지며, 행복을 추구할 권리를 가진다. 국가는 개인이 가지는 불가침의 기본적 인권을 확인하고 이를 보장할 의무를 진다.

'인간으로서의 존엄과 가치'라는 말과 더불어 '행복을 추구할 권리'가 있다고 합니다. 원래 '행복 추구권'(pursuit of happiness)이라는 말은 토마스 제퍼슨(Thomas Jefferson, 1743–1826)이 미국 독립선언문에서 사용한 말입니다. 토마스 제퍼슨은 "생명과 자유와 행복의 추구, 이것은 양도할 수 없는 천부의 인권으로서 정부가 지켜 주어야 한다"고 인권선언을 했습니다. 그 뒤로 많은 나라에서 '행복 추구권'을 헌법에 포함시켰습니다.

저는 이 부분을 아쉽게 생각합니다. '인간으로서의 존엄과 가치'나 '행복 추구권'을 반대해서가 아닙니다. 모든 인간은 인간이기 때문에 가치가 있고, 행복을 추구하는 것은 옳습니다. 독재자가 물리력을 사용하여 신민을 억압하는 것을 반대하고, 국가가 개인의 행복을 지켜 주어야 한다는 데 반대할 사람은 없을 것입니다.

그러나 우선순위가 잘못되었습니다. '행복 추구권'보다 먼저 '사랑과 정의와 평화'와 같은 가치가 우선되어야 한다고 생각합니다. '행복 추구권'을 처음 거론하던 18세기 미국 건국시대는 기본적으로 성경적 윤리가 전제되어 있던 시대였습니다. 그래서 사랑, 정의, 평화 등을 말하지 않아도 모든 미국인들의 마음속에 이런 가치를 존중하는 마음이 있었습니다. 그런데 시대가 흐르면서 기독교적 가치가 지배하던 사회가 끝나고 세속적인 행복을 추구하는 시대가 되었습니다. 하나님을 인정하지 않고 나 자신을 모든 사고의 중심에 놓는 시대가 되었습니다. 자본주의 시장경제 체제입니다. 이제 사람들은 사랑과 정의와 평화 같은 가치 자체를 인정하지 않습니다. 개인이 항상 우선이고 개인의 행복이 가장 큰 가치로 자리 잡게 되었습니다. 또한 '행복'이라는 개념은 지극히 세속적인 것들입니다. 각 개인이 각자의 행복을 추구하다 보니, 우리 사회는 약육강식의 각축장이 되고 말았습니다. 행복을 추구하다가 행복을 잃게 된 것입니다.

욕망 자체를 생산하다

우리가 살고 있는 체제를 자본주의 시장경제 체제라고 이야기합니다. 자본주의 시장 경제 체제가 인류가 경험한 가장 탁월한 체제임에는 틀림이 없습니다. 그러나 이 체제에도 약점이 있습니다. 인간의 욕망을 체제의 원동력으로 삼고 있다는 점입니다. 기업을 하는 사람은 마치 자전거를 타는 사람과 같아서 열심히 페달을 밟지 않으면 쓰러집니다. 앞으로 나가거나 넘어지거나 둘 중의 하나이지 서 있는 법은 없다고 이야기합니다. 사람들이 물건을 끊임없이 사지 않으면 이 체제는 굴러가지 않습니다.

자본주의의 초창기에는 의식주 문제를 해결하기 위해 열심히 페달을 밟았습니다. 마침내 대량생산을 통해 사람들이 잘 먹고 잘살 수 있게 되었습니다. 그러나 지금의 자본주의 시장 경제 체제는 우리의 필요를 충족시키기 위하여 생산하는 것이 아니라, 욕망 자체를 생산해내기에 이르렀습니다. 계속 페달을 밟지 않으면 안 되기에 끊임없이 생산을 해내야만 했고, 소비자에게 필요한 것을 만들어 내는 것이 아니라 소비자의 필요 자체를 만들었습니다. 이전까지는 전혀 필요 없던 것들인데 이제는 그것이 없이는 살 수 없게 되었습니다.

스티브 잡스(Steve Jobs)가 만든 스마트폰은 단순한 컴퓨터와 통신수단의 결합이 아니었습니다. 그것은 새로운 세계를 만든 것이고, 다른 말로 하면 새로운 욕구를 창출한 것이었습니다. 이제 산업은 멈추지 않고 계속 페달을 밟아서 4차 산업혁명의 시대에 돌입했다고 합니다.

로봇이나 인공지능 제품들은 원래 우리가 살아가는 데 꼭 필요한 필수품은 아닐 것입니다. 그런데 그런 제품을 만들고 계속 자극적인 광고를 하니 사람들은 결국 그것이 없으면 허전하고 뒤쳐진 사람이라고 느끼게 될 것입니다. 반대로 그것을 소유하게 되면 우월한 사람이라고 스스로 느끼도록 만든 것이지요. 우리는 우리의 욕망을 원동력으로 삼아 움직이는 사회를 살고 있습니다.

사회진화론(Social Darwinism)

우리나라에 자본주의의 정신이 들어온 것은 구한말(舊韓末)입니다. 당시는 전 세계적으로 민족주의가 발흥하고, 각 민족이 저마다 힘을 키우는 시대였습니다. '사회진화론'이 시대정신이었습니다. 사회진화론이란 다윈이 주창한 생물학적 진화론을 국가와 사회에 적용시킨 것입니다. 약육강식, 적자생존(適者生存, survival of the fittest)의 법칙에 따라 인류가 발전하였다고 합니다. 한 나라가 살아남고 위대한 민족이 되기 위해서는 군사력과 경제력, 교육의 힘을 가져야 합니다. 이 사상은 서구의 열강들 뿐 아니라, 중국이나 조선과 같이 산업화에 뒤진 나라들에도 전파되었습니다. 서구의 열강은 자신들의 제국주의적 식민 지배를 정당화하기 위하여 이 이론을 좋아하였고, 뒤떨어진 나라들은 단결하여 살아남기 위하여 받아들였습니다.

우리나라에도 중국을 거쳐 사회진화론이 들어왔습니다. 민족의 독립과 자강(自强)을 주장하는 민족운동가와 박은식, 신채호 등의 역사학자들이 받아들였고, 당시 기독교인들도 받아들였습니다. 무실역행(務實力行)을 주장한 신민회의 안창호 등은 일본을 이기고 독립을 쟁취하기 위하여 민족 산업을 진흥시키고 서양식 교육에 역점을 두어야 한다고 생각하였습니다. 그 시대에 필요한 사상이었다고 생각됩니다.

사회진화론은 독립을 이룬 이후에도 우리 사회를 지배하는 중요한 이념이 되었고, 산업화의 동력이 되었습니다. 우리 민족도 열심히 노력하면 서구 열강을 따라잡을 수 있다고 믿었고, 이를 훌륭히 달성하였습니다. 그러나 부작용도 만만치 않습니다.[25] 이른바 정글의 법칙이 지배하는 사회가 되었습니다. 경쟁이 당연시되었고, '탁월성', '경쟁력 강화'와 같은 가치가 최고선이 되었습니다. 강한 사람, 살아남은 사람은 사회의 주류가 되어 약자를 무시하고 압박합니다. 민주화를 달성한 후 경제민주화로 나아가지 못하고, 각 집단의 이익을 위한 데모가 봇물처럼 터졌습니다. 민주화를 달성했다고 자부하는 386세대가 한 일이라고는 아파트 평수를 늘리고 자녀들 인서울(In-Seoul) 대학에 보내려고 사교육에 집중한 것이 전부였습니다.

IMF 이후

1998년 외환위기(IMF)를 기억할 것입니다. 검은 양복을 입은 IMF 임원들이 점령군처럼 줄줄이 입국하던 모습은 아직도 우리 눈에 선합니다. IMF는 우리나라의 경제뿐 아니라 삶의 양식과 생각하는 방식까지도 바꾸어 놓았습니다. 마치 미국의 9.11 테러가 미국 사회를 완전히 바꾸고, 일본의 '잃어버린 10년'이라고 불리는 헤이세이공황이 일본 사회를 완전히 바꾸어 놓은 것과 같습니다. IMF를 겪으면서 우리 국민은

25 '사회진화론'의 폐해에 대하여 박노자, 『우승열패의 신화』(서울: 한겨레신문사, 2005)를 참고하였음을 밝혀 둡니다.

두 가지 교훈을 얻었습니다. 하나는 이 세상 누구도 자신을 도와주지 않는다는 냉혹한 진리이고, 다른 하나는 우리의 미래가 불확실하다는 사실입니다. 사회적 안전망이 없이 시장이라는 정글에 내동댕이쳐진 것입니다. '승자 독식의 원칙'(Winner-Takes-All)이 사회를 지배하여 성공한 사람은 부와 명예를 모두 가지지만, 실패한 사람은 낙오한 루저(Loser)가 될 수밖에 없습니다.

온간 부정적인 심리가 우리를 지배하고 있습니다. 지금은 잘 살아도 무언가에 쫓긴다는 불안감, 나만 잘되면 남이야 아랑곳하지 않는 이기심, 어린이집부터 무덤까지 일상화되어 있는 경쟁심이 우리 마음 깊숙한 곳에 자리 잡았습니다. 다른 사람과 깊은 관계를 맺지 못하니 우울증이 만연하고, 자살률 세계 1위 국가가 되었습니다. 순위 경쟁에서 승리한 아이들은 나르시시스트(narcissist)가 되고 패배한 아이들은 아무것도 할 수 없다는 무력감과 자기혐오에 빠져 있습니다. 이렇게 해도 안 되고 저리 해도 안 되니 즐기며 살자는 쾌락으로 도피합니다. 게임방에서 밤을 새는 젊은이들, 태백시의 도박판을 전전하는 '도숙자' 등의 사회현상이 생겼습니다.

그동안 유교적 예절이 그래도 남아 있어서, 속으로는 돈을 좋아하면서도 겉으로는 안 그런 척하였는데, 이제는 대놓고 "부자 되세요!"라고 말합니다. '속물'이 된 것입니다.[26] 대놓고 탐욕을 부립니다. 자신의 이익 때문에 시위를 하면 사람들이 고개를 끄덕이고, 공공의 선을 위하여 시위에 참가하면 '외부세력'이 됩니다. 고위 공직자 후보들이 법을 어

26 김홍중, "삶의 동물/속물화와 참을 수 없는 존재의 귀여움: 87년 에토스 체제의 붕괴와 그 이후," 김상민 외 저, 『속물과 잉여』(서울: 지식공작소, 2013) pp.35-72

기고도 부끄러워하지 않습니다.

'교회 오빠'

교회는 어떨까요? 교회도 '속물'이 된 것 같아 안타깝습니다. 더 많은 영혼을 구원한다고 하면서 사실은 숫자적이며 물량적인 성장을 바라고 있습니다. 전도하는 동기가 영혼을 불쌍히 여기는 것이 아니라 교회를 유지하기 위함인 경우가 많습니다. 설교의 동기가 사람들에게 감동을 주어 목사의 영향력을 크게 하는 것이 아닌가 생각됩니다. 건축의 동기는 사람들에게 활력을 불어넣는 것이고, 봉사의 동기는 교회라는 작은 사회에서 인정받는 것입니다. 기독교와 자본주의 정신이 혼동되어서 무엇이 성경적인 것인지 무엇이 세상적인 것인지 구별하지 못할 때가 있습니다. 오늘날 우리 조국 신학의 가장 큰 과제는 자본주의 정신에 의해 잘못 해석된 성경을 바로잡는 일이 되었습니다.

'교회 오빠'라는 말이 있습니다. 교회에서 남자 청년 찾기가 하늘의 별따기입니다. 청년부에 열심히 참석하는 청년의 남녀 비율은 아마 1:3이나 1:4 정도 될 것입니다. 신앙이 좋은 사람일수록 신앙이 좋은 사람과 만나 결혼하고 싶을 것입니다. 그러니 신앙을 가진 오빠들의 값이 천정부지입니다. 어떤 분이 분석을 하였습니다. '교회 오빠'를 정의하기를 '경건과 욕망을 동시에 가진 청년'이라고 하였습니다.[27] 신앙 좋고 따뜻하고 교회 일에 열심일 뿐 아니라, 공부도 잘하고 운동도 잘하고 얼굴도 잘생긴 사람입니다. 여성들의 이상형이지요. 말로는 경건한 남자를 찾는듯 하지만 실제로는 많이 가지고 잘난 남자와 결혼하고 싶

27 백소영, 『세상을 욕망하는 경건한 신자들』 (서울: 그린비, 2013)

어합니다.

부모들은 자녀들을 위해 기도할 때 경건과 욕망을 동시에 기도합니다. "우리 아들 공부도 잘하게 해 주시고, 하나님도 잘 믿게 해 주세요"라고 기도합니다. 사윗감이나 며느릿감을 택할 때도 동일한 기준을 가집니다. 이는 마치 '이 땅에 보물을 쌓아 두고 천국에도 쌓겠습니다. 재물과 하나님을 겸하여 섬기겠습니다' 하는 것과 마찬가지입니다.

옛 태국의 왕들은 자신의 왕국에 있는 어떤 사람을 파멸시키고자 할 때 흰 코끼리를 그 집에 보냈다고 합니다. 태국에서 흰 코끼리는 신성한 동물입니다. 왕에게서 흰 코끼리를 선물 받은 사람은 코끼리의 먹을 것은 물론이고, 목욕시키고 치장하고 건강하도록 운동시키는 것 등에 대해 세심한 주의를 기울이고 돌봐야 했을 것입니다. 자칫 죽기라도 하면 왕에 대한 불충이니까요. 그는 평생 흰 코끼리에 매여 입히고, 먹이고, 잠재우고, 돌보다가 전 재산을 날리고 끝내 파멸하고 맙니다. 흰 코끼리는 왕의 축복이면서 동시에 저주입니다. 우리에게 주어진 부(富)는 과연 축복일까요, 저주일까요?

이처럼 우리에게서 탐심을 없애는 것은 쉬운 일이 아닙니다. 그렇다면 우리는 이제 어떻게 해야 할까요?

불교적 해답

세상의 많은 고등한 종교들은 탐심을 해결하는 방법을 제시합니다. 그 가운데서 불교는 단연 탁월합니다. 불교는 욕망을 절제하는 데 초점을 맞추었습니다. 우리 어렸을 적 산수 시간에 배웠지요. 분수를 크게 하기 위하여 분자를 크게 하는 방법도 있지만, 분모를 작게 하여도 됩니다. 분모를 완전히 줄여서 영(0)으로 만들면, 만족은 무한대로 늘어나는 법입니다. 불교에서는 후자를 선택하였습니다. 한마디로 욕심을 줄이고 집착을 없애라는 것입니다. '삼독'(三毒), 즉 세 가지의 독이 있는데 바로 '탐진치'(貪瞋癡)입니다. 탐심과 분노와 어리석음입니다. 이 셋 중에서도 탐심이 다른 독의 근원입니다. 탐심을 없애면 아주 작은 것에서도 만족을 느낄 수 있습니다.

탐심에 대한 불교의 해법을 적은 읽기 쉬운 책으로 법정 스님의『무소유』를 들 수 있습니다. 아마도 우리나라 사람들이 가장 많이 읽은 책 가운데 하나가 아닐까 합니다. 무엇을 갖는다는 것은 그것에 마음을 쓴다는 것이요 우리의 마음을 얽어매고 부자유스럽게 한다는 것이기 때문에, 소유하지 않는 것이 구원에 이르는 길이라는 내용입니다. 제가 읽은 글 가운데 인상 깊게 남아 있는 것이 있습니다. 한번은 법정 스님이 도둑을 맞은 적이 있는데, 도둑을 맞은 후에 그것이 없어졌다는 아쉬움보다는 도둑이 탐낼 만한 물건을 가지고 있다는 점이 부끄러웠다고 합니다. 그는 죽으면서 무소유를 실천하는 한 방법으로 자신의 책을 더 이상 출간하지 말라고 유언을 남겼습니다. 아이러니컬한 것은 그의 유언 때문에 그의 책은 모두 절판되었고,『무소유』의 가격이 천정부지로 뛰었다고 합니다.

부유한 노예

불교적 가르침과 불교적 삶은 풍요로운 일상을 사는 현대인에게 공감을 불러일으켰습니다. 로버트 라이시(Robert B. Reich, 1946~)라는 사람이 있습니다. 하버드 대학교 교수를 역임하였고, 클린턴 정부 때 4년간(1993–97) 노동부 장관을 하면서 미국의 경제를 이끌어온 석학입니다. 2008년 '타임지'(The Times)는 라이시를 20세기에 가장 성공적으로 업무를 수행한 장관 10인 중 한 사람으로 뽑았습니다. 그가 불교의 영향을 받았는지는 모르겠지만, 그의 삶과 가르침은 불교적이라 할 만합니다.

그는 여러 권의 명저들을 남겼는데, 그 가운데 『부유한 노예』라는 책은 그 제목부터 의미가 있습니다.[28] 현대인이 부요해지기는 하였지만 노예와 같은 삶을 살고 있다는 것입니다. 가장 질 좋은 물건을 가장 싼 값에 사는 것이 자본주의의 소비 원리입니다. 요즘 말로 '가성비'(價性比) 높은 쪽을 택하는 것이지요. 그런데 문제는 모든 소비자는 동시에 생산자이기도 합니다. 그러니 세상의 모든 사람들과 경쟁하여 가장 질 좋은 물건을 가장 싼 값에 만들어 내느라고 '노예'가 되었다고 합니다. 이런 경쟁적인 삶의 방식으로부터 탈피해야 함을 역설하였습니다.

그가 제시한 방법은 이런 것입니다. 가능하면 회사가 구조조정을 하지 않고, 구조조정을 하더라도 인간적으로 해야 합니다. 노동자들도 일하는 시간을 줄여서 돈을 좀 덜 받더라도 많은 사람을 고용하게 해야 합니다. 노동자와 사용자와 정부가 조금씩 양보하는 이른바 '대타협'을 이루어야 우리가 살아갈 수 있습니다. 부자들은 많이 버는 만큼 세금 내는 것을 아까워하지 말고, 가난한 사람은 자기 삶에 만족해야 한다고 합니다.

로버트 라이시가 얼마나 바쁘게 살았겠습니까? 하루는 막내아들이

28 로버트 라이시, 오성호 역, 『부유한 노예』 (서울: 김영사, 2001)

"늦게 오더라도 아빠가 집에 왔는지 확인하고 싶어. 집에 도착하면 꼭 깨워 줘"라고 말했습니다. 그는 이 말에 충격을 받았습니다. 이렇게 사는 것이 진정한 삶이 아니라고 느끼고는, 결단을 내리고 노동부 장관을 사임하였습니다. 계속해서 2기 클린턴 정부에서 장관을 할 수 있었고, 만일 월가(街)에 뛰어들었다면 연봉 수백억을 받는 투자회사의 CEO가 될 수도 있었을 것입니다. 그러나 그는 모든 것을 포기하고 대학교수로 복귀하여 글을 썼습니다. 욕심을 줄임으로써 더 큰 행복을 얻고자 한 것입니다.

보보스(Bobos)

불교적 가르침의 문제가 무엇입니까? 욕망은 끊거나 없앨 수 있는 성질의 것이 아니라는 데 있습니다. 억누를 수 있을 만한 능력이 인간에게는 없습니다. 어느 정도 억눌렀나 싶은데, 옆집 사람이 새 차를 사고 동서네 애들이 명문대학에 들어갔다고 하면 다시 무언가 부족한 마음이 듭니다. 하나님이 우리에게 주신 인간의 기본적인 심성인 무언가를 갈망하는 마음은 없애고 싶다고 없어지는 것이 아닙니다. 인간의 마음은 빈 그릇과 같아서 항상 무언가로 차 있어야 합니다. 공허를 견디지 못하는 인간은 항상 무언가를 갈망하면서 살아갑니다. 인간은 원래 그렇게 만들어졌습니다. 그러므로 욕망하지 말라고 하는 것은 올바른 답이 아닙니다.

불교와 같은 종교적 가르침이 바울의 시대에도 있었습니다. 이른바 스토아 금욕주의자들이었습니다. 이들은 "붙잡지도 말고, 맛보지도 말고, 만지지도 말라"(골 2:21)고 가르쳤습니다. 그러나 이러한 가르침이 인간의 욕망을 없앨 수 없습니다. 성경은 이렇게 단언합니다. “이런 것들은 자의적 숭배와 겸손과 몸을 괴롭게 하는 데는 지혜 있는 모양이나 오직 육체 따르는 것을 금하는 데는 조금도 유익이 없느니라”(골 2:23).

좀 비판적으로 말하자면, 오늘날 불교의 서적들이 그렇게 잘 팔리고 인기가 있는 이유가 무엇입니까? 그 책을 읽은 사람들이 법정 스님처럼 살까요? 아닙니다. 이런 책을 읽음으로 해서 자기도 무언가 버린 것 같은 착각 속에 빠져들어 스스로 위안을 얻으려는 것일 뿐입니다. 『무소유』라는 책을 소유하고, ‘법정’이라는 이름을 ‘소비’하는 것입니다. ‘보보스’(Bobos)라는 신조어가 있습니다. ‘보헤미안 부르주아’(Bohemian Bourgeois)의 줄임말입니다. 실제의 삶은 자신의 욕망에 충실한 부르주아적인 삶입니다. 그러면서 마음이 공허하니까 보헤미안 집시와 같은 방랑과 저항과 창조성을 동경하는 현대인들을 가리키는 말입니다.[29]

경건을 욕망하라!(Pia Desideria)

비울 수 없다면 어떻게 해야 할까요? 채우는 것입니다. 가짜가 아닌 진짜 만족으로 우리의 마음을 채우는 것입니다. 거짓 만족을 주는 탐심이 아닌 무한하신 하나님으로 채우는 것입니다. 하나님과 교제하고, 생명을 나누고, 진리의 말씀을 추구하는 동안 우리 마음에 기쁨이 가득합니다. 그 기쁨을 어디에다가 비교할 수 있겠습니까?

성경의 가르침은 욕망을 제거하라는 것이 아니라, 더 크고 고상한

29 저명한 뉴욕타임스 칼럼니스트인 데이비드 브룩스, 형선호 역, 『보보스: 디지털 시대의 엘리트』(서울: 동방미디어, 2001)

욕망을 가지라는 것입니다. 어차피 인간은 무엇인가를 갈망하고 살 수 밖에 없는 존재인데, 모든 성취동기를 부정하는 것이 아니라 더 높은 것을 성취하라고 하는 것입니다. 무엇을 먹을까, 무엇을 마실까, 무엇을 입을까 염려하지 말라고 하시면서 더 큰 것, 즉 하나님의 나라와 그의 의(義)를 구하라고 하십니다. 한 뙈기의 밭을 사기 위하여 자신의 모든 소유를 다 팔 수 있는 이유는 그 밭에 엄청난 보화가 숨겨져 있음을 알기 때문입니다. 그저 궁핍하게 살라는 것이 아니라, 모든 능력을 주시는 하나님께서 궁핍을 능가하는 기쁨을 주신다고 약속하십니다.

탐심에 관한 예수님의 비유 가운데 '어리석은 부자의 비유'라고 불리는 것이 있습니다. 한 부자가 풍년을 맞아 많은 추수를 한 후 곳간을 크게 지었습니다. 곡식들을 쌓아 두고 스스로에게 말합니다. "영혼아, 여러 해 쓸 물건을 많이 쌓아 두었으니 평안히 쉬고 먹고 마시고 즐거워하자"(눅 12:19). 그런데 하나님은 그날 밤 그 부자의 영혼을 거두어 가실 작정입니다. 그가 쌓아 놓은 모든 재산이 누구의 것이 될지 모릅니다. 예수님은 그 비유의 결론을 이렇게 말씀하셨습니다.

> 자기를 위하여 재물을 쌓아 두고 하나님께 대하여 부요하지 못한 자가 이와 같으니라. (눅 12:21)

하나님께 부요하도록 삶의 방식을 바꾸라는 말입니다. 보물을 하늘에 쌓아두라는 뜻입니다(마 6:20). 어떻게 하는 것이 하늘에 보물을 쌓는 것입니까? 공중으로 돈을 날리면서, "하나님, 필요한 만큼 가져가시고 필요 없는 것은 다시 던지세요"라고 말하는 것입니까?

성령을 따라 살라

아마 탐심의 문제로 가장 많은 고민을 하였던 사람은 사도 바울이 아닌가 싶습니다. 로마서 7장은 자신의 실존과 씨름하는 한 위대한 영혼의 진솔한 자기고백이요, 철저한 자기분석입니다. 어떤 정신분석가보다도, 어떤 실존주의자보다도, 어떤 진지한 작가보다도 더 깊이 자신을 들여다보고 있습니다. '왜 나는 악을 행하는 것일까? 내 마음 깊은 곳에는 선을 향한 마음이 있는데, 동시에 또 악을 좋아하는 마음은 왜 있는 것일까? 어느 것이 진짜 나인가? 도대체 나를 들여다보고 있는 나는 누구이며, 보여지는 나는 또 누구란 말인가? 이 둘이 같은 사람인가, 다른 사람인가? 이 모든 문제가 생긴 것이 인간이 육체를 가지고 있어서 그런 것인가, 아니면 육체의 핑계를 대는 것인가? 하나님은 사람을 왜 죄 짓는 육신으로 만드셨는가, 왜이리 죄에 취약한 불쌍한 존재로 만드셨는가?' 이런 물음을 합니다.

그는 특히 십계명 가운데 제10계명에 주목합니다. '우리 조상들은 율법을 지키면 죄를 이길 수 있다고 했는데, 내가 율법을 많이 알지만 내 속에서 솟구쳐 오르는 욕망을 이길 수는 없다. 그 율법들 가운데 특히 탐심을 갖지 말라는 명령은 참 특별하다. 탐심은 나의 육체의 욕구와 결합하여 더러운 죄악을 만들어 내고 있다. 그런데 탐심은 내 마음에서 솟아올라오는 것이 아니더냐? 도대체 내 속에서 올라오는 나의 마음을 어떻게 하란 말이냐? 하지 말라는 것은 더 하는 습성이 있는데, 차라리 탐내지 말라는 계명을 주지 않으셨다면 덜 탐내지 않았을까?'

이와 같은 심각한 질문에 대하여 바울은 예수님의 죽음과 부활을 통하여 답을 얻었습니다. 죄 없으신 하나님의 아들 예수님이 이 땅에 오신 이유를 생각하였습니다. 특히 예수님이 마치 죄인과 같은 육신의 몸을 입고 오신 이유가 무엇이며, 또 십자가에서 죽으신 이유가 무엇일까 생각하였습니다. 죄의 형벌을 대신 짊어지고 우리를 위하여 죽으심으로 우리를 용서한 것이 가장 큰 이유일 것입니다. 구약 시대에 양에게 죄를 전가시켜 양을 죽이는 것처럼 예수님도 우리의 '제물'이 되셔서 우리를 대신하여 죽으신 것입니다. 이제 죄인의 신분에서 하나님의 자녀의 신분이 된 것입니다(로마서 3장과 4장이 이 사실을 잘 설명해 주고 있습니다).

그런데 예수님의 죽으심과 부활의 의미는 여기서 그치는 것이 아닙니다. 예수님의 죽음과 부활 때문에 우리의 신분만 변한 것이 아닙니다. 우리 자체가 변화된 것입니다(이 문제를 다루는 것은 로마서 6장부터 8장까지입니다). 죄를 지을 성향을 가지고 있는 인간의 문제, 내 안에서 꿈틀거리고 있는 죄의 문제가 해결되게 되었다는 것입니다. 어떻게요? 죄는 우리의 육신을 이용하여 세력을 떨치고 있는데, 예수님은 육신으로 사셨지만 죄를 짓지 않으셨습니다. 인간이 육체를 입고 있기 때문에 어쩔 수 없이 죄를 지을 수밖에 없는 존재로 창조된 것이 아니라는 것이 알려진 것입니다.

> 율법이 육신으로 말미암아 연약하여 할 수 없는 그것을 하나님은 하시나니, 곧 죄로 말미암아 자기 아들을 죄 있는 육신의 모양으로 보내어 육신에 죄를 정하사, 육신을 따르지 않고 그 영을 따라 행하는 우리에게 율법의 요구가 이루어지게 하려 하심이니라. (롬 8:3-4)

이 구절에서 "육신에 죄를 정하사"라는 말씀은 "(예수님의) 육체 안에서 죄를 심판하신 것이다"(바른 성경)라고 번역해야 맞습니다. 죄를 심판한다고요? 고도로 수사적인 표현입니다. 죄에다가 죄를 묻고, 죄에 사형선고를 내림으로써 죄가 우리의 육체를 지배하지 못하도록 하셨다는 뜻입니다. 예수님이 십자가에서 죽으실 때 우리도 죄에 대하여 죽었고, 예수님이 부활하실 때 우리도 새로운 생명으로 다시 태어났습니다.

이제 우리 인간은 육체를 가지고 있지만 죄를 짓지 않을 수 있는 존재가 된 것입니다. 그러나 이것은 우리의 힘으로는 안 됩니다. 하나님께서 죄를 이길 수 있도록 우리 안에 성령을 주셨습니다. 성령의 도우심으로 우리는 죄를 이길 힘을 얻는 것입니다. 그래서 우리가 육신을 따르지 않고 영의 일을 늘 생각한다면 죄를 이기게 되는 것입니다. 특히 탐심과 같은 마음으로 짓는 죄도 승리할 수 있습니다.

> 육신을 따르는 자는 육신의 일을, 영을 따르는 자는 영의 일을 생각하나니. (롬 8:5)

> 너희가 육신대로 살면 반드시 죽을 것이로되 영으로써 몸의 행실을 죽이면 살리니. (롬 8:13)

예수님을 따라

영을 따라 사는 삶을 다른 말로 하면 예수님의 뒤를 따르는 삶입니다. 성령이 예수님의 영이기 때문입니다. 예수님의 말씀을 생각하고 그분의 뒤를 따르려고 하면 성령께서 기뻐하시며 그 길을 인도하십니다.

가끔 가족 가운데 오랫동안 집을 떠나 지내는 사람들이 있습니다. 혹은 가족을 남겨 두고 먼저 하늘나라로 가신 분도 있습니다. 집에 남은 사람들은 그 사람을 그리워하며 그가 앉았던 의자에 앉아 보기도 하고, 그가 누웠던 자리에 누워 보기도 합니다. 그의 흔적을 따라가다 보면 그가 바로 곁에 있다고 느껴지기 때문입니다. 저는 제가 예수님을 멀리 떠나보낸 느낌이 들 때 그런 방법을 사용합니다. 내게 남은 예수님의 흔적을 자꾸만 둘러보고 만져보곤 합니다.

예수님은 항상 낮은 사람들과 거하며 그들과 있기를 원하셨습니다.

> 무리를 보시고 불쌍히 여기시니 이는 그들이 목자 없는 양과 같이 고생하며 기진함이라. (마 9:36)

너무 높고 큰 것을 추구하고 있을 때 저는 새벽에 예배당에 조용히 나와서 예수님의 모습을 떠올립니다. 2000년 전, 나병 환자가 예수님께 나아왔을 때 냄새나고 더러운 그의 머리에 예수님은 손을 얹고 그를 축복하셨습니다. 예수님은 언제나 낮은 사람들의 친구였습니다.

예수님은 영광 받는 자리를 훌훌 털고 떠나가셨습니다.

> 그러므로 예수께서 그들이 와서 자기를 억지로 붙들어 임금으로 삼으려는 줄 아시고 다시 혼자 산으로 떠나 가시니라. (요 6:15)

> 새벽 아직도 밝기 전에 예수께서 일어나 나가 한적한 곳으로 가사 거기

서 기도하시더니. (막 1:35)

예수님께서 오병이어의 기적을 일으키셨을 때 사람들이 예수님을 왕으로 삼으려고 했습니다. 그러나 예수님은 그것을 물리치고 훌훌 털고 산으로 올라가셨습니다. 예수님의 뒷모습이 어땠을까요? 저는 제 마음이 무언가로 채워지지 못해서 안타까울 때, 때로는 경쟁에서 밀려나고 뒤처졌다고 느낄 때, 홀로 산으로 올라가시던 예수님의 뒷모습을 생각합니다. 이 세상의 모든 욕망을 뒤로 하고 홀로 산으로 가시는 예수님의 마음은 쓸쓸하고 외롭고 아팠을 것입니다. 그때 예수님은 한적한 곳으로 가셔서 밤을 맞도록 엎드려 기도하셨습니다. 저도 예수님처럼 하나님과 깊은 교제를 나누기 위해 자세를 낮추고 엎드려 간구합니다. 그리고 조용히 노래합니다.

마음이 어둡고 괴로울 때, 주님, 예수님을 나 생각해요
머리 둘 곳조차 없으시던 혼자 기도하시던 주님 생각해요
주님만 섬기며 따르기로 한 나, 세상이 준 이 모든 괴롬 버리고
예수님처럼 기도하기를 원해요, 예수님처럼 기도하기 원해요.

하나님의 은혜가 내 마음을 가득 채우는 것을 느낍니다. 나의 마음 깊은 곳에 싹트고 있는 욕망을 성령의 불로 제거시켜 주십니다. 그리고 내 마음을 큰 기쁨과 소망으로 가득 채워 주십니다. 그럴 때 저는 내 삶의 목적이 무엇인지 다시 한 번 생각하고, 큰 기쁨으로 기도실을 나옵니다.

저는 여러분이 사슴이 시냇물을 찾기에 갈급한 것처럼 하나님을 찾기에 갈급한 자들이 되기를 기대합니다. "경건을 욕망하라!"(Pia Desideria!)는 경건주의의 표어처럼 하나님에 대한 사랑으로 내 속을 가득 채우기 바랍니다. 그리고 그 힘으로 내 안에 있는 모든 탐심과 정욕을 밀어내기 바랍니다.

【 기도 】 prayer

사랑의 하나님 아버지, 우리에게 많은 좋은 것들을 주셔서 고맙습니다. 또 필요하면 더 주실 것이라고 약속해 주셔서 감사합니다. 그러나 우리가 어리석어서 헛된 욕심으로 구하고, 헛된 수고와 헛된 노력을 일삼고 있으니 우리를 불쌍히 여겨주옵소서. 하나님과 재물을 겸하여 섬길 수 없음을 알고 우리 마음을 하나님으로 가득 채울 수 있도록 저희들에게 욕심을 분별할 수 있는 지혜를 주옵소서. 오직 하나님만 섬기며 그 안에서 참된 기쁨을 누리고 하나님이 주신 모든 좋은 것들에 만족할 수 있는 신앙인이 되도록 우리를 도와주옵소서. 예수님의 이름으로 기도합니다. 아멘.